D0996835

JEAN BÉLIVEAU
UNE ÉPOQUE, UN REGARD

CHRYS GOYENS • ALLAN TUROWETZ

JEAN BÉLIVEAU
UNE ÉPOQUE, UN REGARD

Traduit de l'anglais
par
Georges-Hébert Germain

ÉDITION DU CLUB QUÉBEC LOISIRS INC.
© Avec l'autorisation des Éditions Art Global et Libre Expression
© Éditions Art Global, 1994
© Éditions Libre Expression, 1994
Titre original: My Life in Hockey
Traduction française: Art Global et Libre Expression
Traduit de l'américain par Georges-Hébert Germain
Dépôt légal — Bibliothèque nationale du Québec, 1995
ISBN 2-89430-163-4
(publié précédemment sous ISBN 2-920718-57-6) (Art Global)
(publié précédemment sous ISBN 2-89111-627-5) (Libre Expression)

*Je dédie mon livre à ma femme Élise, à ma fille Hélène,
et à mes petites-filles Mylène et Magalie,
avec toute mon affection.*

*Je le dédie également à mes parents disparus,
mon père Arthur et ma mère Laurette, qui ont été pour moi,
tout au long de leur vie, une source d'inspiration,
ainsi qu'à ma belle-mère Mida, qui s'est si bien occupée
de mon père durant les dernières années de sa vie.*

*Enfin, je le dédie à mes frères et à ma sœur,
Guy, Michel, Mimi, Pierre et André,
ainsi qu'à mes deux sœurs regrettées,
Madeleine et Hélène.*

Introduction

Le 13 décembre 1949, un mardi, je m'en souviens comme si c'était hier, le ciel des Bois-Francs était gris et froid. Mais il faisait bon et doux chez nous, dans cette petite maison jumelée que nous habitions, juste à côté de l'église des Saints-Martyrs-Canadiens, sur la rue Notre-Dame, la rue principale de Victoriaville.

J'étais dans la cuisine, attablé devant ce qui a toujours été mon mets préféré, la bonne soupe aux légumes de ma mère. Avec du pain de campagne et du beurre, bien sûr. Ma mère s'était assise devant moi. Elle me regardait, sans rien dire. Elle avait le cœur gros. Je sentais, dans chacun de ses gestes et dans sa voix, qu'elle était triste et inquiète. Elle avait quarante et un ans, mais tout le monde disait qu'elle ne les paraissait pas. Ce jour-là, j'en suis sûr, elle sentait qu'elle se trouvait à un tournant important de sa vie.

Nous n'étions pas seuls à la maison. Il y avait mon jeune frère Pierre, cinq ans, qui n'allait pas encore à l'école et André, le bébé. Mimi et Madeleine, mes petites sœurs, étaient à l'école. Mes frères aussi, Guy et Michel. Ils rentreraient bientôt pour déjeuner, comme mon père, Arthur, qui travaillait alors pour la Shawinigan Water and Power. Ma mère lui avait donné huit enfants, ce qui était, comme chacun le sait, une famille moyenne dans le Québec fortement catholique et rural des années 30 et 40. Une dizaine d'années auparavant, ma sœur Hélène était morte, frappée par une automobile, juste devant la maison. Elle n'avait que deux ans.

Et aujourd'hui, Laurette, ma mère, se préparait à voir son fils aîné quitter le foyer familial, peut-être pour toujours. Depuis plus de trois ans, elle appréhendait ce moment. Elle savait maintenant qu'elle ne pouvait plus rien faire ou dire pour changer le cours des choses.

Elle regardait, pensive et inquiète, ce grand garçon de dix-huit ans, son fils, débordant de santé et de vitalité, 1,86 m et 82 kilos. C'est d'elle, de cette grande femme plantureuse, qu'il tenait sa taille élancée, cette force, cette énergie. Ce jour-là, elle regrettait presque de lui avoir légué tout cela. Car c'est parce qu'il était grand et fort qu'on allait le lui enlever.

À 13 heures, j'allais prendre l'autobus pour Québec, un voyage que j'aurais fait quelques mois plus tôt, si le vieux Colisée n'avait pas brûlé au printemps précédent. Les Citadelles de Québec, avec qui je jouais, allaient reprendre leur saison régulière dans la Ligue de hockey junior A du Québec. Après l'incendie du Colisée, nous nous étions entraînés à l'aréna de Victoriaville et nous y avions joué tous nos matchs à domicile des deux premiers mois de la saison 1949-1950. Le temps était maintenant venu de rentrer à Québec. Le jeudi suivant, Mgr Maurice Roy, archevêque de Québec, allait bénir le nouveau Colisée et nous jouerions un match d'avant-saison contre les As de Québec qui faisaient partie de la Ligue de hockey senior du Québec avant de rencontrer le lendemain, en match régulier, les Reds de Trois-Rivières.

Une heure plus tôt, nous avions commencé, ma mère et moi, à préparer mes affaires. J'avais sorti du fond de la garde-robe la vieille valise familiale en cuir noir. C'était une chose énorme et informe, qui en avait vu de toutes les couleurs, mais qui pouvait encore se dilater jusqu'à contenir une tonne d'articles divers. Je n'allais pas la faire travailler trop fort, cependant. En ce temps-là, je voyageais «léger». J'emportais trois ou quatre chemises, deux paires de pantalons, quelques paires de bas, des sous-vêtements, deux ou trois cravates…

Ma mère avait les yeux pleins d'eau quand je suis allé placer la valise sous ma longue veste de cuir brun avec un collet de four-rure, suspendue à un crochet près de la porte. Quelques minutes plus tard, le camion de la Shawinigan Water and Power entra dans la cour et Arthur Béliveau, mon père, se joignit à nous pour le déjeuner.

Il était un peu moins grand que moi, 1,80 m, je dirais, et devait peser environ 73 kilos. Il avait travaillé toute sa vie pour la Shawinigan, d'abord comme ouvrier, puis comme contremaître. Ses mains, larges et fortes, avaient planté des milliers de poteaux de cèdre sur des centaines de kilomètres carrés dans le sud-est du Québec et déroulé d'énormes rouleaux de fils électriques.

Il possédait aussi une grande force de caractère, comme avaient pu s'en rendre compte, au cours des trois ou quatre années précédentes, les éclaireurs de hockey et de baseball qui venaient d'un peu partout me voir jouer. Car, déjà, on avait commencé à parler de mes talents d'athlète bien en dehors de Victoriaville et des Bois-Francs. Mon père les avait toisés l'un après l'autre, soupesant leurs promesses, éventant leurs stratagèmes, jusqu'à ce qu'il trouve ce qui, selon lui, convenait le mieux à son garçon et était le plus susceptible de lui assurer un bon avenir. Partout autour de Victoriaville, Arthur Béliveau commandait le plus grand respect. Il donnait à ses enfants des leçons inestimables. Je suis bien placé pour le savoir.

«Parce que tu as du talent, les gens vont t'approcher avec de l'argent et des cadeaux et te faire toutes sortes d'offres alléchantes. Laisse-toi pas impressionner. Tu ne dois jamais oublier qu'il n'y a rien de gratuit dans la vie. C'est en travaillant fort et en étant discipliné que tu seras vraiment à ton meilleur.»

Ce n'était pas là la simple sagesse d'un homme qui n'aurait pas réussi à comprendre les tentations des grandes villes et du vaste monde. Mon père était à peu près certain que j'allais mener une vie très différente de la sienne et de celle de toute ma famille. Mais il savait au fond que ces valeurs qu'il m'avait inculquées me serviraient toujours, où que j'aille et quelle que soit ma vie.

Je voyais les regards que s'échangeaient mes parents pendant le repas. Ils avaient certainement envisagé cette dernière scène à plusieurs reprises. Cette fois, ça y était. Et il n'y avait plus rien à dire, rien à ajouter. Le déjeuner s'est terminé bien plus rapidement que ma mère n'aurait souhaité. Mon père et moi avons attrapé nos manteaux. Ma mère nous a suivis sur le pas de la porte, elle m'a serré une dernière fois dans ses bras. Et nous avons roulé vers l'aréna d'où l'autobus de l'équipe devait partir pour Québec une quinzaine de minutes plus tard.

Pas un mot en chemin, entre mon père et moi. Il était calme et confiant. Il connaissait très bien l'organisation des Citadelles, l'entraîneur Pete Martin et le gérant Roland Mercier, le propriétaire Frank Byrne et son frère Bill. Il avait choisi pour moi les Citadelles parmi toutes les équipes qui étaient venues nous relancer au cours des dernières années, les Royaux, le National et les Canadiens juniors de Montréal, les Reds de Trois-Rivières où j'étais né, et plusieurs autres. Mais il faisait confiance aux gens des Citadelles ; il savait qu'avec eux j'étais entre bonnes mains.

Quand nous sommes arrivés à l'aréna, presque tous les joueurs étaient déjà à bord de l'autobus. Depuis que le monde est monde, les athlètes attendent toujours à la dernière minute pour embarquer. Mais il neigeait maintenant à plein ciel. La route serait plus longue que d'habitude, et tous étaient pressés de partir.

Mon père a sorti la valise du camion et, conscient que mes camarades devaient nous regarder à travers les vitres embuées de l'autobus, il m'a tendu la main en me disant : «Fais de ton mieux, mon garçon. Ça sera bien assez.»

Puis il est remonté dans son camion, m'a fait un petit salut et s'est enfoncé dans la tempête. Avec cette neige qui alourdissait les fils électriques et encombrait les routes, il ne manquerait pas d'ouvrage.

J'ai poussé ma valise dans le compartiment à bagages et je suis monté m'asseoir avec les autres. Ils étaient tout à la joie de retrouver Québec, la ville des Citadelles, notre ville.

Moi, j'avais une sorte de vague à l'âme. Je regardais défiler Victoriaville, toutes ces rues, ces maisons que je connaissais par cœur, puis les champs où, depuis mon enfance, j'avais joué, couru, travaillé. Bientôt, tout cela fut derrière moi, derrière nous. J'étais triste, nostalgique plutôt, mais la joie de mes compagnons était contagieuse. Au fond, j'avais hâte aussi de tourner la page, de voir ce que l'avenir avait à m'offrir.

Ma vie, je le savais, ne serait plus jamais la même.

Souvenirs, souvenirs

Nous donnons dans le haut contraste, Louise Richer et moi. Les gens qui sont venus à nos bureaux du Forum, au cours des vingt-deux dernières années, cachaient rarement leur étonnement quand ils nous voyaient ensemble. Je fais 1,92 m, 97 kilos. Elle est toute délicate, toute menue; on dirait un oiseau. N'empêche que, pendant un quart de siècle, nous avons formé, elle et moi, une équipe drôlement efficace. Et le jour où nous avons entrepris de vider mon bureau du Forum, parce que je prenais ma retraite, nous avions tous les deux le cœur gros.

Pas facile de trier les documents, les photos, les lettres, toute la paperasse qu'on a pu amasser au cours d'une vie. On ne sait plus ce qu'on doit garder, ce qu'on doit jeter. Louise m'aide. Elle comprend à quel point c'est difficile, mais elle reste pratique avant tout. Nous nous encourageons mutuellement à faire ce qui doit être fait.

Notre amitié remonte aux années 60. J'étais alors capitaine de l'équipe des Canadiens. Chaque fois que j'avais besoin de faire taper une lettre, je montais voir Louise au «deuxième étage» du Forum où se trouvent les bureaux de l'administration. À cette époque, elle travaillait aux relations publiques, avec Camil DesRoches, Frank Selke Jr. et Albert Trottier.

Quand j'ai accroché mes patins en 1971, David Molson, qui était alors président des Canadiens, et Sam Pollock, gérant de l'équipe, m'ont proposé de travailler avec eux au «deuxième étage». Sam m'a demandé qui je voulais comme secrétaire; j'ai tout de suite pensé à Louise. Camil travaillait de moins en moins et j'étais certain qu'elle était capable de s'occuper à la fois de ses affaires et des miennes. Tout le monde était d'accord, elle la première.

Louise est rapidement devenue mon bras droit. Je pouvais l'appeler à n'importe quelle heure du jour, semaine et dimanche, elle était toujours disponible. Sauf quand elle s'adonnait à diverses activités communautaires, ou qu'elle s'occupait de sa vieille mère dans leur petite maison de Ville Saint-Pierre. Je ne la rejoignais pas non plus quand elle était partie dans une de ses incroyables excursions. Louise est une marcheuse infatigable. Elle se rend régulièrement à l'Oratoire, depuis chez elle, en passant par Montréal-Ouest, Côte-Saint-Luc, Hampstead, un bon huit kilomètres, seize aller et retour.

Quand j'ai commencé à parler de ma retraite, elle me disait : «Quand tu partiras, je partirai aussi.» Le moment venu, nous en avons discuté ensemble. Depuis le décès de sa mère, Louise s'était impliquée davantage dans les affaires de la communauté et de sa paroisse. Elle avait amplement de quoi s'occuper, mais je sentais qu'elle hésitait. «Ne te sens surtout pas obligée de partir, lui ai-je dit. C'est ton choix. J'en ai parlé avec Ronald. Quelle que soit ta décision, il va la respecter.»

Après avoir réfléchi, Louise a finalement décidé de rester un an de plus, jusqu'en juillet 1994. Ce qui l'a retenue, ce sont ses *boys*, comme elle dit, les Anciens du Canadien, Dollard Saint-Laurent, Phil Goyette, Henri Richard, Jean-Guy Talbot, Réjean Houle et les autres. Elle est secrétaire de leur association. C'est elle qui organise leur tournoi annuel de golf, qui coordonne toutes leurs activités... Elle est toujours là quand ils ont besoin d'elle. Eux l'appellent à tout bout de champ, pour mille et une raisons. Je me demande d'ailleurs comment ils vont se débrouiller sans elle.

Elle laisse presque toujours la porte de son bureau ouverte, moi aussi. Je l'entends parfois au téléphone : «Jean Gauthier! Te v'là encore une fois à la dernière minute! Tu savais pourtant il y a plus d'une semaine que t'aurais besoin de billets...» Sur la glace, quand il était défenseur des Canadiens, Jean Gauthier prenait toujours ses décisions à la dernière minute. Je me rends compte qu'il est resté comme ça dans la vie, et qu'il ne changera pas. Louise le rabroue gentiment. Mais elle réussit, comme toujours, d'une manière ou d'une autre, à lui trouver des billets. Louise, c'est une vraie mère pour tous les membres de l'association.

Je viens de décrocher du mur de mon bureau la photo en noir et blanc de l'équipe des Canadiens de Montréal, édition 1957-1958, la meilleure équipe de toute l'histoire du hockey, au moment de son apogée, au beau milieu de cette extraordinaire série de cinq coupes Stanley successives, un exploit sans précédent et qui ne se répétera probablement pas de notre vivant, peut-être pas avant des générations.

Je me tiens fièrement au deuxième rang, en plein milieu, derrière le capitaine de l'équipe, Maurice Richard, assis avec la coupe Stanley entre les genoux. À gauche du Rocket se trouve le sénateur Hartland Molson, copropriétaire de l'équipe; à sa droite, Frank Selke, le directeur général. Je suis flanqué de Tom Johnson et de Dollard Saint-Laurent. À l'extrême gauche de la troisième rangée, juste à côté du soigneur Hector Dubois, je retrouve un Henri Richard incroyablement jeune. Étonnant! Il a maintenant les cheveux tout blancs. En vingt saisons dans la Ligue nationale, cet homme a remporté onze coupes Stanley, un autre record qui n'est pas près d'être battu.

Un peu plus loin à sa gauche, il y a «Jos», Claude Provost, neuf coupes Stanley. Claude, un solide ailier droit qui savait neutraliser, sans jamais porter de coups bas, cette formidable machine à compter des buts qu'était Bobby Hull, fut l'un des premiers joueurs de ce groupe à nous quitter. Et me voilà en train de faire la chronique nécrologique. Dans la quatrième rangée, directement derrière Claude, mon regard tombe sur Doug Harvey, son sourire contagieux rayonnant de gloire et de bonne humeur. Combien de temps s'est-il écoulé depuis que Doug est décédé, quatre ans, cinq ans? Assis à l'extrême droite de la première rangée, avec ses jambières de gardien de but, tout sourire lui aussi, on voit Jacques Plante. J'ai assisté à ses funérailles en Suisse, en février 1986. À sa gauche, resplendissant dans un remarquable chandail couleur fauve, voici Hector «Toe» Blake, l'homme qui a fait de cette collection d'étoiles une équipe championne. Toe souffre d'Alzheimer depuis cinq ans, ce qui affecte beaucoup ses anciens joueurs et toute l'organisation du Canadien. Dans la quatrième rangée, entre le défenseur Jean-Guy Talbot et Bob Turner se tient Floyd «Busher» Curry, un des joueurs les plus honnêtes et les plus travailleurs de cette époque. D'après ce que j'ai su de l'équipe médicale des Canadiens, il n'est pas en très bonne santé lui non plus.

Je sais, je ne devrais pas parler de la mort et de la maladie quand je rappelle à mon souvenir ces hommes jeunes et forts qui fixent la caméra avec l'arrogance et la foi des vainqueurs. Ce sont les meilleurs joueurs de hockey au monde, et ils le savent, ils sont heureux, ce sont des champions.

Je veux sourire encore, et mes yeux s'arrêtent sur Marcel Bonin, à l'extrémité droite de la troisième rangée, et sur Bernard «Boom Boom» Goeffrion juste en avant de lui, deux des plus grands et des plus attachants personnages que ce sport ait jamais connus. Après que Bert Olmstead fut parti pour Chicago la saison suivante, je suis devenu le centre de ces deux ailiers, en 1958-1959. À l'époque, on me demandait souvent comment je faisais pour garder mon sérieux entre ces deux numéros. Je répondais qu'on ne peut pas faire autrement que d'être heureux quand on gagne. Marcel allait remporter quatre coupes Stanley, le Boomer, six.

Je pose doucement cette photo sur mon bureau parmi les autres. Elles laissent toutes sur les murs des carrés et des rectangles plus foncés. Je ne les garderai pas toutes. Mais celle-ci, je l'emporte avec moi à la maison, de même qu'un portrait en noir et blanc de Jean Béliveau des As de Québec, en compagnie du président de l'équipe Jack Latter et du secrétaire Charlie Smith. Elle a été prise en 1952 au centre de la patinoire du Colisée. Je prends aussi une reproduction en couleurs de la première page du *Sports Illustrated* du 23 janvier 1956, et une autre en noir et blanc représentant une équipe de hockey d'une autre époque, les Tigres de Victoriaville, en 1948-1949. Les autres photos, je les enverrai au Temple de la Renommée, auquel j'ai déjà donné plein de choses, des trophées, des rondelles, de l'équipement. J'en expédierai aussi aux Archives canadiennes. J'en mettrai également quelques-unes de côté pour ma fille et mes petites-filles qui en feront ce qu'elles voudront.

«Celle-là, Louise, c'est pour toi», dis-je en lui tendant une photo de Ray Bourque dans son uniforme de l'équipe Canada. Le défenseur des Bruins de Boston, originaire de Ville Saint-Laurent, a toujours été un de ses préférés, malgré la rivalité historique qui existe depuis toujours entre les Bruins et les Canadiens. Nous avons toujours cru, Louise et moi, qu'il aurait porté l'uniforme bleu-blanc-rouge à ravir. Il y a, comme ça, des choses dues ou souhaitables qui n'arrivent jamais.

Je vais officiellement quitter les Canadiens de Montréal le jour de mes soixante-deux ans, le mardi 31 août 1993, après quarante-cinq ans dans le monde du hockey. Je ne suis pas obligé de partir. En fait, le président de l'équipe de Montréal, Ronald Corey, m'a plusieurs fois répété qu'il préférerait que je reste encore quelques années. Nous sommes plus que des collègues, Ronald et moi; nous sommes de bons amis. Mais il comprend et respecte ma décision. Il sait que je suis fatigué, et surtout que j'ai envie de me rapprocher de ma famille. Il m'a quand même fait promettre de participer à certains événements liés à l'équipe au cours des trois prochaines années, des dîners, quelques cérémonies…

La date de ma retraite a été fixée dès 1988, lorsque j'ai amené la conversation sur le sujet pour la première fois devant Ronald. Il a été direct comme seul un ami peut l'être. «Tu ne peux pas partir maintenant, m'a-t-il dit. T'es trop jeune, tu vas le regretter, tu vas t'ennuyer. Et pour être bien franc avec toi, on a besoin que tu restes avec nous. Le hockey va vivre des moments difficiles dans les cinq prochaines années.» Il ne pouvait pas savoir, moi non plus, à quel point ce qu'il disait était vrai. C'est avec cet argument qu'il m'a d'ailleurs convaincu de rester cinq ans de plus au sein de l'organisation.

Depuis 1988, nous avons donc commencé, Louise et moi, à passer mes dossiers en revue. Cela s'est révélé une tâche longue et fastidieuse, mais, curieusement, nous avons pu l'accomplir avec une sorte de détachement, je dirais presque d'indifférence. Pour nous deux, le matériel imprimé ne dégageait pas autant d'émotions que les photographies. C'est pour cette raison, sans doute, que nous avons gardé ces dernières pour la fin.

Depuis 1971, au sein de l'organisation du Canadien de Montréal mon titre a été vice-président senior aux Affaires sociales. Pendant vingt-deux ans, j'ai eu de quoi m'occuper six et même sept jours par semaine, cinquante et quelques semaines par année, beaucoup de travail de bureau, des relations publiques, des rencontres officielles, des dîners, etc. En plus, je faisais partie d'une foule de comités et de conseils d'administration dont ceux des Compagnies Molson, Carena Developments, Dominion Textiles, Acier Leroux, Canadian Reinsurance Association. J'ai passé bien des soirées «libres» à étudier des dossiers compliqués et arides.

Tout cela me laissait peu de temps pour la lecture, qui est l'un de mes plus grands plaisirs dans la vie. Sur mon bureau, à la maison, j'ai le dernier livre de Marvin Miller, le directeur exécutif de l'Association des joueurs de la Ligue majeure de baseball. Voilà plusieurs mois que j'essaie de le terminer mais, chaque fois que je l'ouvre, je pense à autre chose que je dois faire.

Comme en ce moment, justement. Finies les rêvasseries. Il est vraiment temps de partir.

Je m'en vais en sachant parfaitement à quel point j'ai été favorisé de passer toute ma vie active à travailler dans le sport professionnel, un privilège dont peu de gens peuvent profiter. Ma carrière sur la glace a été merveilleusement excitante. En plus, après avoir accroché mes patins en 1971, j'ai eu cette chance rare de pouvoir faire une seconde carrière dans l'organisation de la meilleure équipe de hockey professionnel. Une chose que j'ai beaucoup appréciée, pendant tout ce temps où j'ai travaillé avec l'organisation du Canadien, c'est que je pouvais définir mes tâches comme je l'entendais.

Hier encore, quelqu'un me demandait si je me sentais comme un employé ayant quarante ans d'ancienneté dans quelque autre institution ou entreprise connue de Montréal, la Northern Telecom, le Canadien National ou l'Alcan, par exemple. Avais-je l'impression qu'il était temps de prendre la montre en or et de lever le camp?

Je suis ambivalent. Je suis très profondément attaché aux Canadiens de Montréal, comme tout employé qui a passé sa vie au service d'une même entreprise. Mais mon travail a été spécial, voire unique. Il a été d'abord très valorisant, beaucoup plus que je ne me l'imaginais dans ma jeunesse quand je rêvais de jouer dans la Ligue nationale. Je suis devenu un personnage public bien en vue, admiré, respecté. Le nier serait de la fausse modestie. J'ai dû, ensuite, assumer de lourdes responsabilités et prendre des décisions importantes qui parfois engageaient toute l'équipe. J'ai été une sorte de «protecteur du citoyen» au sein de la famille du Forum. J'ai souvent servi de médiateur ou de conseiller.

Quand la nouvelle de mon départ a commencé à se répandre à travers l'édifice, des demandes ont afflué de part et d'autre, ce qui m'a beaucoup touché. Les employés du Canadien voulaient savoir ce que je désirais comme cadeau d'adieu. «Un téléviseur», ai-je suggéré. Molson, à qui j'ai été étroitement associé pratiquement tout au long de ma vie active, dix-huit ans en tant que joueur, et plus de vingt ans comme administrateur, m'a proposé d'organiser une fête d'adieu. «Oui, si ça reste intime», ai-je dit. La Ligue nationale de hockey s'est aussi renseignée. Et les médias, bien sûr. À tous, j'ai répondu la même chose : «Je veux que ça reste modeste. Pas de grand déploiement, pas de grandes effusions. J'ai reçu beaucoup d'honneurs dans ma vie, et maintenant qu'il faut partir, j'aimerais le faire discrètement, entouré de mes amis.» J'ai donc reçu mon téléviseur au cours d'une fête privée où n'étaient invités que les employés réguliers du Forum. Ce fut un moment très émouvant. Au cours de ces années, j'avais noué des liens très étroits avec plusieurs d'entre eux. La porte de mon bureau était toujours ouverte. Nous avons vécu ensemble de grands moments, nous avons pris des centaines de cafés à la cafétéria.

Depuis son arrivée, en 1982, Ronald Corey a pris l'habitude d'organiser, le lundi précédant l'ouverture de la saison, un grand dîner auquel il convie les entraîneurs, leurs épouses et la famille Molson. L'année de mon départ, j'ai reçu, lors de ce dîner, deux autres cadeaux : un superbe ensemble de valises et une bague commémorative de la coupe Stanley 1993. Je suis certain qu'on ne manquera pas de me faire la blague : «Qu'est-ce que tu fais avec ces dix-sept bagues, Jean? Tu t'en mets aux orteils?» En fait, la bague commémorative du championnat est une innovation plutôt récente; les joueurs de cette légendaire équipe qui a gagné cinq coupes de suite dans les années 50 n'en ont jamais reçu aucune.

Le ménage des classeurs de la fondation Jean-Béliveau a été plus pénible encore que celui de mon bureau. Vingt-deux années de travail et d'amour, de souvenirs nous revenaient soudainement en mémoire. Toute cette histoire de fondation avait commencé le 11 février 1971, quand j'ai compté le 500e but de ma carrière, en réussissant un tour du chapeau contre Gilles Gilbert des North Stars du Minnesota que nous avions battus ce soir-là, 6 à 2. J'étais le deuxième joueur des Canadiens — avec Maurice Richard — à réaliser cet exploit. À ce moment-là, j'avais déjà décidé d'accrocher mes patins, et le seul fait de penser que je jouais mes derniers matchs dans la Ligue nationale rendait tout cela encore plus émouvant.

Environ une semaine après cet heureux événement, un des entraîneurs est venu me dire pendant la pratique que Sam Pollock m'attendait dans son bureau. Je pensais que Sam voulait me demander de participer à un dîner ou à quelque événement officiel. En tant que capitaine, il m'arrivait souvent de représenter l'équipe.

Sam m'escorta immédiatement dans le bureau de David Molson. Ils me parlèrent d'organiser une soirée pour commémorer mes 500 buts et toute ma carrière. «C'est ta dernière saison, me disait David. Et avec tout ce que tu as fait pour l'équipe, sur la glace comme ailleurs, nous considérons que nous te devons bien ça.»

J'étais touché, bien sûr, mais je savais que je me sentirais très mal à l'aise si cette soirée devenait ce que j'appelle un magasin général sur glace, c'est-à-dire un tas de cadeaux avec, comme pièce de résistance, une automobile flambant neuve que conduit un ami plutôt embarrassé de se retrouver devant dix-huit mille spectateurs poussant des oh! et des ah!

«D'accord, leur ai-je dit, mais à certaines conditions. Je ne veux pas d'automobile remplie de cadeaux. On me donnera quatre souvenirs : un de la part de mes coéquipiers, évidemment, le traditionnel plateau d'argent de l'équipe qu'on rencontrera ce soir-là, un cadeau des gens de *La Soirée du hockey*, et un de l'organisation du Canadien. C'est tout. S'il y a de l'argent, je veux que ça soit remis aux œuvres de bienfaisance pour lesquelles j'ai travaillé.»

David et Sam étaient d'accord. Ils ont fixé une date à la fin du mois de mars. Je n'y ai plus beaucoup pensé par la suite. Les Canadiens étaient plongés dans le feu de l'action. Les éliminatoires approchaient. Nous allions rencontrer les Bruins et les Rangers. La saison précédente, nous avions été éliminés des séries finales pour la première fois de ma carrière, et je ne voulais pas que cela se répète. Je m'étais mis dans la tête que j'irais chercher une dixième coupe Stanley avant de me retirer.

À cette époque, le bureau des relations publiques du Canadien n'avait rien à voir avec cette machine administrative hautement sophistiquée qui s'occupe aujourd'hui du marketing et des relations avec les médias. Personne en particulier ne s'occupait des événements spéciaux comme une soirée en l'honneur d'un joueur qui prenait sa retraite. La direction de l'équipe consultait simplement les amis du joueur en question et on improvisait une petite fête. Dans ce cas-ci, le Canadien a fait appel à deux remarquables organisateurs qui étaient déjà de proches amis : Zotique Lespérance et Raymond Lemay. Ils se sont chargés de planifier la soirée du 24 mars au cours de laquelle on devait me rendre hommage.

Un peu plus tôt dans la saison, nous nous étions réunis tous les trois pour faire une mise au point. Zotique et Raymond avaient eu moins d'un mois pour faire la publicité de l'événement. Montréal était à ce moment-là plongée dans une véritable léthargie. Les cols bleus étaient en grève. La neige qui n'avait pas cessé de tomber pendant presque une semaine couvrait les tas de déchets qui s'entassaient dans toutes les rues ; avec la fonte qui n'allait pas tarder, il y aurait un bon nettoyage à faire.

«Je ne sais pas quel montant tu as en tête, me dit Raymond, mais il y a peut-être beaucoup plus d'argent pour tes œuvres de bienfaisance que tu peux penser.»

J'avais des doutes à ce sujet. Je me disais que si le comité parvenait à récolter 25 000 $ ou 30 000 $, chacune des œuvres toucherait de 6 000 $ à 7 000 $, ce qui me semblait déjà fort bien. Je ne voyais pas comment nous pouvions espérer plus.

«On devrait quand même planifier ça un peu mieux, juste au cas», me dit Zotique. Il suggéra donc de créer une fondation. L'après-midi même, il contacta la firme d'avocats Stikeman Elliot. C'est ainsi qu'est née la fondation Jean-Béliveau.

Le soir du 24 mars, on m'a remis, au centre de la glace du Forum, un immense chèque de 155 000 $. Je n'en croyais pas mes yeux. J'étais doublement heureux à la pensée que tout cet argent allait réellement servir à quelque chose. J'ai découvert plus tard que Zotique avait demandé l'aide des représentants des ventes de Molson dans chaque région du Québec. Quant à Raymond, il avait utilisé ses relations dans le monde des affaires où il avait fait une rencontre providentielle, celle de Jean-Louis Lévesque. Ce dernier avait versé un premier don de 10 000 $ et créé un puissant effet d'entraînement dans le milieu. Ensemble, Zotique et Raymond avaient accompli un travail fantastique, et la fondation connaissait un décollage du tonnerre.

Ainsi, vingt-deux ans plus tard, Louise et moi fermions les livres. Zotique, Raymond et Ron Perowne, les premiers fidéicommissaires, faisaient toujours partie de l'équipe, ainsi que Marcel Lacroix, qui a remplacé mon ami Jacques Côté décédé peu après la création de la fondation dans un accident d'avion, Jean Bruneau, qui a pris la place de Sam Maislin lorsque ce dernier à son tour est disparu, et ma fille Hélène, qui s'est jointe à nous il y a cinq ans. En vingt ans, nous avions remis près de 600 000 $ à diverses œuvres de bienfaisance. Et il restait encore presque 900 000 $ à distribuer.

Après que les premiers 155 000 $ me furent présentés au Forum en 1971, nous n'avons plus jamais eu besoin de solliciter les gens pour qu'ils donnent de l'argent. J'ai réussi à accumuler un assez joli montant en présidant des tournois de golf et des événements du genre. Je versais également au compte de la fondation les honoraires que je recevais pour mes apparitions à des galas et des dîners. Bon an mal an, une douzaine de mes amis m'envoyaient environ 1 000 $ chacun. Mais le don le plus important que nous ayons jamais reçu, 25 000 $, nous est venu de gens que je n'ai jamais rencontrés.

J'étais dans mon bureau du Forum, un beau matin, lorsque je reçus un appel d'un employé d'une firme comptable de Mont-Joli. C'était l'exécuteur testamentaire d'un couple de personnes âgées de Priceville, un petit village situé un peu en haut de Matane. La femme était morte un an plus tôt, et l'homme venait tout juste de décéder. Ils laissaient quelque 200 000 $ à huit organismes de charité, dont la fondation qui portait mon nom.

Je me souviens encore avoir demandé au comptable : «Mais êtes-vous sûr qu'ils n'ont pas un cousin ou un neveu qui pourrait réapparaître à un moment donné?» Je ne voulais surtout pas que la fondation se trouve engagée un jour dans un procès coûteux.

«Pas de famille, pas d'enfant, personne, avait répondu le comptable. Tout est clair.»

Nous avons donc reçu 25 000 $ de ces généreux donateurs. Notre compte en banque n'a d'ailleurs pas cessé de grossir pendant plus de vingt ans. Finalement, nous avons décidé de transférer tout le capital de la fondation, les 900 000 $ qui restaient en banque au moment de mon départ, à la Société québécoise pour enfants handicapés. Cet argent est destiné principalement à leur camp de vacances qui est situé dans Lanaudière, un peu au nord de Joliette. Notre seule exigence est que la Société achète de l'équipement et du matériel, du solide et du tangible, des choses qui servent directement aux bénéficiaires. Jamais un seul sou reçu par la fondation n'a servi à payer des salaires ou à défrayer les coûts d'opération. Louise Richer devait s'occuper des opérations au jour le jour, en prenant bien soin de m'informer des demandes de fonds qui étaient faites. Quand les fidéicommissaires acceptaient une dépense, j'autorisais l'organisme de charité en question à faire un achat chez un détaillant de la région, et je demandais que la facture me soit envoyée. Nous avons fonctionné ainsi durant vingt-deux ans, et je crois que tout s'est passé plutôt bien.

Tout au long des quelque cinq mois qu'il nous a fallu pour démanteler la fondation, ma fille Hélène nous a été d'un grand secours. C'est la seule enfant que nous avons eue, Élise et moi, et nous en sommes bien fiers. Hélène est une jeune femme pleine de ressources la mère de deux adorables petites filles, Mylène et Magalie, qui ont dix et huit ans.

Fille unique d'une vedette du sport, Hélène a eu une enfance assez trépidante. Elle aussi possède un album de photos-souvenirs fort impressionnant. Elle était encore bébé quand les photographes de presse ont commencé à braquer sur elle leurs caméras. Née en avril 1957, elle avait donc quatorze ans quand j'ai pris ma retraite. Si l'un de nous deux a cru à ce moment-là qu'en quittant le hockey professionnel et en cessant de voyager d'un bout à l'autre du continent nous passerions plus de temps ensemble, il se trompait du tout au tout.

Sitôt mes patins accrochés, je me suis plongé dans mes nouvelles tâches au «deuxième étage» du Forum. J'étais surchargé de travail, courant sans cesse à gauche et à droite. Parfois, des semaines passaient pendant lesquelles je ne pouvais qu'entrevoir ma fille. Puis un jour, j'ai pris le temps de causer avec elle. J'ai alors découvert une jeune femme autonome et indépendante, une grande personne ayant son univers bien à elle, ses idées sur la vie, sur les hommes, sur le travail… sur son père. J'ai alors réalisé que je ne l'avais pas vu grandir et s'épanouir, et je l'ai beaucoup regretté.

C'est une des raisons pour lesquelles nous nous sommes juré, Élise et moi, d'être des grands-parents très présents pour Mylène et Magalie. Il y a autre chose aussi; il y a ce drame déchirant que nous avons vécu et qui, d'une certaine façon, nous a tous rapprochés.

C'était un vendredi d'octobre, en 1989. Je venais d'arriver au Forum. J'étais en train de regarder mon agenda et d'organiser ma journée quand deux officiers de police se sont présentés à la réception et m'ont fait appeler. Alors, tout a basculé dans l'horreur. J'ai tout de suite compris en les voyant qu'un drame irréparable venait de se produire. Ils m'ont demandé s'ils pouvaient s'entretenir avec moi en privé. Je suis remonté avec eux dans mon bureau.

«Serge s'est suicidé ce matin», me dit alors le capitaine de la police de la CUM. Cela s'était passé au poste 25 qui se trouvait à quelques centaines de mètres du Forum. Serge, mon gendre, avait été un agent de police durant presque un quart de siècle. Il était le père de Mylène et de Magalie, qui avaient alors cinq et trois ans.

Déprimé par son second mariage qui était alors en difficulté, écrasé par l'angoisse, il avait finalement posé ce geste terrible. On n'a pas idée du stress que doivent constamment supporter les policiers, de la force de caractère qu'exige leur travail. C'était trop de pression pour Serge.

J'ai peine à dépeindre à quel point notre petite famille a été affectée par sa mort. En parlant avec le capitaine et les autres officiers, je me disais que la tâche la plus difficile de ma vie m'attendait : je devais annoncer la nouvelle à Élise, à Hélène, et aux enfants. Mais Élise était déjà vaguement au courant. Un ami, qui avait appris la nouvelle par la radio, lui avait téléphoné, mais n'avait pu lui fournir de détails précis.

Je suis allé la chercher à la maison, et nous nous sommes rendus ensemble à Saint-Lambert pour apprendre l'affreuse nouvelle à Hélène et aux filles. Magalie l'accepta mieux que nous ne l'aurions cru, mais sa sœur aînée était dévastée. Depuis quelque temps, Hélène et Serge avaient eu certaines difficultés, mais il avait toujours été un père responsable et affectueux. Maintenant il était parti et, en cet hiver de 1989 particulièrement froid et sombre, nous tentions désespérément de trouver un sens à sa mort, de nous réconforter les uns les autres.

Hélène entra en thérapie peu après les funérailles. L'année suivante, elle se joignit à un groupe appelé Suicide Action, qui conseille et soutient les gens qui ont perdu par suicide des êtres chers. Elle réalisa rapidement que ces rencontres l'aidaient beaucoup et finit par s'impliquer bénévolement au sein de cet organisme. C'est en aidant les autres qu'elle a retrouvé son équilibre et la paix de l'âme. Elle disait d'ailleurs à Élise il n'y a pas longtemps que, même si la mort de Serge avait été et restait pour elle une effroyable tragédie, elle avait trouvé à travers cette épreuve sa véritable vocation, un sens à sa vie.

Ce fut pour moi une véritable révélation. Je craignais d'avoir trop gâté Hélène durant son enfance, même si j'avais été souvent absent. Je réalisais soudain qu'elle était la digne fille de sa mère. Elle avait la force de caractère d'Élise, et aussi une perception très juste de qui elle était. C'est ce qui lui a permis de survivre à cet horrible drame. Je dois cependant reconnaître que sa mère l'a beaucoup aidée. Élise a été constamment auprès d'elle. Aujourd'hui, je suis émerveillé devant la femme qui est sortie de cette expérience, mûrie, forte, charitable, très attentive aux autres. Je sais aussi qu'elle saura transmettre cette force et cette santé à mes petites-filles.

Il y a encore autre chose. Je me suis rendu compte que ce milieu dans lequel j'ai évolué toute ma vie, je parle de l'organisation du Canadien, constituait une sorte de grande famille qui a été très sécurisante pour ma fille. Voilà une chose qui m'a rempli de joie. Hélène a toujours partagé ma passion pour le Canadien. Elle avait à peine cinq ans lorsque j'ai commencé à l'emmener au Forum le samedi soir. Je la déposais vers dix-huit heures dans la salle des ouvreuses qui prenaient soin d'elle. Un jour, elles lui ont confectionné un costume d'ouvreuse sur mesure, et elles me l'ont présentée dans cet accoutrement sous le regard des caméras. Pendant des années, Hélène a passé tous ses samedis soirs au Forum. Elle assiste encore souvent aux matchs des Canadiens.

Un soir, pendant les séries de 1993, Hélène est arrivée au Forum portant un vieux chandail à moi, avec le «C» du capitaine sur le devant et le numéro 4 et mon nom dans le dos. Des fans sont venus la voir avant le match. Ils croyaient avoir affaire à une jeune femme qui ignorait tout de ce Béliveau dont elle portait les couleurs et le numéro. Il y en a même un qui a cru bon de l'informer :

«J'espère, mademoiselle, que vous êtes au courant que ce gars-là ne joue plus depuis un joli bout de temps.»

Hélène pointa les vingt-trois bannières de la coupe Stanley qui pendaient au-dessus de leurs têtes.

«Je le sais, répondit-elle. C'est un des fantômes du Forum.» Pour une raison ou une autre, les autres équipes, surtout les Bruins, croyaient dur comme fer que le Forum était hanté par les esprits des anciens Canadiens.

En entendant ma fille, le jeune fan s'est tourné vers son ami : «Pas bête! Elle est plus vite que nous, cette fille-là. On aurait dû y penser. On devrait porter des vieux chandails nous aussi, des chandails de fantômes.»

Pendant que notre fille était en train de donner une leçon de choses à ces jeunes, Élise et moi étions à la maison avec nos petites-filles. Notre famille est très liée, et nous nous sommes fait la promesse de toujours être là pour les enfants. Nous leur consacrons tous nos dimanches. Elles viennent nager dans notre piscine. En fait, si elles le voulaient, chaque journée serait leur journée, parce que nous savons bien que d'ici peu elles vont partir à leur tour vers de nouveaux horizons, elles feront leur vie, leur chemin, loin de nous. Alors tant pis si on les gâte un peu trop. Je crois, de toute façon, qu'on ne peut pas trop aimer un enfant; je crois qu'il n'y a pas de mal à leur faire plaisir.

Lorsque j'ai épousé Élise, j'avais déjà une idée très précise de ce que serait alors ma vie, jusque dans ses moindres détails. Sur la glace, ce serait le hockey, bien sûr. Et ailleurs, des activités reliées au hockey. Quand nous sommes arrivés à Montréal, à l'automne de 1953, nous avons convenu qu'elle s'occuperait de l'organisation de la vie familiale, et que je me chargerais du reste. Quarante ans plus tard, nous sommes toujours satisfaits de notre entente; chacun a bien rempli sa mission.

Par contre, j'ai l'impression, la certitude même, qu'en quittant mon travail et en diminuant mes activités extérieures, je risque d'empiéter sur son territoire. J'espère seulement ne pas devenir un de ces maris nouvellement retraités qui ne savent plus quoi faire d'eux, qui traînent dans le chemin de leur femme à longueur de journée et prennent racine, le soir venu, devant la télévision. J'ai la chance d'être encore en parfaite santé. Un peu avant de prendre ma retraite, j'ai demandé au médecin de l'équipe, le docteur Douglas Kinnear, de me faire passer un examen médical complet : scanners, radiographies, prise de sang, électrocardiogramme. Cela nous a pris une partie de l'été, mais les résultats furent fantastiques, très rassurants.

Au fond, il est peu probable que je me retrouve écrasé dans mon fauteuil comme un légume. Je regardais tout à l'heure mon agenda de la semaine. Samedi dernier, j'ai assisté à un Salon d'échange de cartes de sports avec Maurice Richard. Je suis rentré tard et je n'ai eu que le dimanche pour récupérer un peu. Aujourd'hui, lundi, j'ai accordé une série d'entrevues. En plus, je dois finir de libérer mon bureau. Mardi matin, je passerai rapidement chez Molson et au Forum avant de prendre le vol de 14 heures pour Toronto. Il y a un dîner Molson ce soir-là, qui sera suivi d'un conseil d'administration mercredi matin et d'une réunion du comité dans l'après-midi. Je ne serai pas à la maison avant dix-huit heures. Le lendemain soir, je dois assister à un autre dîner commandité par un quotidien de Montréal. Vendredi, mon ami Raymond Lemay donne un lunch privé et samedi matin je pars pour Halifax.

Je me demande si, en prenant sa retraite, un homme ne fait pas qu'augmenter sa charge de travail. Un de mes amis me demandait

hier comment se passait cette nouvelle étape. Élise a pouffé de rire :
«Tu devrais voir son agenda. Je le vois moins souvent qu'avant!»

Maintenant que tout est ramassé, revu, classé, trié, nous sommes prêts à quitter définitivement mon bureau, Louise et moi. Nous avons sélectionné les plus belles lettres reçues au cours de ma carrière. J'ai sous les yeux celle de Bob Gainey qui m'est arrivée tout récemment. Son équipe, les North Stars du Minnesota, vient de déménager à Dallas. Elle conserve le même nom, les Stars de Dallas; Bob les a rebaptisés pour rire les Interim Stars. J'admire grandement cet homme, tant comme joueur que comme capitaine. Il a été seize ans avec les Canadiens. Le voilà maintenant entraîneur et gérant d'équipe. Je relis sa lettre si touchante à laquelle Louise a répondu, comme à toutes celles que j'ai reçues.

Il y a aussi cette lettre d'un de mes plus grands fans, un résidant de Windsor, en Ontario, qui a donné à son nouveau-né le prénom de Béliveau. Il m'envoie d'ailleurs le certificat de naissance. «Ses amis vont l'appeler Bel», me dis-je. Cela pourrait être pire.

Les murs de mon bureau sont maintenant constellés de rectangles et de carrés plus foncés. Ils représentent les jalons de quarante-cinq ans de hockey, dont quarante et un avec la même équipe. Je me sens soudainement submergé par la nostalgie.

«C'est la deuxième fois que je prends ma retraite, me dis-je. Ça devrait être plus facile qu'en 1971.»

C'est loin de l'être.

«Notre étoile, c'est toi.»

Certains jours, il faisait épouvantablement froid. La neige était si blanche qu'elle paraissait bleue, et tellement compacte que le crissement de nos grosses bottes semblait résonner des lieues à la ronde. Cependant, dans les années 40, les météorologues ne terrorisaient pas les gens avec le facteur vent, et la télévision n'avait pas encore «encabané» la moitié de l'humanité. Le dimanche après-midi, tout le monde, grands et petits, allait donc jouer dehors, même si le thermomètre marquait -30 °C. Notre père avait construit une grande patinoire dans la cour. Tous les jours d'hiver, on jouait au hockey. Et alors, le temps ne comptait plus.

Quand ma mère ouvrait la porte et nous lançait ces mots magiques : «On mange, les enfants», nous nous précipitions dans la maison, mon frère Guy et moi, vers la table, chacun derrière son gros bol de soupe et ses sandwiches. Nous étions presque aussi fumants que la soupe, affamés, mais pressés de retourner à nos jeux. De temps en temps, papa se penchait et allongeait une petite tape à celui de ses garçons qui avait dit une grossièreté ou qui se tenait mal. Le plus souvent, un regard suffisait pour que l'ordre soit rétabli. J'avais alors douze ans ; Guy en avait huit.

Maman nous faisait enlever nos tuques et nos manteaux, qui traînaient dans un tas derrière la porte. Mais nous gardions nos patins aux pieds. Nos lames marquaient le linoleum de fines rainures et semaient sous la table des gouttelettes qui finissaient par faire de petites flaques. On voyait par la fenêtre la rondelle que nous avions posée sur l'un des piquets qui soutenaient la bande. Elle ne restait jamais longtemps immobile. On entendait bientôt arriver les autres, nos amis Raymond, André et Gilles Ducharme, Charles et Jean-Marie Dumas, Marcel Boutet, Joe Moore, Léopold et Jean-Marc

Côté. Ils commençaient à jouer en nous attendant. Beau temps, mauvais temps, il y avait presque toujours de l'activité sur la patinoire Béliveau. Sauf, évidemment, quand nous étions à l'école ou en train de servir la messe à l'église des Saints-Martyrs-Canadiens.

Le samedi matin, je servais souvent la basse messe de 7 heures, avant de passer à la cuisine Béliveau pour le déjeuner, puis à la patinoire Béliveau pour le hockey. Le dimanche, surtout après que nous avons été promus enfants de chœur «seniors», nous avons commencé à servir la grand-messe de 10 heures, beaucoup plus longue. Nous sortions de l'église à l'heure du midi. Je prenais ces tâches à cœur, même si je devais parfois me priver de hockey. Mes parents étaient profondément religieux, comme tous les gens à l'époque — surtout dans les campagnes. La famille de ma mère, les Dubé, venait de la région de Charette, à mi-chemin entre Shawinigan et Trois-Rivières; les Béliveau étaient originaires de Saint-Célestin, près de Nicolet.

Du côté de mon père, les racines familiales remontent jusqu'à Antoine Béliveau qui, en 1642, s'était déjà installé à Port-Royal, en Nouvelle-Écosse, à l'entrée de la baie de Fundy. Il fut un temps où Port-Royal, aujourd'hui Annapolis Royal, était l'endroit le plus convoité du Canada, l'enjeu de plusieurs batailles entre la France et l'Angleterre au cours du XVIIIe siècle, haut lieu d'une guerre qui s'est pratiquement terminée, du moins dans cette région du pays, par la déportation des Acadiens, en 1755. Environ dix mille d'entre eux, qui avaient refusé de prêter le serment d'allégeance à la couronne d'Angleterre, ont été exilés. Quelques-uns ont pu rentrer en France; la plupart ont cependant été déportés en Louisiane où ils ont, tant bien que mal, conservé leur langue et leurs coutumes. Ce sont les «Cajuns». D'autres se sont enfuis vers le nord-est des États-Unis ou sont entrés en Nouvelle-France. J'ai lu quelque part que certains Acadiens, qui avaient décidé de partir le plus loin possible, se sont retrouvés dans les îles Falkland, au large des côtes de l'Argentine.

Quant à mes ancêtres Béliveau, ils se sont arrêtés à Boston et sont rentrés au pays au milieu du XIXe siècle. Ils voulaient vraisemblablement s'établir dans la vallée de la Madawaska, une enclave francophone du Nouveau-Brunswick. Mais certains d'entre eux, ayant appris que le gouvernement du Bas-Canada offrait des terres cultivables dans la région de Saint-Grégoire, sur la rive sud du

Saint-Laurent, en face de Trois-Rivières, ont demandé et obtenu un lopin de terre, et décidèrent de s'établir dans la vallée du Saint-Laurent.

Pendant la Première Guerre mondiale, alors que mon père était encore un enfant, quatre de ses frères ont dû se résoudre, comme tant de jeunes Canadiens français, à quitter le pays pour trouver du travail. Les fermes familiales, morcelées d'une génération à l'autre, étaient déjà trop petites. Seuls les plus vieux héritaient du bien paternel. Les autres devaient partir chercher fortune ailleurs, à moins qu'ils aient la chance de marier une fille qui n'avait pas de frère. C'était chose rare à l'époque, car la plupart des familles comptaient huit, dix, douze enfants et même plus.

Mon père n'était encore qu'un jeune garçon quand ses frères sont partis travailler dans l'Ouest canadien. Il aurait bien voulu les suivre, mais ma grand-mère s'y est opposée. Elle avait raison d'ailleurs ; à l'époque le voyage jusqu'aux Prairies était long et périlleux. Il fallait parfois se cramponner au toit d'un wagon, coucher dehors pendant des jours, affronter mille dangers. Plusieurs jeunes gens ont perdu la vie sur la route. Sans doute aussi, ma grand-mère se doutait-elle que ses fils ne reviendraient pas de sitôt. Ils devaient partir trois mois, le temps des grandes moissons, mais ils ne sont jamais tout à fait revenus. Tous les quatre se sont établis là-bas.

J'ai revu trois d'entre eux environ cinquante ans après leur départ vers l'Ouest. C'était en 1960. Molson avait acheté des brasseries dans les Prairies, et on m'avait demandé d'en faire la visite durant l'été, histoire de serrer la main des patrons et de rencontrer les employés. Élise et moi sommes partis de Winnipeg et avons roulé pendant des heures dans les Prairies. À Wolseley, en Saskatchewan, environ 115 kilomètres à l'est de Regina, nous avons rencontré Antonio Béliveau. Il était à la retraite, et ses fils avaient pris en charge la ferme familiale. Armand et Ernest, ses frères, s'étaient installés eux aussi en Saskatchewan où ils avaient élevé leur famille, à l'ouest de Regina, à Moose Jaw et à Ponteix. Aucun d'entre eux n'a pu me dire ce qui est advenu du quatrième frère. Ils avaient perdu sa trace bien des années auparavant en Colombie-Britannique. Un jour, peut-être, le hasard me fera-t-il rencontrer un Béliveau de ma parenté...

Le sixième et le plus jeune des frères Béliveau, Louis-Philippe, n'était pas aussi aventureux. Dans les années 30, il a déménagé à

Montréal, et a travaillé pour le Canadien National toute sa vie. À sa retraite, il est revenu à Saint-Célestin où il vit toujours. Il a maintenant quatre-vingt-six ans. Je vais le voir de temps en temps, et il ne manque jamais nos réunions de famille du mois de janvier.

Les Béliveau qui sont restés dans la vallée du Saint-Laurent se sont établis près de Saint-Célestin avant d'essaimer du côté de Québec et de Victoriaville. Comme ses frères l'avaient fait avant lui, mon père dut quitter la ferme familiale. Pendant la crise économique des années 30, il est entré au service de la puissante Shawinigan Water and Power Company qui, beaucoup plus tard, dans les années 60, allait être fusionnée à d'autres entreprises hydro-électriques pour former Hydro-Québec.

Arthur Béliveau travaillait à l'installation d'une ligne électrique à Trois-Rivières lorsqu'il a rencontré Laurette Dubé, l'unique fille d'une famille qui ne comptait que deux enfants, chose extrêmement rare à l'époque. Ils se sont mariés peu après. Le 31 août 1931, au plus fort de la crise, Laurette mettait au monde un premier enfant, Jean Arthur Béliveau.

Mon père était très occupé à électrifier les villages des Bois-Francs. En 1934, nous avons déménagé à Plessisville. L'année de mes six ans, nous nous retrouvions à Victoriaville. J'ai fait les quatre premières années de mon primaire à l'école Saint-David. Je suis ensuite allé chez les frères du Sacré-Cœur, à l'Académie Saint-Louis-de-Gonzague, où je suis resté de ma cinquième à ma neuvième année. Puis j'ai terminé mes études au Collège de Victoriaville.

Rien de remarquable ou d'exceptionnel dans cette enfance. J'ai reçu l'éducation catholique de la majorité des Canadiens français de ma génération. On m'a inculqué les valeurs familiales traditionnelles : stricte obéissance religieuse, ardeur au travail, conservatisme et autodiscipline. Nous n'étions peut-être pas très à l'aise financièrement, mais dans les années 40, on pouvait élever une famille avec le salaire d'un ouvrier. À condition, bien entendu, qu'on sache se contenter du minimum. Notre maison était petite et plutôt vieille. D'ailleurs, peu de temps après que nous avons déménagé, en 1952, on l'a démolie pour pouvoir agrandir le jardin du presbytère. Mais nous avions toujours de quoi manger et des vêtements propres à porter. Nous avions un petit potager et nous élevions des lapins. L'hiver, la maison était chauffée par la Shawinigan Water and Power. Les poteaux de cèdre que plantait mon père tombaient parfois, frappés par la foudre, cassés par le vent ou par des conducteurs imprudents. Mon père et moi les ramassions, et pendant l'été nous coupions et fendions ces poteaux pour en faire du bois de chauffage. Je me rappelle encore l'odeur de cèdre que dégageait le poêle à bois de la cuisine et qui remplissait toute la maison. Je pourrais presque dire que c'est en sciant, en fendant, en cordant tout ce bois que je me suis fait des muscles.

Tout le monde travaillait dur à cette époque. Quand nos devoirs étaient faits et que chacun avait bien rempli les tâches qui lui incombaient, nous pouvions aller jouer dehors. En été, c'était le baseball de l'aube au crépuscule; en hiver, mon père avait à peine le temps d'arroser la patinoire familiale qu'elle était déjà occupée. Elle le restait jusqu'à ce que le soleil d'avril la transforme en étang.

Les jouets et les gadgets dont sont entourés les enfants d'aujourd'hui nous étaient bien sûr tout à fait inconnus : pas de jeux vidéos, pas d'appareils électroniques. Nos temps libres étaient loin d'être régis et organisés par nos parents; nous étions donc très souvent laissés à nous-mêmes. C'est pourquoi les parties de hockey jouées au «forum» Béliveau de la rue Notre-Dame, à Victoriaville, étaient tout à fait anarchiques. Personne pour nous surveiller ou nous entraîner. Conséquemment, aucun de nous n'avait sur la glace une position précise, jamais nous n'avions de stratégies élaborées, tout était improvisé, spontané. Nous nous préoccupions uniquement des techniques de base : patiner, manier le bâton, lancer.

Il y avait donc peu de règles. Pourtant, nous nous disputions rarement. Nous jouions pour le plaisir, pas pour les points. Bien sûr, nous les comptions, et parfois un de nous jouait au commentateur sportif : «Richard fait le tour de Milt Schmidt, tient Bob Armstrong à distance, se penche et envoie un puissant revers dans le coin supérieur gauche du filet. C'est le but!» Pour que cela soit intéressant, la composition des équipes changeait régulièrement. Il n'y avait donc pas réellement de perdants ni de gagnants.

C'est ainsi que nous avons tout appris, en jouant et en suivant la rondelle. Les plus grands étaient bien sûr les meilleurs. Ils contrôlaient les parties pendant de longs moments alors que les plus petits tentaient de leur enlever la rondelle, d'intercepter une passe, puis de garder le disque le plus longtemps possible, ce qui, avec le temps, devenait de plus en plus fréquent, de plus en plus facile. À force de courir après la rondelle, on finit par apprendre. À force de manger des croûtes, on finit par grandir.

Jusqu'à ce que j'aie environ douze ans, je n'ai jamais joué dans une véritable équipe, avec des chandails, des entraîneurs et des parties organisées et réglementées. L'idée même d'aller s'asseoir ou de se tenir debout le long de la bande en attendant que quelqu'un quitte le jeu nous paraissait totalement incongrue. Nous étions toujours tous ensemble sur la glace. Pour nous, le hockey consistait à se frayer un chemin à travers la foule des joueurs jusqu'au filet. Nous n'avions pas de méthode, même pas de modèle, puisqu'on ne voyait pas, comme aujourd'hui à la télévision, les champions de la Ligue nationale à l'œuvre. Je pense même qu'on ne connaissait pas les règles du jeu. Malgré tout cela, j'ai fini par apprendre à jouer, comme bien des petits garçons de mon âge à travers tout le pays.

L'étape suivante de mon apprentissage du hockey s'est faite sous la tutelle des frères du Sacré-Cœur, à l'Académie Saint-Louis-de-Gonzague. La première patinoire sur laquelle j'ai mis les pieds, qui avait une surface réglementaire, des lignes, des buts et une bande, était montée dans la cour de l'école au mois de novembre, et restait occupée jusqu'au dégel.

Nous avions une petite ligue maison composée de quatre équipes. Une année, les frères ont décidé de former une équipe d'étoiles, qui jouerait le samedi matin à l'aréna. Victoriaville n'était alors qu'une petite ville de dix à quinze mille habitants, mais elle était le centre de la région agricole des Bois-Francs et, chaque été, le Salon de l'agriculture y avait lieu. Voilà pourquoi nous avions un aréna si bien équipé.

Grâce aux frères du Sacré-Cœur et à cette vocation agricole de Victoriaville, j'ai eu la possibilité de jouer lors des fins de semaine contre des joueurs déjà très expérimentés. L'organisation était encore assez rudimentaire ; il n'y avait pas vraiment de divisions ou de ligues bien définies, pee-wee, bantam, midget, comme on allait en connaître plus tard. L'équipe d'étoiles dont je faisais partie rencontrait donc des joueurs de diverses catégories... et de divers gabarit. Il s'agissait le plus souvent d'équipes d'ouvriers commanditées par des entreprises locales. Nous avions treize ou quatorze ans, ils en avaient vingt, parfois plus. À part moi et un certain Cloutier, l'équipe de l'Académie était formée de garçons plutôt frêles. Je pense à Ducharme, Patry, Côté, Boutet, Houle, Métivier et Filion. Ils avaient l'intelligence du jeu, ils étaient rapides, mais ils pouvaient difficilement neutraliser des joueurs qui avaient pratiquement deux fois leur poids. Il nous arrivait quand même de gagner. Le plus important dans tout cela reste que nous avons appris énormément.

Ma carrière de hockey a fait un nouveau bond en avant lorsque je suis entré en dixième année, au Collège de Victoriaville. Je venais d'avoir quinze ans. J'ai joué cette année-là pour l'équipe du collège et pour les Panthères de Victoriaville qui évoluaient dans la Ligue intermédiaire B, dont faisaient partie des équipes d'Arthabaska, Princeville, Plessisville et Warwick. Nous faisions de la route, chaque fin de semaine. J'ai eu cette année-là un avant-goût de cette vie de gitan que je mènerais, plus tard, chez les professionnels.

Curieusement, c'est le baseball qui a d'abord failli me faire quitter ma famille. Pendant la guerre, John Nault, un électricien, s'était fait connaître à Victoriaville sous le nom de «Monsieur Baseball». C'était un mordu de sport. Il faisait tout ce qui était en son pouvoir pour n'importe quel garçon qui montrait le moindre intérêt pour le baseball. Il organisait des ligues, des tournois. Il avait même installé à ses frais l'électricité sur le terrain pour que nous puissions jouer le soir. Un dimanche, il nous a emmenés, moi et quatre ou cinq autres gars, à Fenway Park, à Boston. Nous ne comprenions pas un traître mot de ce qui se disait autour de nous, mais quand Ted Williams frappa la balle à plus de cent vingt mètres, pardessus l'enceinte, nous savions tous parfaitement ce qui se passait. Le voyage dura vingt heures et fut absolument exténuant, mais je n'oublierai jamais ce que j'ai vécu et ce que j'ai vu ce dimanche-là. Au retour, pendant que nous traversions les petites villes endormies du Massachusetts et du Vermont, nous rêvions de lancer un jour pour les Red Sox de Boston, contre Allie Reynolds et les as des Yankees de New York.

Cette année-là, nous avons commencé à fréquenter le Stade Delormier, les dimanches d'été, pour voir jouer les Royaux de Montréal. C'était à 160 kilomètres de chez nous, mais le voyage en valait la peine. J'ai vu là des vedettes comme Chuck Connors, un extraordinaire premier but devenu par la suite acteur de cinéma. Il a tenu le rôle du *Rifleman* dans la fameuse série télévisée du même nom. Étrangement, le seul joueur dont je n'ai aucun souvenir était le plus célèbre de tous : Jackie Robinson.

J'adorais regarder ces frappeurs. J'étais moi-même assez bon dans cet art, et je comprenais ce plaisir d'envoyer une balle si loin qu'elle semble disparaître dans le ciel. Vers mon quinzième anniversaire, plusieurs centimètres s'étaient encore ajoutés à ma taille déjà impressionnante, mon lancer avait pris plusieurs kilomètres à l'heure supplémentaires et mes coups de circuit s'étaient allongés de neuf à douze mètres. Cet été-là, après les cours qui finissaient à 16 heures, John Nault m'emmenait parfois à Trois-Rivières où je pouvais m'entraîner avec les joueurs d'une équipe senior de la Ligue canadienne-américaine. Je ne participais pas aux matchs, mais j'avais quand même la chance de me mesurer à des gars de vingt-cinq ans et plus. C'est alors que les éclaireurs chargés de trouver de nouvelles recrues commencèrent à me remarquer.

L'un d'entre eux était tellement impressionné par ma taille, mon lancer et mon frapper qu'il voulait me faire signer un contrat de classe C ou D. Mais je me serais retrouvé quelque part en Alabama, ce qui a mis rapidement un terme à toute discussion, ma mère s'étant violemment opposée à tout projet de cette nature.

Pourtant, j'ai quitté la maison l'été suivant, pour jouer dans un endroit qui ne m'était pas beaucoup plus familier que l'Alabama. Dans les années 40, Val-d'Or était encore une ville frontière pas très hospitalière, peuplée de chercheurs d'or, de prospecteurs et de bûcherons. Les hivers étaient longs et pénibles; quand revenait le printemps, les gens retournaient avec fébrilité à leurs activités préférées : la chasse, la pêche et, par-dessus tout, le baseball.

L'équipe de Val-d'Or appartenait à la Ligue senior d'Abitibi, une ligue très active où l'on prenait le jeu très au sérieux. Toutes les équipes avaient l'habitude d'engager des joueurs d'autres régions du Québec et du nord de l'Ontario. Lorsque Val-d'Or se retrouva avec un joueur blessé, un gars originaire de Victoriaville leur parla d'un jeune homme de son patelin qui pouvait sans doute les aider, peut-être même remplacer avantageusement le joueur blessé.

«Quel âge a-t-il? demanda-t-on.

— Seize ans, je dirais. Il joue avec mon jeune frère, à Victoriaville.

— Trop jeune. On ne pourra jamais le faire engager à la mine.

— Jeune peut-être, mais c'est le meilleur. C'est un sacré bon lanceur et, comme frappeur, on n'a pas souvent vu mieux.

— À bien y penser, la municipalité pourrait peut-être avoir besoin d'un jeune pour passer la tondeuse dans les parcs.»

C'est ainsi que, quelques jours plus tard, Jean Béliveau est devenu un employé d'été de la ville de Val-d'Or, et un membre de l'équipe locale de baseball. Je passais la tondeuse le jour et je frappais des balles le soir. Pendant sept semaines. Ce dont je me rappelle le plus clairement ce sont les rues de terre, les trottoirs de bois, et l'incroyable gentillesse que me manifestaient les gens.

Plus tard, j'ai connu de grands joueurs de hockey originaires de cette région. Dave Keon, Jacques Laperrière et Réjean Houle venaient de Rouyn. Christian, Jean-Paul et Paulin Bordeleau, de Noranda. Ralph Backstrom, Dick Duff, Bob Murdoch, Larry et Wayne Hillman, Mickey et Dick Redmond étaient nés juste de l'autre côté de la frontière, à Kirkland Lake en Ontario. Frank et Peter Mahovlich étaient de Timmins. Après un été passé là-bas, je me suis toujours demandé à quoi l'hiver pouvait bien ressembler. L'Abitibi n'est pas un pays facile, mais il a ses charmes. J'ai pu remarquer par la suite que les joueurs qui sortaient des ligues juniors du nord-ouest québécois avaient reçu une bonne éducation. Ils faisaient des professionnels solides et sérieux que se disputaient âprement les grandes équipes de Montréal et de Toronto. Je ne garde que de bons souvenirs de cet été abitibien. C'était la première fois que je me retrouvais si longtemps loin de ma famille. Par la suite, je ne me suis absenté que pour jouer au hockey.

Vers l'âge de treize ou quatorze ans, je ne manquais jamais un match des Tigres de Victoriaville à l'aréna. Mon joueur préféré était le défenseur Roland Hébert. Il n'était pas grand, ni particulièrement costaud, mais il avait le sens du hockey et du cœur à l'ouvrage comme pas un. Je l'admirais et plusieurs de mes amis aussi. J'étais loin de me douter qu'il jouerait un jour un rôle déterminant dans ma carrière.

En 1946, on demanda à Roland Hébert d'arbitrer un match que nous disputions contre une équipe commanditée par Ameublement Victoriaville. Notre entraîneur, un frère du Sacré-Cœur, m'a utilisé comme défenseur pendant tout le match. J'ai quand même trouvé le moyen de compter trois ou quatre buts, certains après des montées d'un bout à l'autre de la patinoire. Roland, déjà très impressionné par ma taille — je faisais plus de 1,80 m, et je devais peser plus de 82 kilos —, a été emballé par mon jeu. Il est venu me voir après la partie et m'a demandé ce que je pensais de l'idée de faire carrière dans le hockey.

«Je suis sûr que les Canadiens juniors de Montréal seraient intéressés par toi,» me dit-il. Je n'ai jamais eu de nouvelles des

Canadiens juniors et je me suis demandé pendant un certain temps si Hébert était sérieux. Cependant, au cours de l'hiver, le président des Tigres seniors, M. Parenteau, m'invita à participer aux exercices, ce qui me fit vivement plaisir. Le contact avec ces hommes aguerris fut évidemment tout un choc culturel pour moi. Jusque-là, j'avais surtout joué avec des enfants d'école. Je me retrouvais, du jour au lendemain, avec des vétérans comme Roland Hébert, Dick Wray et Phil Vitali. Notre gardien de but était Lucien Dechêne, un ancien de New Westminster, dans la Western Hockey League. Les pratiques étaient de glorieuses mêlées où je me retrouvais côte à côte avec ces anciens professionnels. C'est en me frottant à eux que j'ai réalisé progressivement que j'étais vraiment meilleur que je ne le croyais.

Un jour, après la pratique, Jack Toupin est venu me parler. Il était entraîneur des Reds de Trois-Rivières de la Ligue junior du Québec… et éclaireur pour les Maple Leafs de Toronto.

« Je te trouve assez bon pour commencer dès maintenant à jouer avec les Reds, me dit-il. Si tu veux, je te fais préparer un contrat tout de suite. »

Ce soir-là, je crois que j'ai volé jusque chez moi. J'avais à peine seize ans et on me proposait un contrat chez les juniors. Et pas n'importe où, à Trois-Rivières, la ville où j'étais né et où mes parents s'étaient mariés ! À deux pas du clan Béliveau de Saint-Célestin et des Dubé de Charette ! Que pouvais-je désirer de plus ?

Cette fois, c'est mon père qui refusa.

« Pas tout de suite, me dit-il, t'es encore trop jeune. Je veux que tu restes au collège, que tu termines tes études. C'est important. Si t'as autant de talent qu'ils le disent, le monde du hockey ne t'oubliera pas de sitôt, même si tu restes encore un an ou deux à Victoriaville. » J'étais déçu, mais je comprenais.

La saison suivante, je me suis joint aux Panthères de Victoriaville en tant qu'intermédiaire. En ce temps-là, les jeunes jouaient là où ils pouvaient le faire, quel que soit leur âge. Des hommes de vingt ans, trente ans même, qui n'étaient pas assez puissants pour les ligues seniors, faisaient en quelque sorte carrière dans les ligues intermédiaires. Ils n'avaient peut-être pas un grand talent, mais ils avaient du poids, et savaient jouer avec rudesse.

La communauté soutenait ardemment notre équipe. Un de nos grands partisans s'appelait Adélard Morier ; il possédait une quincaillerie où il vendait également des articles de sport. Un jour, il me donna une paire de patins flambant neufs. Je n'oublierai jamais ce geste si généreux et désintéressé. Monsieur Morier n'était pas seul à agir ainsi ; plusieurs autres hommes d'affaires de la région aidaient ainsi, de diverses façons, «leurs» Panthères.

J'ai compté 47 buts et 21 passes pendant cette saison. Ma carrière était enfin lancée. Je faisais avec bonheur mon entrée dans le hockey organisé. J'étais désormais en contact avec des gens en vue dans la communauté, des décideurs, des hommes d'affaires, qui pouvaient faciliter bien des choses pour notre équipe, ouvrir des portes. J'avais surtout appris une chose fondamentale : il faut toujours viser plus haut, se mesurer à des plus forts et des plus expérimentés que soi. Être le meilleur dans son patelin, c'est se satisfaire de peu. On aura du succès pendant un certain temps, mais on ne progressera pas, on ne grandira pas. Au contraire, à force de faire du surplace, on risque de s'enliser. Par contre, en allant de l'avant et en se remettant sans cesse en question, on donne la preuve de ce que l'on vaut ; mieux, on se dépasse.

J'étais encore bien naïf. Je ne savais pas que le monde du hockey était une véritable jungle, avec ses lois et ses règles, ses mystères, ses coutumes. Partout, à tous les niveaux, tout un chacun, joueur, entraîneur et gérant, tant de la ligue intermédiaire que des ligues senior et junior, voulait gravir les échelons. Le meilleur — pour ne pas dire le seul — moyen de monter dans la hiérarchie était de s'assurer que le Canadien de Montréal ait l'œil sur soi. En 1946, Frank Selke est devenu directeur général du Canadien et a commencé à organiser et à encourager le hockey québécois — et canadien aussi, bien sûr — à tous les niveaux, ce qui a créé une extraordinaire effervescence.

Jusque-là, le repêchage dans la LNH se faisait plus ou moins au hasard. Par ses méthodes, M. Selke a réellement transformé le système. Il a rationalisé le repêchage. Il envoyait ses éclaireurs dans les coins les plus reculés. Quand on lui signalait la présence de jeunes joueurs talentueux quelque part, il n'hésitait jamais à aider ou même à fonder une équipe où ils pourraient prendre de l'expérience. Il intervenait parfois pour organiser ou structurer des ligues mineures. Il était aussi patient, il savait prévoir à long terme. Pour que son système fonctionne, il avait besoin d'un flot de renseignements sans cesse révisés. La réputation d'un entraîneur, d'un gérant ou d'un éclaireur se trouvait considérablement grandie s'il savait attirer l'attention sur des joueurs prometteurs. Dans ce contexte, un jeune de talent ne pouvait passer inaperçu.

Mon père avait donc eu raison de me garder un an de plus à Victoriaville. Quand cette saison avec les Panthères s'est terminée, Roland Hébert a parlé de moi à la direction du Canadien. Il avait de bons contacts au sein de l'organisation. Son ami, le vétéran gardien de but Paul Bibault, épousa cet été-là la fille de Frank Selke. Invité aux noces, Roland en profita pour parler de moi à M. Selke. Il vanta mes talents, lui parla de ma taille, de mon coup de patin, de la force de mon lancer, de mon sens de l'anticipation. «Il est déjà le meilleur, dit-il à Selke. Et il n'a pas fini de grandir.»

C'est ainsi que la parade des éclaireurs a commencé à Victoriaville. Un dimanche après-midi, je rentrais chez moi après une partie de baseball lorsque deux hommes m'accostèrent. L'un deux ne parlait qu'anglais, l'autre servait d'interprète. L'Anglais se présenta : Mickey Hennessey; il travaillait pour Frank Selke des Canadiens de Montréal. Il m'ont invité dans un snack-bar pour «parler affaires». Nous avons commandé des liqueurs douces. Hennessey m'a dit, par le truchement de l'interprète : «Si tu signes un contrat de type C avec le Canadien de Montréal, je suis autorisé à te donner 100 $ comptant. Tout de suite.»

Il sortit dix billets de 10 $ de son porte-monnaie et les posa sur la table. C'était beaucoup d'argent, plus que je n'en avais jamais vu de toute ma vie. Je comprenais mal ce qu'était un contrat de type C. Il s'agissait en fait d'un document qui me lierait directement à l'organisation des Canadiens, et non à une équipe junior. Mais les Canadiens pouvaient m'envoyer où bon leur semblait. Je demandai plusieurs fois à l'interprète de répéter ou de clarifier certaines choses. Je n'arrêtais pas de poser des questions pour gagner du temps.

Plus j'hésitais, plus Hennessey sortait des billets qu'il empilait sur la table. Il y avait maintenant plus de 200 $, juste devant moi. Appartenir aux Canadiens de Montréal? Jouer dans la même équipe que Richard, Blake et Lach et en plus être payé? J'eus la présence d'esprit de ne pas dire à ces hommes que je l'aurais probablement fait pour rien!

J'étais déjà en pensée en train de faire mes valises et de partir pour Montréal avec ces deux étrangers quand je me suis mis à imaginer la réaction qui m'attendait à la maison, si jamais je prenais une telle décision. Arthur Béliveau considérait que ses enfants lui devaient respect et obéissance et, jusqu'à maintenant, c'était toujours lui qui avait dirigé ma carrière, qui m'avait conseillé. Je pris donc mon courage à deux mains, j'essayai désespérément de ne pas fixer les billets empilés sur la table et, finissant mon verre d'une gorgée, je dis à Hennessey : «Parlez à mon père s'il vous plaît. Je ne peux rien signer sans son accord.»

Il me prit au mot. Il vint à la maison, comme le firent par la suite plusieurs représentants du Canadien, dont Émile «Butch» Bouchard, le capitaine de l'équipe. Mon père les renvoya l'un après l'autre.

«Mon garçon ne signera jamais un contrat qui donnerait à quelqu'un d'autre le contrôle sur sa carrière», disait-il.

Finalement, on nous fit une offre qui lui paraissait acceptable. Les Canadiens juniors de Sam Pollock me proposaient un contrat qui ne m'engageait à rien de plus qu'à participer à leur camp d'entraînement. Je me retrouverais par la suite, quoi qu'il arrive, tout à fait libre de faire ce que je voulais. Après avoir consulté Roland Hébert, nous avons signé le document, mon père et moi, et je l'ai porté au bureau de poste.

Ce que nous ne savions pas, c'est que Lucien Dechêne, le gardien de but des Tigres, avait parlé de moi à l'un de ses amis qui travaillait ailleurs dans le hockey junior, Roland Mercier, le gérant des Citadelles de Québec de Frank Byrne. Mercier avait été l'entraîneur de Lucien dans les juniors B, de 1941 à 1944. Ce dernier l'avait convaincu de m'inviter à son camp d'entraînement. Il y avait un petit problème cependant : Lucien ne se rappelait plus exactement de mon prénom, il ne me connaissait que comme «le grand gars avec une tuque bleue». Il fallut donc un certain temps à Mercier pour me retrouver. Il y est cependant parvenu. Ainsi, trois semaines avant mon dix-septième anniversaire, en août, je recevais de la part des Citadelles de Québec un document très semblable à celui que les Canadiens juniors de Montréal m'avaient envoyé. Autrement dit, j'étais invité à deux camps d'entraînement. Mais je m'étais déjà engagé.

Si les deux invitations étaient arrivées en même temps, je serais fort probablement allé à Québec. C'était plus près de Victoriaville, et ce n'était pas une grande ville un peu effrayante comme Montréal. De toute façon, quelques semaines avant le début des camps, Frank Selke changea brusquement les règles, en débloquant des fonds pour aider à l'expansion de la ligue junior. Victoriaville, où il y avait un groupe d'hommes de hockey très actifs, a su profiter de ces fonds. On réorganisa les Tigres seniors et on constitua une nouvelle équipe de Tigres juniors.

Dès qu'il fut nommé entraîneur de cette dernière équipe, Roland Hébert se mit à harceler Selke pour me garder à Victoriaville. «Libérez Béliveau de son contrat avec les Canadiens juniors. Laissez-le jouer dans sa ville. On va avoir besoin de toute l'aide possible si on veut être compétitifs. Ce jeune-là est déjà une vedette dans la région. Il va nous aider à remplir l'aréna. De toute façon, Sam Pollock n'a pas vraiment besoin de lui. Il a déjà suffisamment de joueurs talentueux à Montréal.» Selke se rendit à ses arguments. Roland Hébert est donc venu à la maison m'annoncer que le Canadien était d'accord pour déchirer mon contrat et que je pourrais jouer pour les Tigres juniors de Victoriaville.

Mais mon père n'a pas voulu signer tout de suite. Il se disait que les Citadelles de Mercier et les Reds de Jack Toupin nous feraient sûrement des propositions lorsqu'ils sauraient que les Canadiens juniors avaient résilié le contrat. Pourtant, trois jours avant que la saison commence, nous n'avions reçu aucune offre. J'ai donc signé avec les Tigres. Ce n'est que plus tard que mon père et moi avons appris que Selke avait tenu secrète la résiliation de mon contrat, de sorte que ni les Citadelles ni les Reds n'en avaient entendu parler. L'astucieux Frank Selke n'avait pas mis au point ce fameux système de repêchage pour laisser des joueurs talentueux lui échapper.

Cependant, avant que je signe avec les Tigres juniors de Victoriaville, mon père avait eu une longue conversation avec Roland Hébert. Il était entendu que je ne m'engageais avec eux que pour une saison, et que je serais par la suite tout à fait libre. Roland avait, bien sûr, un peu rechigné. «Ça ne marche pas de même, avait-il dit. Quand un joueur signe, il devient la propriété exclusive de l'équipe, et il reste avec elle, à moins qu'il soit échangé ou libéré.»

«Pas Jean Béliveau», avait répondu mon père. Il avait donc refusé de signer ce contrat avant qu'une clause n'y soit ajoutée, stipulant que je recouvrais ma liberté après un an. Roland Hébert avait fini par comprendre que mon père ne céderait jamais là-dessus. Il avait joué dans l'équipe senior de Victoriaville, il savait donc que lorsque Arthur Béliveau avait une idée en tête et qu'il était sûr de ses droits, personne ne le faisait changer d'idée.

C'est ainsi qu'au début de la saison de hockey, en octobre 1948 dans la ligue junior A du Québec, je portais le chandail noir et or des Tigres, un club disparate composé de jeunes plus ou moins prometteurs et de laissés-pour-compte, comme la plupart des équipes nouvellement formées dans cette ligue en pleine expansion. Nous avions tout de même de bons joueurs, dont Denis Brodeur et André Belhumeur dans les filets, Rémy Blais, Gordie Haworth, Roger Hayfield et moi-même à l'offensive, et Gildor Lévesque, Marcel Chainey et Leonard Shaw à la défense.

Le nom Brodeur est connu pour plusieurs raisons. Denis fut gardien de but pour les Nationals de Montréal dans la ligue junior comme dans la ligue senior. Il représenta le Canada aux Olympiques. Il est devenu par la suite l'un des meilleurs photographes sportifs de Montréal, un habitué du Forum et du Stade olympique. De plus, il est le père de Martin Brodeur, le fantastique jeune gardien de but des Devils du New Jersey.

Je sais que Denis n'oubliera jamais ce mercredi 8 décembre 1993 quand Martin est venu jouer au Forum contre les Canadiens de Montréal. Il n'y a rien de tel que le public montréalais lorsqu'il acclame ceux qu'il reconnaît comme siens, qu'ils soient des Canadiens ou de toute autre équipe. Derrière le banc des Devils se tenaient Jacques Lemaire et le défenseur Larry Robinson. Martin a reçu ce soir-là la première étoile pour avoir conduit les Devils à une victoire de 4 à 2 contre les Canadiens. Je peux vous dire que les lunettes de mon ami Denis ont été plusieurs fois embuées pendant ce match.

Mais revenons à Victoriaville en 1948. Très peu de jeunes de la ville faisaient partie des Tigres cette année-là, à part Paul Alain et moi-même. Les autres venaient d'un peu partout. Comme je vivais chez mes parents et que je n'avais pas à payer ma chambre et mes repas, Roland Hébert considérait que je pouvais fort bien m'arranger avec une paye de 15 $ par semaine. Je n'étais pas spécialement emballé par sa logique. Je pensais que mes performances sur la glace devaient seules déterminer ce que je méritais comme salaire. Je me suis expliqué, et la direction de l'équipe adopta mon point de vue très rapidement. À Noël, j'avais déjà compté autant de buts que tous mes coéquipiers réunis. Mon salaire avait été majoré à 35 $ par semaine, ce qui à l'époque était bien suffisant pour nourrir une petite famille.

Notre saison avait bien commencé avec une victoire de 4 à 3 contre les Cyclones de Verdun-LaSalle. Roger Hayfield et moi avions compté chacun deux buts contre une armoire à glace du nom de Lorne Worsley. Pour une jeune équipe, encore vaguement structurée, les Tigres s'en sortaient donc assez bien. Le 25 novembre, nous affrontions les Citadelles de Québec pour la première fois. Cette équipe avait à son actif 15 victoires et un match nul, soit 31 points, ce qui la mettait en tête de la division sud, 13 points devant les Nationals et 19 de plus que nous, coincés que nous étions en quatrième place avec 6 victoires et 9 défaites.

Cette soirée-là restera à jamais dans ma mémoire. Pour deux raisons : je jouais pour la première fois au Colisée de Québec, et j'y ai rencontré pour la première fois un gardien de but qui allait avoir une immense influence sur ma carrière. Nous avons défait les Citadelles 4 à 2. Nous avons marqué les premiers avec un but de Rémy Blais au tout début de la seconde période. Mais les Citadelles ont riposté en enregistrant rapidement deux buts. J'ai réussi un but en troisième période, de sorte que nous nous sommes retrouvés en prolongation.

À cette époque, la période de prolongation durait obligatoirement 10 minutes. Dès le début, j'ai fait une passe à Gérard Théberge, qui envoya la rondelle directement dans le but des Citadelles. Quelques minutes plus tard, je me suis échappé et j'ai patiné vers la rondelle qui se trouvait libre à l'entrée de la zone adverse. Le gardien de but aussi. Il s'est rendu presque jusqu'à la ligne bleue. Il allait saisir la rondelle pour la passer à l'un de ses coéquipiers quand j'ai réussi à m'en emparer. Il s'est étalé de tout son long sur la ligne bleue. J'ai pris tout mon temps, j'ai lancé dans son filet vide. Par la suite, j'ai souvent eu l'occasion de taquiner Jacques Plante en lui rappelant cette soirée où «je l'avais sorti du jeu en interceptant sa passe».

Mais la grande vedette de cette soirée avait été Denis Brodeur, le gardien de but des Tigres. Il avait arrêté 39 lancers. C'est à lui, d'abord et avant tout, que nous devions notre victoire.

Cette première expérience dans le hockey junior A a été différente de celle de mes coéquipiers, parce que je vivais toujours chez moi et que je continuais mes études, malgré un horaire assez chargé. J'étudiais au collège, tous les jours de la semaine de 8 heures à 16 heures, et je devais en plus être à l'étude du lundi au jeudi de

19 heures à 21 heures. Or, les pratiques des Tigres avaient lieu à 16 heures et les matchs commençaient à 20 heures. Les soirs où nous jouions, je me présentais à l'étude, je montrais ma carte d'identification de joueur au surveillant qui me donnait la permission de partir. C'était souvent le frère Fernand. Il me disait toujours quelque chose du genre : «Tu sembles bien pressé de laisser l'étude, mon garçon.» Je me demandais s'il était vraiment vexé que je sois dispensé ou s'il ne faisait que blaguer.

Des années plus tard, à Boston, je reçus un appel dans ma chambre d'hôtel. C'était le frère Fernand, qui cherchait un billet pour le match qu'on disputait ce soir-là contre les Bruins. Je lui en ai trouvé un, juste derrière notre banc. Il m'a attendu après la partie, et nous avons parlé ensemble du bon vieux temps. Il se rappelait en riant ce grand élève qui filait devant lui et dont les études, il me l'avoua ce soir-là, n'avaient tout compte fait pas trop souffert.

Il y avait trois options en dixième année au Collège de Victoriaville : affaires, technique et sciences. Je m'étais inscrit en technique, où je faisais des études en électricité; je m'étais dit que je pourrais peut-être suivre les traces de mon père. L'année suivante cependant, j'étais tellement épuisé par des retours à cinq heures quand nous allions jouer loin de Québec, que j'ai décidé d'interrompre mes études.

Les Tigres avaient connu un départ plutôt lent cette année-là. Moi aussi. Au début de décembre, j'étais loin derrière dans les statistiques individuelles, avec 21 points seulement, 13 buts, 8 passes. Frankie Reid de Trois-Rivières triomphait avec 51 points, 3 devant Bernie Geoffrion des Nationals de Montréal. À la fin de la saison, Reid se retrouvait toujours en premier pour les points, mais je dominais la ligue avec 48 buts, ce qui m'a valu le double honneur d'être nommé «découverte de l'année» et «recrue professionnelle la plus prometteuse».

Durant la majeure partie de la saison, il semblait évident que les Tigres ne participeraient pas aux éliminatoires, mais nous y sommes arrivés de justesse après que Roland Mercier eut réussi à prouver qu'un des joueurs des Citadelles, Marius Groleau, jouait sous une fausse identité, en l'occurrence celle de son frère décédé. Groleau fut disqualifié, et on annula tous les matchs des Citadelles auxquels il avait participé. Cette équipe fut alors écartée des finales. C'est ainsi que nous avons été propulsés de la dernière position parmi les cinq meilleures équipes de la division, en semi-finale. Notre chance ne dura pourtant pas : nous avons été battus 3 à 1 dans une série de 5 matchs. Je ne le savais pas encore, mais ma carrière de joueur de hockey à Victoriaville était finie.

Après que les Tigres eurent été éliminés, mon père et moi avons commencé à négocier avec les Citadelles de Québec pour la saison suivante, celle de 1949-1950. Grâce à l'intransigeance et à la fermeté dont mon père avait fait preuve dans les relations qu'il avait jusque-là entretenues avec diverses organisations de hockey, j'avais toute ma liberté d'action et je pouvais traiter avec qui je voulais. Nous avons rencontré Roland Mercier dans un hôtel, près de Plessisville, et nous avons discuté des conditions d'un nouveau contrat. Quelques jours plus tard, nous avons eu une autre réunion, et nous nous sommes entendus sur presque tout. Je devais partir pour Québec à l'automne suivant, ce qui risquait de causer certains problèmes avec la ligue et les Tigres, envers qui je m'étais plus ou moins engagé, même si mon père avait fait inclure au contrat cette clause qui me libérait après un an.

L'excellent travail qu'avait accompli Roland Hébert à Victoriaville n'était pas passé inaperçu. On lui offrit le poste d'entraîneur et de gérant général des Saguenéens de Chicoutimi, dans la ligue senior. Il a tenté par la suite de faire des Tigres juniors de Victoriaville une équipe-école officielle de Chicoutimi, mais les règlements de la ligue ne permettaient pas ce genre d'opération. Alors, Roland a résilié tous les contrats des joueurs de la ligue junior de Victoriaville qui fut démantelée. Tous les garçons se sont donc retrouvés agents libres, comme moi.

C'est du moins l'histoire telle que je l'ai comprise pendant plus de quarante ans. Pourtant, alors que je préparais le manuscrit de ce livre, j'ai eu l'occasion de revoir certains événements avec Roland Mercier, qui m'en a donné une tout autre version.

En fait, je n'ai jamais vraiment été agent libre; j'appartenais aux Citadelles depuis novembre 1948. Sans entrer dans les détails, on peut dire qu'un joueur qui avait signé avec une équipe — dans mon cas, les Tigres juniors de Victoriaville — pouvait signer avec une autre équipe — les Citadelles, en l'occurrence. Mais il devait obtenir son congé de la première équipe, ce que les Tigres refusaient de me donner. Ou il devait avoir dépassé l'âge de jouer chez les juniors, ce qui n'était pas mon cas. Ou encore, l'équipe avec laquelle il était sous contrat devait cesser ses opérations, ce que les Tigres ont fait, mais seulement après que j'eus signé mon contrat avec les Citadelles, de sorte que celui-ci n'était pas réellement valide et notre entente avec Roland Hébert aurait pu être contestée par la ligue ou n'importe quelle autre équipe.

De toute façon, Roland Mercier s'était déjà préparé à me faire signer avec les Citadelles cet automne-là, immédiatement après la partie durant laquelle j'avais compté ce fameux but contre mon ami Jacques Plante. Il s'était rendu dans le vestiaire des Tigres et leur avait fait une proposition : il leur donnait Leonard Shaw pour 100 $ et contre un joueur qu'il choisirait plus tard. Roland avait bien pris garde de spécifier que le joueur qu'il avait en tête était moi.

Quelques mois plus tard, les Tigres se trouvant en difficultés financières, Roland Mercier leur retourna le chèque de 100 $ qu'il n'avait pas encaissé et les informa qu'il renonçait aux 100 $ pour chaque match auxquels les Citadelles, une attraction fort lucrative, avaient droit lorsqu'ils se produisaient à l'aréna de Victoriaville. Étonnée par tant de générosité, la direction des Tigres lui demanda alors de nommer ce joueur qu'il voulait en échange de Leonard Shaw.

Lorsqu'il prononça le nom de Béliveau, les organisateurs des Tigres ont bondi et déclaré qu'ils n'accepteraient jamais. Roland leur a fait remarquer avec le plus grand calme que le contrat avait été signé devant témoins et qu'il avait la ferme intention de voir à ce qu'il soit respecté.

C'est ce qui explique pourquoi, lorsque le vieux Colisée a été incendié, au printemps, les Citadelles ont tenu leur camp d'entraînement de 1949 et disputé les premières joutes de la saison à Victoriaville. En fait, je leur appartenais déjà. L'équipe m'avait prêté aux Tigres pour la durée de la saison, en somme. Peu de gens furent au courant de cet arrangement, à part le très habile Roland Mercier, évidemment.

Rien dans cette affaire n'a vraiment eu d'importance quant à ma carrière, j'imagine. Néanmoins, cela donne une idée des tractations dont font souvent l'objet les joueurs de hockey. L'automne venu, j'ai donc joué les deux premiers mois avec les Citadelles à Victoriaville, en attendant que soit construit le nouveau Colisée de Québec. Roland Mercier et Frank Byrne ne m'ont jamais caché la raison pour laquelle ils voulaient tellement m'avoir dans leur équipe.

Le vieux Colisée avait été le haut lieu des expositions agricoles. Le nouveau Colisée serait le temple du hockey.

«Il sera deux fois plus grand que le vieux, me dit Byrne. On a besoin d'une étoile pour le remplir. Cette étoile-là, c'est toi.»

La Vieille Capitale

Ce samedi 26 juin 1993 annonce une superbe journée. Le soleil est radieux, un petit vent chaud et frais monte du fleuve, c'est le bonheur. À huit heures, Élise et moi prenons le petit déjeuner sur la terrasse Dufferin du Château Frontenac, à Québec. Beaucoup de gens sont en vacances à ce temps-ci de l'année, entre la Saint-Jean-Baptiste et la fête du Canada. Malgré l'heure matinale, la terrasse est pourtant déjà bondée et une grande effervescence règne, non seulement au Château, mais partout à travers la ville de Québec.

Dans tous les hôtels et les motels, des jeunes hommes musclés et en forme, âgés de dix-sept à dix-neuf ans, sont déjà debout. La plupart ont eu une nuit agitée, peuplée de rêves dans lesquels ils voyaient tournoyer autour d'eux les vingt-six écussons qui ornent les uniformes de la Ligue nationale. Plus tard dans la journée, à partir de 13 heures, ils vont se rassembler au Colisée, partagés entre la crainte et l'espoir, pour savoir si les bonzes de la Ligue nationale sont prêts à les engager.

J'ai déjà participé à cet événement, mais je n'ai jamais vu une foule aussi bigarrée, aussi multi-ethnique. Ces jeunes athlètes viennent de partout. Il y a des Russes, des Lettons et des Biélorusses, des Tchèques et des Slovaques, quelques Norvégiens, des Suédois et des Finlandais, plusieurs Ukrainiens, des Polonais aussi, des Suisses, des Allemands, des Américains, même des Canadiens et des Québécois...

À la fin de cette séance de repêchage, 93 défenseurs, 73 joueurs de centre, 37 ailiers droits, 46 ailiers gauches et 36 gardiens de but, en tout 285 joueurs, auront été choisis par l'une ou l'autre des équipes de la Ligue nationale. Des centaines d'autres joueurs vont rentrer chez eux, tristes et déçus, leurs rêves devenus cauchemars.

Pour le moment, nous profitons, Élise et moi, de cette belle matinée ensoleillée, et nous ne voulons la partager avec personne. C'est ici, dans cette bonne vieille ville de Québec, que tout a commencé pour nous deux.

Le panorama qu'on découvre depuis la terrasse Dufferin est à mon avis l'un des plus spectaculaires qui soient, certainement comparable à celui de la baie de Hong-Kong. Aujourd'hui, on voit clairement la pointe de l'île d'Orléans, là-bas, en direction nord-est, et Lévis, juste en face, puis Lauzon et les chantiers de construction navale. Ce qui ajoute au charme qu'exerce sur nous ce grandiose spectacle, c'est qu'il nous est familier, qu'il nous rappelle notre jeunesse, notre rencontre. Élise est née et a grandi à l'ombre du Château Frontenac ; c'est ici, à Québec, que nous nous sommes connus et mariés ; ici aussi que j'ai passé quatre des plus merveilleuses années de ma vie, les premières saisons de ma carrière. Ce sont les expériences que j'ai vécues à Québec qui m'ont fait ce que je suis.

Mais il n'y a pas que la vue qui me soit familière. Il y aussi les employés du Château Frontenac. Je les connais depuis toujours, surtout ceux de ce petit café qui donne sur la terrasse. À l'époque où je jouais pour les Citadelles et les As, il m'arrivait souvent d'attendre que la foule du midi se soit dissipée pour entrer m'asseoir. Je mangeais tranquillement et je passais parfois une partie de l'après-midi avec les garçons et les filles du personnel. On parlait du beau et du mauvais temps, du match de la veille et de celui du lendemain. Le monde entier semblait heureux à cette époque. C'était l'après-guerre, une période de renouveau, d'espoir, où tout nous semblait possible. Nous étions jeunes et en forme.

Ce matin, nous avons marché, Élise et moi, vers la grande glissoire où en hiver les luges filent à toute allure jusqu'à l'autre bout de la terrasse Dufferin. J'ai chez moi une toile de Iacurto qui représente cette scène. Elle m'a été offerte par le Club Kiwanis en 1956. Iacurto n'était alors connu que localement. J'ai récemment fait un saut dans une galerie d'art et constaté que ses œuvres atteignent maintenant des prix faramineux. Cela m'a vraiment fait plaisir quand j'ai appris qu'on réparait la glissoire qui avait été fermée pendant plusieurs années. Pour moi, c'est une part importante du patrimoine historique et culturel de Québec.

Si nous avions eu plus de temps, nous aurions continué notre promenade et pris le grand escalier qui mène à la Citadelle. La tradition veut que le gouverneur général du Canada y passe chaque été un mois ou deux. D'ailleurs, la dernière fois que j'y suis allé, j'étais invité à un gala donné par Mme Jeanne Sauvé, alors gouverneur général.

Ce n'est pas sans nostalgie que je regarde le beau spectacle qu'offre cette terrasse, le fleuve, le château. Je me dis d'ailleurs que je visite trop peu souvent cette ville que j'aime tant. Au cours des dernières années, les occasions se sont faites de plus en plus rares, mes obligations m'entraînant sans cesse d'un bout à l'autre de la province et du pays. Lorsque je parviens à me ménager çà et là quelques jours de congé, je les passe à la maison, avec mes petites-filles et ma famille.

Mais je quitte officiellement les Canadiens de Montréal dans deux mois, parce que j'ai besoin de repos et que j'ai envie d'avoir plus de temps à moi. Nous nous sommes promis, Élise et moi, que Québec ferait désormais partie de notre itinéraire, même si plusieurs de nos amis, je pense entre autres à Frank Byrne, Jack Latter, Charlie Smith, Émile Couture, Saint-Georges Côté et Punch Imlach, sont maintenant décédés.

Je sais mieux que personne que cette journée est consacrée à la jeunesse et à la relève; mais je ne peux arrêter la parade des souvenirs. J'avais dix-huit ou dix-neuf ans lorsque je suis arrivé ici. En ce temps-là, quand je parlais de mes oncles qui avaient alors la soixantaine, je disais mes «vieux oncles». Je croyais que j'avais tout mon temps et qu'il me faudrait au moins une éternité pour atteindre cet âge vénérable. Cependant, quand on se retrouve à quarante, cinquante, puis soixante ans, qu'on est soi-même devenu un «vieil oncle» et que l'on regarde le chemin parcouru, on se rend compte que ce qui nous apparaissait comme une éternité est passé à la vitesse de l'éclair, surtout quand, comme moi, on n'a jamais cessé d'être actif, remplissant à ras bord chacune des journées de cette trop courte vie.

Mon père m'avait déjà prévenu, il y a bien longtemps : «À quarante ans, le temps passe à soixante-cinq kilomètres à l'heure, me disait-il. À cinquante, il fait du quatre-vingts kilomètres à l'heure. Après, tu ne le vois pratiquement plus passer, tellement il va vite, trop vite.» Je crois que cela est encore plus vrai pour un athlète dont la valeur marchande est proportionnelle à la jeunesse.

Me voilà debout, appuyé au garde-fou de la terrasse. Je regarde le Saint-Laurent, le traversier de Lévis, les Appalaches, là-bas, au loin, et je vois défiler ma vie. Voilà que j'ai soixante et un ans, soixante-deux dans neuf semaines. Mon père avait raison. Les huit prochaines années vont sûrement passer à toute vitesse, à moins que je trouve une façon d'arrêter le temps, ce qui est bien peu probable.

À 11 heures, le 27 juin 1953, j'épousais Élise Légaré Couture à l'église Saint-Patrick, sur la Grande Allée. Nous fêterons donc demain notre quarantième anniversaire de mariage. D'ailleurs, tout de suite après la séance de repêchage de cet après-midi, nous rentrerons à la maison, Élise et moi, pour retrouver notre fille Hélène et nos petites-filles. Avant-hier soir, ici même à Québec, j'ai revécu ce grand moment de ma vie, en compagnie de quelques amis qui étaient présents à notre mariage et qui sont toujours restés proches de nous.

Hélène aurait voulu organiser une grande fête et y convier tous mes amis, mais l'idée ne me plaisait pas. Je ne voulais pas que les gens se sentent obligés de donner chacun 50 $ ou 100 $ pour nous offrir un énorme cadeau, comme un voyage ou un tableau.

«Ce n'est pas tellement notre style, ai-je dit à Hélène.

— Mais tu as toi-même organisé bien souvent des fêtes pour tes amis.

— Peut-être, mais je ne veux pas de ça pour nous, et ta mère non plus. Depuis vingt ans, nous avons reçu notre ration de dîners officiels. Pour notre quarantième anniversaire de mariage, une petite fête calme et intime nous plairait bien davantage.»

C'est pourquoi, jeudi soir, notre groupe était plutôt restreint. Il y avait Rita Proulx, la sœur d'Élise et son mari Jean; la sœur de Jean, Simone Couture; la veuve de mon beau-frère Georges, le frère d'Élise, qui est mort il y un an; Rose Lafond, qui a travaillé dans la famille Couture presque toute sa vie; et bien sûr Roland Mercier, un de mes meilleurs amis depuis presque quarante-cinq ans. Nous nous parlons au moins une fois par semaine, lui et moi. Il a été longtemps directeur de l'Association canadienne de hockey amateur. Il a maintenant soixante-treize ans, mais sa passion pour le sport est toujours aussi forte. Quand je suis à la maison, à Longueuil, en train de regarder un match à la télévision et que survient quelque chose sortant un peu de l'ordinaire, je sais d'avance que le téléphone va sonner à la prochaine pause. Élise lève alors les yeux et dit : «Ça, c'est Roland qui t'appelle». C'est effectivement toujours le cas.

Jeudi soir, on a parlé du bon vieux temps. Je crois même qu'on a essuyé quelques larmes. Mais ce fut une soirée magnifique, beaucoup plus agréable à mon goût qu'un gala réunissant des centaines de personnes dans une immense salle, avec Élise et moi debout à la table d'honneur, en train de trancher l'inévitable gâteau ou de faire l'inévitable discours.

Si nous sommes venus à Québec, c'est pour cette petite fête de jeudi soir, d'abord et avant tout. Nous devions rentrer à Montréal ce matin, après ma rencontre avec les gens du comité de sélection du Temple de la Renommée. Mais nous avons dû modifier nos projets, il y a une dizaine de jours, après que Marcel Aubut, des Nordiques de Québec, m'eut téléphoné. J'avais été invité à New York pour le dîner annuel de la Société canadienne. Une fois l'an, après la grande finale de la coupe Stanley, la CSNY (Canadian Society of New York) réunit tous les Canadiens qui vivent et travaillent là-bas et rend hommage à un ancien joueur. J'avais eu cet honneur en 1987, et je tenais à aller féliciter Marcel Dionne dont c'était le tour en 1993. Je me préparais pour le dîner dans ma chambre d'hôtel, quand j'ai reçu cet appel. J'ai toujours aimé Marcel et j'admire son incroyable énergie. C'est un véritable bouteur. C'est lui qui a rendu possible le Rendez-vous des étoiles avec l'URSS, en 1987. Sans lui, son équipe n'aurait peut-être jamais été admise dans la Ligue nationale. Il a, vous l'aurez deviné, un pouvoir de persuasion presque terrifiant.

Il m'appelait pour me demander de passer la journée d'aujourd'hui à Québec, jusqu'à ce que la séance de repêchage soit terminée. Il voulait que j'ouvre le défilé qui devait se rendre de l'Arsenal au Colisée. «C'est un honneur qui te revient, m'a-t-il dit, puisque tu es l'homme qui a construit le Colisée.» Marcel connaît parfaitement bien l'étiquette du hockey. Il n'a pas parlé de «parade», et a pris soin d'utiliser les mots «marche» et «défilé». Il n'y a qu'une parade par année dans le hockey professionnel, c'est celle de la coupe Stanley. Je n'avais pas besoin de lui rappeler qu'elle avait eu lieu à Montréal, une semaine plus tôt.

Marcel m'expliqua que les dix joueurs les plus susceptibles d'être choisis au repêchage défileraient en calèche, chacun d'eux accompagné d'un membre du Temple de la Renommée ou d'un célèbre vétéran. La coupe Stanley siégerait probablement, elle aussi, dans une calèche. D'autre part, comme la restructuration récente de la Ligue nationale et le nombre impressionnant de recrues de grande qualité apparues sur le marché des joueurs avaient rendu possible la formation de deux nouvelles équipes, les Panthers de Floride de Blockbuster Video et les Mighty Ducks d'Anaheim de Disney, il y avait de fortes chances que Mickey Mouse lui-même participe au défilé.

C'est ainsi que ce matin, au lieu de rentrer à Montréal avec Élise, je me retrouve dans une des calèches du cortège avec Alexandre Daigle, un beau jeune homme originaire de Laval, qui a été repêché au premier tour par les Sénateurs d'Ottawa, quelques instants après que les portes du Colisée se sont ouvertes pour faire place aux jeunes recrues. Il est bien habillé, poli, un peu intimidé, sans doute encore abasourdi par tout ce qui lui arrive.

«C'est comme ça que vous avez commencé, vous aussi, Monsieur Béliveau?

— Oui.

— Est-ce que vous étiez la première recrue, cette année-là?

— Non, il n'y avait pas de séance de repêchage à l'époque.»

C'est émouvant pour moi de parler de cela. Je réalise, encore une fois, à quel point le temps passe vite. J'ai cessé de jouer près de quatre ans avant la naissance d'Alexandre. Il y a quelques jours, il a signé avec les Sénateurs un contrat de 12,5 millions de dollars pour quatre ans.

Alexandre me regarde avec de grands yeux et je devine la question qui lui brûle les lèvres : «Mais alors, s'il n'y avait pas de séance de repêchage, comment faisiez-vous pour négocier avec la LNH?»

S'il m'avait posé la question, j'aurais répondu :

«On avait notre manière, Alexandre. Notre manière.»

Le 13 décembre 1949, notre voyage en autobus de Victoriaville à Québec dura un peu plus de trois heures, deux fois plus que d'habitude, à cause de cette neige qui ne cessait de tomber. Nous sommes allés directement au vieux Colisée pour y déposer notre équipement. Le feu, qui avait démoli une partie importante de l'amphithéâtre, avait épargné les vestiaires, et ceux du nouveau Colisée n'étaient pas encore utilisables. D'ailleurs, durant le premier mois de la saison, nous nous habillions dans le vieux vestiaire et, patins sur l'épaule, nous marchions ou prenions un petit autobus pour passer dans l'autre édifice. Pendant les pauses, nous nous retrouvions dans une salle flambant neuve qui sentait le ciment frais. C'était sombre et sinistre. Il y avait quelques banquettes sur lesquelles nous pouvions nous écraser et nous reposer un peu. Après le match, nous retournions au vieux Colisée pour prendre une douche et nous changer.

À notre arrivée, ce mardi-là, l'entraîneur Pete Martin et Roland Mercier nous dirent quelques mots, puis chacun partit chez soi. Milt Pridham, Dave O'Meara et moi étions en pension chez les Paquette, boulevard Saint-Cyrille, entre Salaberry et Turnbull. Nous habitions donc dans la haute ville, à deux pas de l'Assemblée nationale. Nos chambres étaient minuscules, mais cela n'avait pour nous aucune importance. Tout ce qui comptait, c'était le hockey.

À cette époque, je savais dire «yes» et «no» et je parvenais de peine et de misère à baragouiner quelques petites phrases plus ou moins cohérentes. J'avais fait toutes mes études en français, et jamais un mot d'anglais n'était prononcé dans ma famille. Je peux donc dire que Milt et Dave ont été mes premiers professeurs d'anglais. L'année suivante, on m'a donné comme compagnons Gordie Haworth et Bruce Cline avec qui j'ai également beaucoup appris. Roland Mercier avait tout arrangé pour que je sois placé chaque année avec deux anglophones. Il tenait à ce que j'apprenne l'anglais le plus rapidement possible. C'était pour moi la preuve qu'il considérait que je jouerais tôt ou tard dans la Ligue nationale où une bonne connaissance de cette langue est tout à fait indispensable.

L'équipe des Citadelles de Québec, édition 1949-1950, avait beaucoup de talents. Deux gars solides, Dave O'Meara et Marcel Paillé, gardaient les buts. Spike Laliberté, Gordie Hudson, Bernard Lemonde et Jean-Marie Plante assuraient la défensive. Quant à l'offensive, elle était menée par Roger Hayfield et Gordie Haworth, mes anciens coéquipiers de Victoriaville, ainsi que par Rainer Makila, Pridham, Cline, Jean-Marc Pichette, Jules Tremblay, Roland Dubeau, Russell Tuer, Gaston Gervais, Norman Diviney et moi-même.

Nous avions un grande puissance offensive. Mais la plupart des équipes de la ligue étaient, elles aussi, très axées sur l'offensive, surtout les Nationals de Montréal qui avaient dans leurs rangs des champions comme Bernard Geoffrion et Skippy Burchell, et les Canadiens juniors de Sam Pollock menés par le terrible Dickie Moore. J'ai compté moins de buts (35) mais j'ai obtenu plus de passes (45) que l'année précédente. Avec 80 points, je me retrouvais bon deuxième derrière Boom Boom. Plusieurs de mes coéquipiers figuraient également en bonne place sur la liste des compteurs.

Nous avons terminé la saison régulière en deuxième position. Les Nationals se sont retrouvés en troisième après que nous les avons battus quatre fois de suite en demi-finale. Le dernier match a été particulièrement enlevant. Les Nationals refusaient de s'avouer vaincus même si nous menions la série 3 à 0. Nous étions en train de perdre 5 à 4, quand mon deuxième but de la soirée, marqué à cinquante-quatre secondes de la fin de la troisième période, nous a permis d'aller en prolongation. Après quarante-huit secondes de jeu, j'avais complété mon tour du chapeau, aux dépens de Denis Brodeur, mon ancien coéquipier des Tigres.

Notre victoire fut cependant assombrie par un regrettable incident. La construction du nouveau Colisée étant enfin terminée, et le succès de notre équipe allant toujours grandissant, une foule de plus en plus considérable, jamais moins de dix mille personnes, assistait à tous nos matchs. Cet enthousiasme se propageait d'ailleurs à toute la ligue. Trois-Rivières, Verdun et les trois équipes de Montréal vivaient dans la même euphorie. En même temps, le niveau de violence dans les gradins ne cessait de monter.

Mon but dans la troisième période du quatrième match déclencha une vibrante ovation. Une pluie de débris s'abattit sur la glace et le match fut interrompu pendant un bon moment. La plupart des gens lançaient des rouleaux de papier hygiénique, des serpentins ou des caoutchoucs, mais quelqu'un eut la brillante idée de lancer une bouteille depuis les rangées du haut. Elle alla frapper un joueur des Nationals à la tête. On dut l'emmener sur une civière. Il n'était pas gravement blessé, heureusement; n'empêche que plusieurs des membres de notre équipe ont ostensiblement manifesté leur colère et leur réprobation à la foule.

Nous avions, tout compte fait, vaincu sans trop de mal les Nationals. Nous nous retrouvions en finale face aux Canadiens juniors, beaucoup plus coriaces, infiniment plus expérimentés. L'arme la plus redoutable dont disposait Sam Pollock s'appelait Dickie Moore. Il devait mesurer 1,80 m et ne pesait guère plus de 75 kilos. Je le dépassais de trois centimètres et je pesais une bonne quinzaine de kilos de plus que lui. Pourtant, chaque fois que nous jouions contre les Baby Habs (surnom donné aux Canadiens juniors), je l'avais dans les jambes. C'est l'un des joueurs les plus féroces que j'ai rencontrés. Pour me permettre de lui échapper, Pete Martin envoyait un autre joueur contre lui, il me changeait de ligne, ou il me gardait sur le banc pendant quelques minutes. Mais en vain. Chaque fois que je retournais sur la glace, Dickie était devant moi, il me suivait comme une ombre, il bloquait mes lancers, me mettait immanquablement en échec.

Aujourd'hui, on reproche souvent aux grands et gros joueurs, sauf à Eric Lindros, évidemment, qui ne s'en prive pas, de ne pas oser utiliser leur taille et leur poids contre les joueurs plus petits et plus agressifs. J'ai entendu cela bien souvent durant ma carrière junior. On me surnommait «le gentil géant», ce qui ne me dérangeait pas. Je savais que je pouvais me rendre utile sans devoir être démesurément agressif. Mais quand nous jouions contre les Canadiens juniors, Dickie et moi étions sans cesse en train de nous battre. Bâtons élevés, double mise en échec, coups de coude, bousculades et empoignades se terminant souvent sur le banc des punitions. Je n'ai pas honte d'avouer que Dickie avait souvent le dessus sur moi. Je n'ai jamais aimé me battre, mais je me suis forcé à faire une exception pour lui et je lui ai servi autant de coups qu'il m'en a donnés. C'était un dur. Je l'ai vu plusieurs fois monter dans les gradins pour régler son compte à un spectateur qui l'avait insulté. J'allais cependant découvrir, quelques années plus tard, qu'il était un homme fort attachant.

En plus de Dickie, les Habs juniors alignaient de puissants joueurs, entre autres Bill Sinnett, Dave McCready, Donnie Marshall, Herb English, Ernie Roche, George McAvoy, Kenny Rocheford, Billy Rose et Art Goold. Ces hommes étaient de très bons patineurs, ils faisaient des passes admirables et bloquaient nos attaques grâce à un système défensif extraordinairement efficace. Si nous parvenions à contourner un défenseur comme Kevin «Crusher» Conway, il fallait encore affronter Charlie Hodge ou Bill Harrington devant filets.

La série fut quand même assez serrée. On se trouvait à égalité, 2 à 2, quand Frank Selke décida de jeter de l'huile sur le feu. Devant la presse, il laissa tomber ces mots qui préfiguraient, avec trois décennies d'avance, la célèbre phrase du *Parrain* de Mario Puzo : «Une fois la saison finie, je vais faire à Jean Béliveau une offre qu'il ne pourra pas refuser.» Il alla plus loin : les Canadiens avaient besoin d'un bon joueur de centre, selon lui, et Elmer Lach, le «doyen», se faisait vieux. Il fallait sérieusement songer à la relève.

«Je sais que Jean Béliveau n'a que dix-huit ans, ajouta-t-il, mais il ne sera pas le premier à être entré dans la Ligue nationale à cet âge-là. Il nous a démontré qu'il avait toutes les qualités requises pour faire le grand saut et devenir, bientôt et pour longtemps, une grande vedette de la Ligue nationale. »

Frank Byrne et Pete Martin étaient insultés et inquiets. Non seulement parce que papa Selke leur avait dit avec tant d'arrogance qu'il allait venir me chercher, alors que j'avais une autre année à faire avec les juniors, mais aussi parce que sa déclaration faisait automatiquement de moi la cible obligée des joueurs du Canadien junior qui voulaient, eux aussi, se faire remarquer.

Le samedi soir, pour le cinquième match, les Habs sont arrivés au Colisée toutes griffes dehors. Ils ont suivi à la lettre le plan de jeu de Sam Pollock. Après un peu plus de cinq minutes de jeu, Rocheford a marqué, grâce à une passe de Donnie Marshall. À peine deux minutes plus tard, Herbie English donna à Ernie Roche l'occasion d'enregistrer un deuxième but.

La foule du Colisée s'impatientait et commençait à nous huer. Nous avons tenté de nous ressaisir, mais nous avons encore perdu du terrain quand Dickie Moore et moi (quelle surprise !) nous sommes retrouvés au banc des punitions. Nous avons tout de même réussi à marquer avant la fin de cette première période, avec un superbe lancer de Gordie Hudson, et nous avons retrouvé la faveur de la foule dès la moitié de la seconde période quand Gaston Gervais et Jean-Marc Pichette m'ont aidé à réussir un but qui a égalisé le compte à 2 partout. Mais une blessure au genou de Bernard Lemonde l'ayant forcé à se retirer, cela constituait une brèche importante dans notre défensive. Les Canadiens en ont profité pour intensifier leurs attaques. Herbie English leur a redonné l'avance, deux minutes avant la fin de la période. Puis, environ douze minutes après le début de la troisième période, sur une passe de Dickie Moore, Roche a marqué son deuxième but. Les Montréalais menaient alors 4 à 2. Il restait moins de deux minutes de jeu, quand Milt Pridham réussit à déjouer l'ennemi. Avec une marque de 4 à 3, tout n'était pas perdu pour nous. Pete Martin retira notre gardien but, Marcel Paillé, pour ajouter un sixième attaquant.

C'est alors que Pridham s'est emparé de la rondelle tout au fond de la zone des Canadiens. Il m'a fait une passe parfaite, juste devant le filet. Je lance, la rondelle rate le but, elle est rattrapée par Moore, qui la remet à Roche, qui fonce sur moi à toute vitesse. Je dois admettre que je n'ai jamais eu l'instinct du défenseur, encore moins du gardien de but. Roche nous a facilement repoussés dans notre filet, la rondelle et moi. La série était désormais 3 à 2, et les Baby Habs se retrouvaient à une victoire du championnat.

Le match suivant, dimanche le 26 mars, se disputait au Forum. Les Baby Habs se sont jetés sur nous comme une véritable tornade. Ils menaient 3 à 0 après treize minutes environ, grâce à des buts de Bill Sinnett, Art Goold et Billy Rose. Rainer Makila et Jules Tremblay ont marqué pour nous, mais en deuxième période, Rose a ajouté deux autres buts en faveur des Canadiens, qui menaient alors 4 à 2. Gervais, notre meilleur joueur durant les deux dernières parties, a marqué un troisième but pour nous, mais nous avions perdu la foi semble-t-il. Deux autres buts en troisième période ont donné à Sam Pollock une victoire de 7 à 3 et son premier championnat dans la ligue junior. Dickie, Donnie et compagnie ont continué sur leur lancée. Ils ont battu les Saint Mary's de Halifax, les Biltmores de Guelph et les Pats de Regina pour remporter la coupe Memorial de 1950.

Cette première année à Québec avait été extraordinaire pour moi, même si j'avais eu un peu de difficulté à m'y sentir chez moi. J'étais seul, et ma famille ainsi que mes amis de Victoriaville me manquaient. À cause d'un horaire trop exigeant, je ne pouvais vraiment pas continuer mes études en électricité. Ma timidité naturelle m'empêchait d'aller spontanément vers les autres et de rencontrer des jeunes de mon âge en dehors de la patinoire. J'ai donc vécu en solitaire pendant plusieurs mois. Je passais beaucoup de temps à lire dans ma petite chambre de la rue Saint-Cyrille ou à marcher dans les rues de la ville. Quand il ne faisait pas trop froid, je descendais la rue Saint-Jean jusqu'au carré d'Youville.

À cette époque, juste au coin de Saint-Cyrille et Cartier, il y avait une pharmacie avec un comptoir-lunch, où je m'arrêtais de temps en temps. Un peu plus haut, se trouvait un autre petit restaurant où les policiers du poste de la GRC situé à l'angle des rues Grande Allée et Cartier venaient manger tous les midis. Je pouvais me vanter à cette époque d'être le joueur de hockey le mieux nourri et le mieux protégé de Québec. Mes copains de la GRC veillaient sur moi, et M. Laroche, le propriétaire du comptoir, me donnait un steak gratuit chaque fois que je comptais trois buts. Je lui ai d'ailleurs coûté pas mal cher en steaks au cours de la saison suivante...

Entre-temps, j'ai passé l'été à Victoriaville pour la dernière fois de ma vie. J'habitais avec ma famille et je travaillais pour la Fashion Craft, un fabricant de manteaux d'hiver, ce qui me rapportait 15 $ par semaine. Le soir, je frappais des coups de circuit pour l'équipe de balle molle de la compagnie. Je travaillais au chargement et à la réception des marchandises et du matériel. L'entrepôt n'était pas climatisé. Il fallait soulever de lourdes caisses et d'énormes ballots, souvent à des températures dépassant 30 °C et atteignant presque 40 °C. J'ai pris du poids, cet été-là, non pas en graisse mais en muscles au dos, aux épaules et aux bras. Quand l'automne est revenu, j'avais hâte de retourner à Québec.

J'ai quand même fait un arrêt à Montréal pour participer une deuxième fois au camp d'entraînement des Canadiens. J'ai bien aimé ces trois semaines, mais je n'ai pas reçu cette fameuse «offre que je ne pourrais pas refuser» de Selke. À la fin de septembre, il m'a laissé repartir à Québec. J'aimais bien jouer avec les Canadiens, mais j'étais, de toute façon, déterminé à retourner à Québec pour y finir ma dernière année chez les juniors. D'autant plus que Roland Mercier et Frank Byrne m'assuraient que les Citadelles pouvaient sérieusement espérer aller chercher la coupe Memorial 1951.

Malgré les apparences, Montréal n'avait pourtant pas abandonné ses prétentions à mon égard. En nous voyant dans le même uniforme, Boom Boom Geoffrion, Dickie Moore et moi, trois des plus grandes vedettes du hockey junior au Canada, les gens s'étaient mis à rêver. La possibilité de nous voir un jour endosser tous les trois le chandail tricolore avait fait couler beaucoup d'encre dans les pages sportives des journaux montréalais. J'ai appris plus tard que, lorsque j'étais au camp d'entraînement des Canadiens, Frank Selke avait envoyé des émissaires à Victoriaville et à Québec. Il voulait m'échanger contre quelques-uns de ses meilleurs joueurs, mais avait essuyé un refus catégorique, tant de la part de mon père que de Frank Byrne.

Avant que je parte pour le camp des Canadiens, Byrne avait tenu à me rencontrer pour me répéter que, quelles que soient les propositions financières que me ferait Selke, les Citadelles étaient prêts à m'offrir plus. Il me fit pratiquement jurer de ne rien signer.

Il avait bien raison de s'inquiéter et de se montrer intéressé. Au cours de la saison précédente, les Citadelles avaient attiré des foules records. Treize mille sept cent quatorze personnes, plus que n'en pouvait contenir le nouveau Colisée, avaient assisté à notre quatrième match contre les Baby Habs. On disait, tant dans les médias que dans les gradins, que c'était en bonne partie grâce à moi. Des journalistes de Québec comme Louis Fusk, Guy Lemieux et Roland Sabourin faisaient souvent référence au Colisée en l'appelant «le château Béliveau». On comptait donc sur moi pour aider les Citadelles à décrocher la coupe Memorial. En même temps, la majorité des amateurs de Québec et beaucoup de gens des médias croyaient que j'allais céder à Selke et que j'avais joué mon dernier match pour les Citadelles.

C'était compter sans l'éducation qu'Arthur et Laurette Béliveau avaient donnée à leurs enfants. Frank Selke lui-même, un homme très religieux, très correct, devait approuver secrètement mon attitude et comprendre mon refus. Mon père m'avait souvent répété que je devais respecter mes engagements et prendre mes responsabilités en toute chose. «Si tu sens que tu dois quelque chose à quelqu'un, peu importe quelle est cette dette, tu dois la rembourser. Même si on te dit que tu peux oublier ça. Il n'y a que toi qui peux savoir ce qu'il faut vraiment faire. Une bonne réputation, c'est ton meilleur atout.»

J'étais bien déterminé à retourner à Québec. C'était pour moi une question de loyauté. Frank Selke avait beau faire et beau dire, rien ne pouvait me faire changer d'idée.

Quand je suis arrivé à Québec, j'ai rapidement réalisé que Byrne avait tenu sa promesse. Les Citadelles avaient perdu plusieurs vétérans de valeur dont Spike Laliberté, Milt Pridham, Jackie Leclair, Jean-Marc Pichette et Jules Tremblay. Mais il y avait toujours un solide noyau de très bons joueurs, à commencer par le gardien de but Marcel Paillé, les défenseurs Gordie Hudson, Jean-Marie Plante et Bernard Lemonde, et les joueurs d'avant, Rainer Makila, Gordie Haworth, Norm Diviney, Guy Gervais et Bernard Guay. Quelques nouveaux s'étaient joints à cette petite armée : l'ailier gauche Claude Larochelle (qui allait devenir plus tard le doyen des journalistes sportifs de Québec) Copper Leyte, Camille Henry, qui allait gagner le trophée Calder en tant que recrue de l'année en 1954, les défenseurs Neil Amodio et Jean-Paul Legault, de même qu'un autre gardien de but du nom de Claude Sénécal.

Frank Byrne était confiant. Il avait promis aux gens de Québec qu'ils en auraient pour leur argent. Et nous avons fait en sorte qu'il tienne parole, donnant à chaque match le meilleur de nous-mêmes, écrasant l'un après l'autre nos adversaires, battant des records, décrochant le championnat.

La promesse que l'on m'avait faite d'un autre emploi fut également tenue; j'ai commencé à travailler aux relations publiques de la Laiterie Laval, à raison de 60 $ par semaine, ce qui représentait beaucoup d'argent à l'époque. Je faisais environ 6 000 $ par année avec les Citadelles, un salaire comparable à celui de bien des joueurs de la Ligue nationale, et à peu près 3 000 $ avec la Laiterie Laval. C'est là que je me suis initié au monde des relations publiques et des médias. Le samedi matin, sur les ondes de CHRC, je coanimais une émission pour enfants qui eut rapidement un gros succès. Nous diffusions en direct depuis le Centre Durocher dans la basse ville, le Centre de la Canardière à Limoilou et la salle des Chevaliers de Colomb à Sainte-Foy, près de l'Université Laval. La première semaine, quelques centaines d'enfants sont venus nous voir à chacun de ces endroits. Un mois plus tard, ils étaient plus de mille. C'était de la radio amateur à son meilleur. Nous racontions, entre autres choses, une histoire de cow-boys (à suivre d'une semaine à l'autre) et organisions un concours hebdomadaire où les enfants gagnaient de la crème glacée, des bâtons de hockey ou des billets pour des parties des Citadelles ou des As.

Quand j'ai commencé à incarner le Bonhomme Crème Glacée de la Laiterie Laval, je suis réellement devenu une figure populaire auprès des enfants. La compagnie avait fait installer dans le coffre de ma voiture un congélateur rempli de toutes sortes de gâteries. Chaque fois que j'apercevais un groupe d'enfants, je garais la voiture, j'ouvrais le coffre et je distribuais des cornets gratuits. Un type qui ferait cela aujourd'hui se ferait certainement arrêter; mais dans les années 50, il y avait encore de la candeur et de la confiance en ce monde.

Ces activités me permettaient aussi de prendre contact avec le grand public. J'ai toujours été, et je suis probablement encore un introverti, un timide, comme ma mère. L'idée de prononcer un discours, même devant un tout petit groupe, me troublait infiniment. Pourtant, lorsqu'on se retrouve devant cinq cents personnes avec un micro sous le nez, on apprend vite. J'ai eu droit à cette thérapie de choc, et je dois dire que cela m'a fait le plus grand bien. Ce fut une occasion de m'ouvrir au monde, de m'intéresser d'abord au fonctionnement des affaires, mais aussi de l'ensemble de la société.

La Laiterie Laval était une entreprise familiale que dirigeaient les frères Jules et Paul Côté. Ils me considéraient comme un membre de la famille. Jules aimait tellement notre émission du samedi qu'il se levait parfois et se mettait à danser pour faire rire les enfants. Paul était plus réservé, mais il était là, chaque semaine. Chacun d'eux avait un fils : celui de Jules s'appelait Pierre, et celui de Paul portait le nom de Jacques. Les deux cousins ont repris plus tard l'affaire familiale, étroitement associés, comme leurs pères avant eux. Pierre a pris l'administration en main; Jacques s'est occupé de la production. Nous sommes toujours restés très proches. Ce qui avait commencé comme une relation professionnelle a débouché sur des amitiés franches et durables qui ont enrichi ma vie. Les Côté avaient un esprit de famille très développé. Le jour où j'ai appris la mort de Jacques, dans un accident d'avion qui a également emporté le conducteur de courses sous harnais, Roger White, compte parmi les plus tristes de ma vie.

Quand la femme de Paul est décédée, il fut complètement dévasté. Je jouais à Montréal à cette époque, et Jacques m'appela de Québec pour me demander si je pouvais faire quelque chose pour son père. «Il est complètement perdu sans ma mère, me dit-il. Il faut trouver quelque chose pour le remettre d'aplomb et l'aider à se ressaisir.»

J'ai réussi à lui trouver deux billets de saison. Et pendant des années, Paul n'a pas manqué une seule partie des Canadiens au Forum. En août, quand il recevait le programme de la saison, il réservait une place sur le train Québec-Montréal pour toute la saison, et une chambre au Reine-Elizabeth au cas où il doive passer la nuit à Montréal. Quand nous jouions un jeudi soir, par exemple, il arrivait à Montréal l'après-midi et rentrait à Québec le vendredi matin. Il reprenait le train le lendemain pour assister au match du samedi soir.

La première année, les seuls sièges que j'ai pu lui obtenir étaient situés dans les rangées du bas, juste derrière les filets. C'était avant que la Ligue nationale n'oblige les équipes à élever la baie vitrée pour mieux protéger les spectateurs. Un soir, une rondelle est passée par-dessus le filet, et Paul a eu tout juste le temps de lever le bras pour se protéger. Pendant les semaines qui ont suivi, il arborait fièrement son poignet fracturé et plâtré et se vantait devant ses amis d'avoir été frappé par une rondelle au Forum.

J'étais peut-être un joueur vedette et la coqueluche des médias, mais à Québec, dans les années 50, on n'avait pas encore la manie des grandeurs. L'idée ne m'est jamais venue de demander comme bonus un luxueux appartement, comme font les jeunes étoiles d'aujourd'hui. Durant ma deuxième saison, je dormais dans une pension tenue par trois célibataires, les sœurs McKenna. L'une travaillait à la Croix-Rouge, une autre à l'Anglo-Canadian Pulp, tandis que la troisième administrait leur petite pension. J'avais une chambre au deuxième étage, et aussi l'occasion de pratiquer mon anglais, même si les trois sœurs étaient parfaitement bilingues.

J'avais repris mes longues promenades à travers le quartier. Partout où j'allais, les gens me reconnaissaient et me saluaient. Ils devaient pourtant se demander qui était, au fond, ce grand jeune homme timide et sérieux qui s'asseyait seul dans les restaurants de la rue Cartier et se plongeait dans la lecture. Je me suis alors lié d'amitié avec les Gagnon, qui habitaient à deux pas, sur la rue des Érables. Ils venaient régulièrement nous voir jouer et je passais souvent chez eux lors de mes promenades. Un lundi soir, ils me proposèrent de venir veiller chez eux le surlendemain parce qu'ils voulaient me présenter une très jolie jeune fille. Je n'avais pas vraiment le choix. Le mercredi soir, nous nous sommes donc retrouvés chez les Gagnon, quatre ou cinq couples, et nous sommes partis pour le manoir Saint-Castin au lac Beauport.

C'est ce soir-là que j'ai rencontré Élise Couture, qui allait devenir la femme de ma vie. Je crois que ce qui m'a le plus impressionné chez cette jolie blonde est qu'elle ne connaissait absolument rien au hockey. Elle n'avait jamais assisté à un match et ne comprenait pas l'engouement des gens pour ce sport. Il fallut quelques mois avant qu'elle trouve le courage de dire à sa mère que nous sortions ensemble parce que Mme Couture ne tenait pas les joueurs de hockey en bien haute estime.

Au manoir du lac Beauport, nous avons à peine dansé, puisque c'est une chose que je ne savais pas faire, mais nous avons beaucoup parlé. J'ai vite réalisé que j'avais affaire à une jeune fille qui avait des opinions bien à elle et des convictions solides. Tout de suite, j'ai eu envie de mieux la connaître. Nous nous sommes revus, et pendant cet hiver-là, elle m'a appris à conduire la Studebaker de ses parents, ce qui allait bientôt m'être fort utile.

La trajectoire de ma carrière continuait à s'élever. Fin novembre, début décembre 1950, en moins de trois semaines, j'ai évolué dans trois ligues de hockey. J'ai joué pour les Citadelles, évidemment. En plus, le 26 novembre, j'ai participé à un match des As contre les Saguenéens de Chicoutimi que dirigeait mon ancien entraîneur Roland Hébert. J'étais aligné avec Dick Gamble, qui allait rejoindre les Canadiens avant la fin de la saison. Nous avons marqué chacun deux fois, et fait match nul, 4 à 4. Vingt jours plus tard, Bernard Geoffrion des Nationals et moi faisions nos débuts dans la Ligue nationale en prenant part à une partie de la saison régulière avec les Canadiens de Montréal contre les Bruins de Boston. Autre match nul, 1 à 1. Le seul but du Canadien fut enregistré par Boom Boom, mais j'obtins neuf tirs au but, ce qui me valut la première étoile et inquiéta ce brave Frank Byrne, qui me voyait déjà en train de déserter les Citadelles.

« M. Byrne était ici pour voir son grand garçon faire ses débuts dans la Ligue nationale », put-on lire le lendemain dans la presse montréalaise. Il avait assisté au match depuis la loge de Selke, mais déclina l'offre que ce dernier lui fit de passer prendre un café après le match dans la salle des directeurs. « Je ne peux pas lui en vouloir, dit Selke. Il a probablement compris qu'il risquait gros en venant ici avec son poulain. »

Six semaines plus tard, Billy Reay et Maurice Richard étant malades, Boom Boom et moi avons joué une fois de plus avec les Canadiens, ainsi que Dick Gamble des As et Hugh Currie des Bisons de Buffalo. Avec l'aide de l'ailier gauche Claude Robert, Boom Boom et moi avons chacun marqué un but et récolté une passe contre le vétéran gardien de but Harry Lumley des Black Hawks de Chicago, qui n'avaient pas remporté une seule victoire au cours de leurs dix-neuf dernières parties. Les Canadiens l'emportèrent facilement 4 à 2. Deux semaines plus tard, j'ai joué de nouveau pour les As lors d'une partie hors concours contre les Red Wings de Detroit, à Québec. Ce match fut mon dernier dans la Ligue nationale jusqu'à la fin de 1952.

Cela ne me dérangeait pas du tout, parce que les Citadelles avaient vraiment le vent dans les voiles. J'étais en train de vivre la saison la plus productive et la plus excitante de ma carrière, presque constamment nez à nez avec Boom Boom et son coéquipier Skippy Burchell au sommet de la liste des pointeurs. Vers la fin de la saison, le Boomer fut appelé par les Canadiens qui comptaient de nombreux blessés dans leurs rangs. Il quittait les Nationals avec un total de 96 points (10 de plus que son record précédent), alors qu'il n'avait disputé que trente-six matchs, ce qui constituait un exploit sans précédent. Par une extraordinaire coïncidence, Burchell et moi nous sommes retrouvés face à face pour le dernier match de la saison avec chacun 122 points, un record de tous les temps dans la ligue junior.

Le soir de cette ultime rencontre, une terrible tension régnait au Colisée. Nous avions battu les Nationals sept fois au cours des neuf derniers matchs; quelle que soit l'issue du match, nous étions donc assurés de terminer la saison en tête. Ce qui excitait la foule n'était donc pas de savoir quelle équipe remporterait le match mais qui, de Burchell ou moi, serait champion compteur.

Les Nationals nous ont rapidement sauté dessus, prenant une avance de 4 points après des buts de Burchell et Bert Scullion. Nous nous sommes cependant ressaisis, et avant la fin de la période, Gordie Haworth a marqué, sur une passe de Camille Henry. Pour ma part, j'ai profité d'un lancer de punition pour réussir mon 61e but de la saison. Gordie nous a donné un autre but vers le milieu de la deuxième période, mais Ray Goyette marqua de nouveau pour les Nationals. Ils menaient alors 5 à 3. Or, voilà qu'avant la fin de cette même période, Pete Larocque du National fonce sur moi, me met solidement en échec et me retire littéralement du match. Dès lors, tout le monde était sûr que le National remporterait la partie et que Burchell récolterait le trophée du meilleur pointeur de la saison.

Je suis resté assis au vestiaire durant le reste de la période et la pause qui a suivi. Un gros sac de glace engourdissait tant bien que mal ma douleur physique, mais rien ne pouvait enrayer ma souffrance morale. Le titre du meilleur pointeur de la ligue venait de m'échapper. J'allais terminer deuxième pour la deuxième année consécutive.

À la pause, j'ai vu arriver Pete Martin et le conseiller Kilby Macdonald avec le reste de l'équipe. Tous étaient dépités, révoltés. Dans les gradins, les amateurs étaient découragés, non pas d'assister à la défaite des Citadelles, mais de voir la vedette locale perdre la course au pointage contre son rival montréalais.

«Personne ne va te traiter d'égoïste si tu reviens dans le match pour essayer de battre Burchell, m'a dit Martin. Je n'ai pas besoin de te dire ce que les gens pensent du coup de Larocque, non plus.»

En fait, je n'avais même pas pensé que Larocque m'avait frappé volontairement, même si chaque coup de sifflet des arbitres Déziel et Saint-Armand déclencha ensuite des huées parmi la foule.

Le Colisée a résonné d'un grand cri de joie quand je suis revenu à la troisième période, et que j'ai pris ma place sur la glace, en boitant ostensiblement. Camille Henry est venu se joindre à Rainer Makila et à moi pour cette dernière période, remplaçant Bernard Guay à l'aile gauche. Ce fut encore une fois une lutte féroce. Mes coéquipiers tentaient par tous les moyens de neutraliser Burchell; les joueurs du National faisaient la même chose pour Camille, Rainer et moi.

Ce sont nos attaquants qui ont gagné, même si les Nationals ont finalement remporté ce match 5 à 4. La marque était toujours de 5 à 3, quand Makila est sorti de notre zone et s'est avancé vers le défenseur des Nationals qu'il a habilement attiré vers lui avant de me faire une passe parfaite. J'ai marqué le but et remporté mon premier trophée de pointeur que j'ai partagé avec Burchell. Après la partie, nous avons posé tous les deux devant une armée de photographes. Avec sa taille de 1,70 m, il avait l'air de David; moi, de Goliath. Nous avions tous les deux accumulé au cours de cette saison 124 points; je possédais un record de ligue de 61 buts et 63 passes; Burchell avait récolté 49 buts et un record de ligue de 75 passes.

Nous devions rencontrer les Canadiens juniors qui occupaient la seconde position dans une semi-finale 5 de 9, alors que le National de Montréal, de même que les équipes de Verdun et de Trois-Rivières allaient disputer une série de six parties pour déterminer l'autre finaliste. Tout cela manquait un peu de logique et de cohérence, mais la pensée de venger la défaite que nous avaient fait subir les Canadiens l'année précédente nous remplissait de joie. Ils avaient quand même, en 1951, de quoi impressionner et imposer le respect. Moore, Sinnett, English, McCready, Nadon et Marchesseault étaient toujours là. Il y avait aussi deux nouveaux venus très prometteurs, le joueur d'avant Scotty Bowman et le gardien de but Charlie Hodge. Nous avions terminé la première ronde des éliminatoires avec six victoires et quatre défaites. Cette série que nous nous apprêtions à disputer promettait d'être tout aussi serrée.

J'avais peur que ma blessure me fasse encore souffrir pour les finales, mais ces craintes n'étaient pas justifiées. Dès le premier match, j'ai obtenu deux buts et une passe. Makila a marqué deux fois lui aussi et réalisé trois belles passes. À nous la victoire : 5 à 3. Après quatre parties, nous avions une fiche identique. Mais, blessé de nouveau et mis au repos pendant une semaine, je n'avais pu participer aux troisième et quatrième matchs. Frank Byrne et Sam Pollock ont alors commencé à se disputer au sujet de l'endroit de la cinquième rencontre qui devait en principe avoir lieu au Colisée, le mardi suivant. Malheureusement, pour je ne sais trop quelle raison, le Colisée ne pouvait être disponible avant quatre jours. Buster Horwood, le président de la ligue, décida donc que le dernier match serait disputé à Montréal.

Il avait expliqué que ces éliminatoires devaient se terminer au plus tard le 1er avril afin que le gagnant puisse récupérer un peu avant d'entamer l'autre série. Cependant, Frank Byrne, en bon Irlandais, s'entêta et c'est ainsi que les Citadelles restèrent à Québec ce soir-là. Byrne considérait que nous avions mérité le privilège de jouer chez nous ce cinquième match et refusa carrément de céder aux caprices des bureaucrates de la ligue. Horwood lui fit diverses menaces : suspension, amende, disqualification; Byrne demeura inflexible. Finalement il fut convenu que le cinquième match aurait lieu le jeudi suivant, à Québec, et le sixième à Montréal, trois jours plus tard.

Horwood ne put s'empêcher de faire tout haut, devant les médias, cette réflexion que plusieurs avaient formulée tout bas. «Pour moi, il n'y a aucun doute que les Citadelles agissent de la sorte pour gagner du temps et permettre à Jean Béliveau de se remettre de sa blessure.»

Nous avons gagné cette cinquième partie, 4 à 0, et ainsi remporté la série. Il y eut énormément de désordre pendant ce match. Dickie Moore, envoyé au banc des punitions, s'en prit à deux policiers de la ville de Québec, ce qui provoqua une bagarre générale dans les gradins, amateurs et joueurs confondus dans une terrible mêlée.

Une semaine plus tard, nous avons blanchi les Reds de Trois-Rivières en quatre matchs, et nous attendions patiemment les champions de la ligue de hockey de l'Outaouais. Un soir, après l'exercice, Roland Mercier et Émile Couture m'ont pris à part pour m'informer que l'équipe avait l'intention de me rendre hommage et avait prévu une petite cérémonie avant la prochaine partie à domicile si, bien sûr, je n'y voyais pas d'objection. Croyant que j'aurais droit à un joli spectacle et à quelques gentils discours, j'ai donné mon accord et j'ai oublié cela. Nous étions engagés dans les séries du championnat de l'Est canadien, une série 3 de 5. Nous avions déjà écrasé les Rockets d'Inkerman, 9 à 0 et 16 à 4.

Mardi le 10 avril, après que des dignitaires et des représentants des gouvernements municipal, provincial et fédéral eurent salué les équipes, une Nash *Ambassador* 1951 *de Luxe* s'est avancée sur la glace. Le numéro de plaque d'immatriculation était 99-B, en l'honneur de mon numéro, le 9. On m'en remit les clefs. J'étais nerveux, mal à l'aise; je devais me concentrer pour ne pas glisser ou tomber. Mes coéquipiers et moi étions tellement impressionnés par cette incroyable preuve de reconnaissance que nous avons démoli les pauvres Rockets 13 à 0, ce qui mit fin à la série.

Nos adversaires suivants étaient les Flyers de Barrie de la ligue de hockey d'Ontario, une solide équipe entraînée par le vénérable Hap Emms et composée de cinq futurs joueurs de la LNH : Jim Morrison, Leo Labine, Réal Chèvrefils, Jerry Toppazzini et Doug Mohns que les Flyers étaient allés chercher chez les juniors B pour la durée des séries. Les journaux de Toronto commencèrent à parler de cette série comme s'il s'agissait de Jean Béliveau contre le monde entier. Après notre défaite lors des deux premiers matchs au Maple Leaf Gardens, 6 à 2 et 6 à 4, ils changèrent de ton et se mirent à parler des Citadelles et de moi-même comme de joueurs plutôt médiocres. C'est peut-être ce qui nous a stimulés. Nous avons gagné les deux matchs suivants, disputés au Colisée, 7 à 2 et 4 à 2. Encore une fois, une dispute éclata à propos du lieu où serait joué le match suivant.

Bien des gens seront étonnés d'apprendre que Frank Selke est en grande partie responsable du fait que nous n'avons pas remporté la coupe Memorial cette année-là. À cette époque, une équipe junior qui avait réussi à se hisser jusqu'aux séries de la coupe Memorial pouvait s'adjoindre à la dernière minute un ou deux joueurs-vedettes d'une autre équipe. Byrne avait donc demandé à Dickie Moore s'il voulait se joindre à nous, et celui-ci avait répondu que cela lui ferait grand plaisir. Il avait aidé à gagner les deux dernières coupes Memorial, avec les Royaux de Montréal, puis avec les Canadiens juniors. L'idée de battre les Ontariens une troisième année de suite lui plaisait infiniment. Il y avait pourtant un os, un os nommé Frank Selke.

Beaucoup plus tard, Dickie m'a raconté ce qui s'était réellement passé. L'année précédente, Selke avait dissous les Royaux et envoyé ses meilleurs joueurs chez les Nationals. Mais Dickie Moore avait préféré signer avec Pollock et les Canadiens juniors, ce qui n'avait pas du tout plu à Selke. Quand Moore dit à Selke qu'il avait l'intention de jouer avec les Citadelles pour la coupe Memorial, ce dernier refusa catégoriquement : «Jamais de la vie.»

Hap Emms avait entendu une rumeur selon laquelle Moore voulait se joindre aux Citadelles pour les séries contre les Flyers de Barrie. Il fut très ennuyé de le rencontrer au Colisée, un peu avant le troisième match.

«Qu'est-ce que tu fais ici?»

Dickie se mit à rire en voyant le désarroi de Hap. «Je vais jouer pour Québec si on peut trouver un moyen de supprimer Selke.»

Avant que la série commence, les Flyers de Barrie avaient insisté pour qu'au moins une partie soit jouée chez eux. Ils avaient un minuscule amphithéâtre, et leur patinoire était si petite que des joueurs peu habitués pouvaient difficilement y manœuvrer. Les Citadelles avaient donc protesté. Il était coutumier, à cette époque, de jouer les matchs de la coupe Memorial dans de grands amphithéâtres comme le Maple Leaf Gardens, le Forum ou le Colisée. De plus, Barrie faisait partie des petites villes qui n'étaient pas encore accessibles par train, ni par avion, ce qui rendait le voyage extrêmement long.

Nous n'avons pas eu gain de cause. À 16 h 30, le jour du match, nous quittions Québec sur un vol en provenance de Rimouski pour la base militaire de Camp Borden ; un autobus nous conduisit ensuite à Barrie. Nous arrivâmes à l'aréna à 21 heures et la partie commença 32 minutes plus tard. Nous étions fatigués, tendus et frustrés. Les Flyers, frais et dispos, nous attendaient de pied ferme. Ils marquèrent quatre buts dans les treize premières minutes et nous écrasèrent 10 à 1. Nous avons égalisé la série à Québec, mais perdu le septième match au Maple Leaf Gardens, après avoir survécu à une autre aventure de l'aviation commerciale canadienne à ses débuts. Ce nom de Flyers allait fort bien aux champions de la série qui, il faut le dire, offrirent du beau jeu. Très bien entraînés, très disciplinés, les Flyers battirent d'ailleurs les Monarchs de Winnipeg au cours des jours suivants et gagnèrent la coupe Memorial.

C'est ainsi que se terminèrent mes deux années avec les Citadelles. L'été qui suivit m'obligea à une intense période de réflexion. Où allais-je jouer à l'automne : à Québec ou à Montréal ?

Une lutte féroce

À l'automne de 1991, Eric Lindros a profondément choqué la Ligue nationale de hockey ainsi qu'une grande partie de la population du Québec en refusant de jouer pour les Nordiques comme il était tenu de le faire. Depuis plusieurs années déjà, les médias, qui cherchent toujours à dénicher de nouveaux messies, avaient suivi les progrès de cet extraordinaire joueur de centre : 1,96 m, 107 kilos, un fonceur, un gagnant...

J'ai suivi cette saga avec beaucoup d'intérêt et pas mal de sympathie. À l'époque, on avait aussi pressenti ma venue dans la Ligue nationale, tout comme on l'a fait plus tard pour Bobby Orr, Wayne Gretzky et Mario Lemieux. Je comprenais donc assez bien ce que vivait le jeune Lindros, l'énorme pression à laquelle il était soumis. Son histoire ressemblait à bien des égards à la mienne ; on y trouvait cependant une différence fondamentale. Il était le messie des années 90 qui ne voulait pas aller à Québec pour tout l'or du monde ; j'étais celui des années 50 qui ne voulait pas quitter Québec.

Pourquoi suis-je resté si longtemps là-bas ? Il y a plusieurs raisons : Élise Couture d'abord, les Côté, Roland Mercier, une Nash 1951, *Le Baril d'huîtres*, le Château Frontenac, Émile Couture (aucun lien de parenté avec Élise), *Chez Gérard*, Punch Imlach, les sœurs McKenna, le quartier Saint-Cyrille, *La Porte Saint-Jean*. Il y avait aussi le fait que j'avais à peine vingt ans, que c'est à Québec que j'ai commencé à comprendre les choses de la vie et que je m'y étais rapidement senti chez moi.

La première fois où l'idée de rester à Québec m'a sérieusement traversé l'esprit, c'est lors de la fameuse après-midi de notre troisième match contre les Rockets d'Inkerman, quand les Citadelles m'ont fait une grande fête au Colisée à l'issue de laquelle ils m'ont offert ma première voiture.

Ce jour-là, je me suis senti submergé par un immense sentiment de gratitude à l'égard des gens de Québec. J'en ai parlé à Élise et à Roland Mercier, peu de temps après notre défaite aux mains des Flyers de Barrie qui mettait fin à notre saison de hockey. Je leur ai dit que je me sentais en dette envers les amateurs et envers mes coéquipiers qui m'avaient traité comme un roi pendant ces deux années inoubliables que je venais de passer à Québec. J'eus alors une sorte de révélation : la meilleure façon de leur prouver ma reconnaissance était de jouer une année de plus chez eux, avec eux. C'est ainsi que j'ai décidé de faire mes débuts dans la Ligue de hockey senior avec les As de Québec.

Frank Selke était déjà vexé de ne pas avoir réussi à m'engager après ma première année avec les Citadelles. Sa frustration atteignit son comble le 8 juin 1951 quand mon père a signé avec l'entraîneur Punch Imlach et le trésorier des As, Charlie Smith, qui étaient venus chez nous, à Victoriaville. Quelques semaines plus tard, la nouvelle devint publique, mais aussitôt un autre problème apparut.

La Ligue nationale et l'Association canadienne de hockey amateur avaient, d'un commun accord, apporté deux changements aux règlements généraux qui concernaient les joueurs, tant dans le jeu comme tel que dans leur carrière. Ainsi, les matchs disputés chez les seniors seraient désormais encadrés, non plus par deux arbitres, mais par un arbitre et deux juges de ligne. Le deuxième règlement semblait avoir été créé exprès pour moi, si bien qu'on prit très vite l'habitude de l'appeler la «loi Béliveau». Il stipulait que chaque joueur dont le nom apparaissait sur la liste de négociation d'une équipe de la Ligue nationale devait signer un contrat avec cette équipe avant de pouvoir jouer dans la Ligue de hockey senior du Québec. Si je voulais me joindre aux As, je devais donc préala-blement signer avec les Canadiens de Montréal. Ceux-ci m'enver-raient par la suite chez les As… si les deux parties étaient d'accord. Mais si les Canadiens voulaient que je joue à Montréal, je n'aurais pas le choix, je devrais y aller.

Évidemment, Jack Latter des As de Québec avait voté contre la loi Béliveau, mais il était minoritaire. Il semblait bien que rien ne pourrait arrêter l'adoption de la loi Béliveau lors de la prochaine séance de l'Association canadienne de hockey amateur.

Je ne sais toujours pas ce qui s'est passé mais, apparemment, des gens puissants sont intervenus auprès des plus hautes instances de la LNH à Montréal. La loi Béliveau ne fut jamais adoptée, et j'ai pu passer les deux années suivantes dans l'uniforme des As de Québec.

Personne n'ignore qu'il y a toujours eu, entre Québec et Montréal, une vive rivalité. Ce qu'on sait peut-être moins, c'est à quel point, au cours des années 50, la politique et le monde des affaires intervenaient dans le sport.

D'abord, pour ce qui est de la question d'argent. Ici, je me réfère au cas Lindros. La grande différence entre lui et moi tient sans doute au fait que dans les années 90, les Nordiques de Québec n'avaient pas vraiment les moyens financiers d'acquérir un joueur aussi dispendieux. Ils n'avaient pas les moyens des équipes américaines ou canadiennes qui disposaient d'un marché infiniment plus vaste et plus riche. Mais, il y a quarante ans, les choses se passaient très différemment. Les As ont pu m'obtenir aux dépens des Canadiens de Montréal, même s'ils faisaient partie d'une ligue semi-professionnelle. Logiquement, ils n'auraient même pas dû participer aux enchères. S'ils ont gagné, c'est pour différentes raisons.

Tout d'abord, je voulais rester à Québec par intérêt personnel, et j'aurais donc considéré favorablement n'importe quelle offre des As. Ils pouvaient, de toute façon, m'offrir autant si ce n'est plus que les Canadiens parce qu'ils étaient la propriété d'une très grosse et richissime entreprise, l'Anglo-Canadian Pulp and Paper. (D'ailleurs, l'équipe s'appelait en réalité les «Aces» pour Anglo-Canadian Employees Association. Plus tard, pour ne pas froisser inutilement le nationalisme canadien-français, on la rebaptisa les As de Québec.) Les As avaient les moyens de se payer un joueur comme moi, d'autant plus que je représentais un bon placement. En effet, après que j'ai été engagé, le hockey senior conserva la faveur du public autant que le hockey professionnel. Le Colisée était rempli à craquer chaque fois que les As y jouaient.

Donc, du point de vue financier, je n'avais rien à perdre en restant à Québec. J'ai été payé 10 000 $ pour ma première saison avec les As. À cette époque, le salaire moyen dans la LNH était de 100 $ par match, soit 7 000 $ par an pour une saison de soixante-dix matchs. Chaque fois que je devais me rendre au camp d'entraînement des Canadiens, les As (comme autrefois les Citadelles) me rappelaient qu'ils pouvaient soutenir n'importe quelle offre que pourrait me faire Frank Selke.

J'ai compris à quel point ils tenaient à me garder à Québec quand est venu le temps de signer mon deuxième contrat pour la saison 1952-1953 et que le gouvernement s'est directement impliqué dans la négociation. Maurice Duplessis, alors premier ministre du Québec, était chef de l'Union nationale et Gérald Martineau, son bras droit, l'homme qui tenait les cordons de la bourse du Parti, avait deux passions dans la vie : la politique et le hockey. Il s'était même activement occupé de l'équipe junior les Frontenacs de Québec.

J'avais déjà rencontré Jack Latter et Charlie Smith pour discuter de ma seconde saison avec les As, et nous nous étions mis d'accord pour augmenter mon salaire à 15 000 $, ce qui était fort bien rémunéré pour la LNH. La veille du jour où je devais signer, j'ai reçu un appel de Latter me demandant si j'avais quelque objection à signer mon contrat dans le bureau de M. Martineau, rue Saint-Pierre, plutôt qu'à l'Anglo-Canadian. J'étais plutôt perplexe mais je ne voyais pas d'inconvénient à signer en présence de Martineau. À 11 heures le jour suivant, je me suis donc retrouvé dans son bureau avec des représentants des As et de l'Anglo-Canadian. Le contrat était étalé sur la table. J'allais signer quand Martineau dit à Latter : «Écoute, Jack, tu fais pas mal d'argent avec Jean, je pense que tu devrais lui donner 5 000 dollars de plus.»

Martineau était le grand argentier de l'Union nationale. L'Anglo-Canadian Pulp détenait, grâce à lui, d'immenses concessions forestières du côté de Forestville. En d'autres mots, la petite phrase de Martineau à Latter n'était pas une suggestion mais un ordre.

Je suis resté assis les yeux ronds comme des billes pendant que Jack Latter, un des hommes d'affaires les plus puissants de Québec, obtempérait bien humblement à l'ordre de Martineau et ajoutait 5 000 $ à mon contrat. Et c'est ainsi que Jean Béliveau est devenu un joueur semi-professionnel payé 20 000 $ par année à une époque où le salaire moyen dans la Ligue nationale était presque trois fois moindre. En fait, pendant quelque temps, je faisais même plus d'argent que Gordie Howe et Maurice Richard.

Cela dit, ce n'est pas l'appât du gain qui m'a gardé à Québec, même si je faisais une bonne affaire en y restant deux ans de plus. J'étais jeune et en amour, j'aimais Québec et ses gens, voilà pourquoi je voulais y rester.

À Montréal, les médias ne cessaient de raconter que je restais à Québec parce que je manquais de confiance en moi et que je craignais de ne pas réussir dans la Ligue nationale. Pour appuyer leur hypothèse, ils citaient en exemple Bernard Geoffrion qui avait fait le grand saut du hockey junior à la LNH ; ou Dickie Moore qui, après une demi-saison dans la ligue senior s'était, lui aussi, retrouvé chez les Canadiens. À leurs yeux, Béliveau se cachait peureusement à Québec en regardant la chance de sa vie lui passer sous le nez.

Ces commentateurs ne me connaissaient aucunement et ne pouvaient savoir que je ne pensais pas qu'à ma carrière. Je suis resté à Québec, d'abord et avant tout, par reconnaissance envers sa population. Le Boomer et Dickie étaient nés et avaient grandi à Montréal. Moi, je venais d'une petite ville de province. Les années passées à Québec allaient me permettre de m'habituer au tourbillon urbain et de m'intégrer progressivement dans un milieu qui, au départ, m'était peu familier. Si je m'étais retrouvé à Montréal à vingt ans, j'aurais subi un choc.

En regardant tout cela avec le recul des années, je crois que j'ai pris la bonne décision. J'ai vu les fortes contraintes qu'ont dû subir des adolescents comme Lindros, Gretzky, Lemieux et Guy Lafleur. On les a brutalement arrachés à leur jeunesse. Pour ma part, j'ai eu la chance de mûrir à mon rythme, entouré d'amis, sur la glace comme dans la vie. Le Jean Béliveau de vingt-deux ans qui signa finalement avec les Canadiens de Montréal en 1953 était certes mieux préparé pour les exigences du vedettariat de la LNH.

Dans les années 50, Québec était l'endroit idéal où vivre, surtout pour une jeune vedette de hockey francophone venant d'un petit patelin comme Victoriaville, qui faisait déjà beaucoup d'argent, qui avait rencontré la femme de sa vie et voulait prendre le temps de devenir un homme. C'était, je l'ai déjà dit, une époque heureuse, c'était avant que la télévision ne vienne envahir nos vies. Les gens se parlaient beaucoup plus qu'aujourd'hui. Dans tous les milieux, il y avait une vie sociale très élaborée, très stimulante, des boîtes et des cafés, des restaurants, où l'on passait des heures à discuter, à apprendre une foule de choses, à se connaître...

Tout cela ressemble peut-être à un documentaire sur le Québec des années 50 ou à une séance de projection de diapositives de quelqu'un qui revient de voyage. Ce que je retiens de cette période de ma vie, c'est qu'elle a été extrêmement importante, non seulement pour ma carrière, mais aussi pour ma formation personnelle. On m'a souvent complimenté sur mon attitude et mon comportement durant ma carrière avec les Canadiens. J'en étais chaque fois profondément touché, mais si je me suis conduit correctement, c'est grâce aux leçons apprises à Québec. J'ai été plongé dans la vie sociale d'une capitale provinciale pleine de vie, entouré de jeunes gens de mon âge avec qui j'allais régulièrement *Chez Gérard* ou à *La Porte Saint-Jean*, deux boîtes de nuit gérées par Gérard Thibault, un être merveilleux, chaleureux, généreux. Des artistes du Québec et de France venaient régulièrement chanter chez lui; je pense à Patachou, à Charles Trenet, à Carlos Ramirez. Petit à petit, j'ai appris la vie en société, l'art de la conversation, et je suis sorti de ma coquille.

C'est par Roland Mercier que nous avons connu les boîtes de nuit, Élise et moi. Roland travaillait pour le ministère fédéral du Revenu, et devait veiller à ce que les artistes étrangers payent de l'impôt sur les revenus qu'ils faisaient au Canada. Il nous présenta Gérard Thibault, qui était une véritable institution à Québec, et avait amené Charles Trenet au Canada. Je me souviens d'ailleurs avoir aperçu à quelques reprises le fou chantant en train d'écrire ou de chercher l'inspiration, assis sur les quais près du traversier de Lévis. Élise et moi avions notre table à *La Porte Saint-Jean*, et une entrée presque privée par la porte du côté. Cette porte est toujours là, nous l'avons constaté le soir de notre quarantième anniversaire.

Nous fréquentions aussi *Le Baril d'huîtres*, rue Saint-Joseph, dans la basse ville. C'était un restaurant fort populaire tenu par Adrien Demers et Raymond Comeau. Le lundi soir, la bande du Baril et un groupe de jeunes juifs dont les familles possédaient les grands magasins de la rue Saint-Joseph disputaient des matchs de hockey plus ou moins improvisés au vieux Colisée. Phil Renaud, mon coéquipier chez les As, et moi-même étions arbitres. Après le match, on se retrouvait au Baril; il y avait de la bière et des huîtres, des rires aussi. Le Baril et la taverne de Pat Mercier étaient ce qu'on pourrait appeler des bars sportifs. Les habitués étaient des fanatiques de l'équipe des As. Beaucoup d'entre eux nous suivaient partout, même à Chicoutimi, à 200 kilomètres de Québec. Chaque fois que nous jouions contre les Saguenéens, ils formaient un convoi d'une trentaine de voitures qui se guidaient d'après notre autobus. Après le match, nous rentrions tous ensemble à Québec. Nous arrêtions, pour casser la croûte, à *L'Étape*, un endroit épatant au beau milieu du parc des Laurentides.

La route était longue parfois. Je me souviens de terribles tempêtes de neige qui rendaient la circulation dans le parc pratiquement impossible. Nous n'arrivions à *L'Étape* qu'à trois heures du matin, et mangions des fèves au lard, de la tourtière. Nous reprenions la route au lever du soleil, quand arrivait enfin le chasse-neige qui nous guidait jusqu'à la sortie du parc. Je me souviens qu'une nuit de grand froid, à une température de -32 °C, l'autobus était tombé en panne. La police provinciale vint nous chercher et nous ramena, par petits groupes d'hommes congelés, à *L'Étape*.

C'est vers cette époque qu'Élise a commencé à assister aux parties de hockey. Un soir, elle est venue me voir jouer à Chicoutimi avec Jacques Côté et sa femme Claire. À cette époque, nos partisans agitaient des cloches pour nous encourager. Élise, qui voulait bien faire les choses, avait pris une très jolie clochette dans l'argenterie de sa mère. Nous avons bien joué ce soir-là et la petite clochette de ma blonde n'a pas cessé d'être agitée... jusqu'à ce qu'un fervent admirateur de l'équipe de Chicoutimi, excédé, la lui arrache des mains et disparaisse dans la foule... Élise était catastrophée. Je vous ai déjà dit que la mère d'Élise n'avait pas une très haute opinion des joueurs de hockey. Par contre, elle tenait beaucoup à son argenterie.

«Qu'est-ce que je vais lui raconter si elle me demande où est passée la cloche?» gémit Élise après la partie.

Malgré cet incident, nous aimions beaucoup Chicoutimi, mais les sorties les plus excitantes étaient celles de nos rencontres à Montréal. Le dimanche après-midi, des équipes de la Ligue de hockey senior du Québec se rencontraient au Forum. Ce sont, pour moi, des moments inoubliables. Bien des années plus tard, Camil Des Roches et moi-même en parlions encore. Ces dimanches-là, Des Roches devait sortir sur la rue Sainte-Catherine et dire aux gens de rentrer chez eux parce que le Forum était comble. «Je n'ai jamais eu à faire ça pour un match des Canadiens, me disait-il. Ça ne s'est produit que pour des équipes de la ligue senior, surtout quand les As jouaient contre les Royaux.»

Des autobus et des trains remplis d'amateurs de Québec venaient à Montréal pour assister à ces matchs, et il n'était pas rare que plus de la moitié de la foule appuie l'équipe de la Vieille Capitale. Je ne suis donc pas étonné, aujourd'hui, quand je vois dans les gradins du Forum que des amateurs encouragent les Nordiques.

Il y a un voyage en particulier que je n'oublierai jamais. C'était en décembre 1952, lors de mon premier retour à la LNH après plus d'un an... Je participais à trois matchs des Canadiens. Contre les Rangers, le jeudi soir; puis deux fois contre les Bruins, soit un match au Forum le samedi soir, et l'autre à Boston le lendemain.

Les garçons et les filles de la bande du *Baril d'huîtres* avaient loué pour l'occasion un wagon privé qu'ils firent accrocher au train de 14 heures, le jeudi. La veille, un de nos amis juifs était monté à Montréal afin de trouver des billets pour tout ce monde. Quand le train arriva en gare à Montréal, il était là, billets en main. Il avait fait le tour de la ville, achetant des paires de billets dans des usines, des restaurants, des bureaux, des hôtels et même dans la rue, devant le Forum. J'ai compté trois buts ce soir-là. Le wagon privé de la bande du Baril fut accroché au train de minuit. Je vous laisse imaginer la fête que fut ce retour!

J'étais donc plus qu'heureux d'être resté à Québec. Je veux ici rendre hommage à une autre personne qui m'a convaincu de prendre cette décision. Il s'agit d'Émile Couture. Quand j'ai commencé à sortir avec Élise, tout le monde les croyait frère et sœur. En fait, il n'avaient pas le moindre lien de parenté. Émile travaillait à la distillerie Calvert, qui donnait chaque année un prix au meilleur joueur de la ligue junior. Il connaissait assez bien les gens de l'organisation des As, et servit plusieurs fois d'intermédiaire entre eux et moi. Il assistait à tous les matchs. Cela me faisait chaud au cœur de le savoir là, quelque part dans les gradins, quand je besognais sur la glace. Je l'avais connu à Victoriaville. Sa famille possédait un restaurant et un hôtel, *La Maison blanche*, à Laurierville, pas très loin de chez moi. Les gens de la région avaient l'habitude de s'y arrêter quand ils allaient à Montréal ou à Québec.

Peu de gens savaient que le nom d'Émile était connu à travers le monde, ou du moins dans un groupe international très sélect du personnel militaire allié. En 1943, en pleine Seconde Guerre mondiale, Winston Churchill, Franklin Roosevelt et Mackenzie King s'étaient rencontrés à Québec pour discuter des opérations que les nations alliées se proposaient d'entreprendre en Europe au cours des mois suivants. Des destroyers et des balayeurs de mines patrouillaient le Saint-Laurent devant le cap Diamant, des avions de guerre des trois pays sillonnaient le ciel, et des soldats armés interdisaient l'accès à une grande partie de la vieille ville. Des postes de garde avaient été dressés sur les rues principales et les voies ferrées.

L'endroit le plus gardé de la ville était le Château Frontenac, où les trois leaders tenaient leurs conférences. Pourtant, Émile Couture parvint à sortir du Château avec, sous le bras, les plans du débarquement en Normandie, la fameuse opération «Overlord».

Voici comment les choses se sont passées. Émile était un jeune intendant du 22e régiment en service lors de ces rencontres au Château. En plus de voir aux fournitures de bureau nécessaires aux représentants des trois pays participant à la conférence, il devait aussi détruire tout ce qui restait sur les tables, le soir après la réunion. L'avant-dernier jour, on lui demanda de vider les bureaux de certains participants qui avaient complété leurs présentations. En ouvrant le tiroir d'un bureau, il trouva une liasse de papiers dans une chemise rouge. En principe, il aurait dû détruire tout ça sur-le-champ, mais quelque chose l'en empêcha. Il retourna ensuite dans ses quartiers, au lac Beauport. Dans la nuit, pris d'une insatiable curiosité, il sortit la chemise et commença à lire.

Il avait entre les mains les plans détaillés du débarquement en Normandie : qui, quoi, où et quand, combien d'avions, de bateaux, d'hommes. Il se recoucha, cherchant en vain le sommeil. Dès l'aube, il revint au Château, où la nouvelle de la disparition du classeur rouge avait créé une incroyable commotion. Émile fit part de sa trouvaille à ses supérieurs. Au départ, ils étaient tous trop paniqués pour écouter son invraisemblable histoire. Il s'en trouva quand même un pour le croire. Les autorités étaient soulagées d'apprendre que le fameux dossier n'était pas tombé entre des mains ennemies. Une question se posait cependant : que faire du sergent Couture, désormais dépositaire de secrets extrêmement importants?

Son dossier militaire était impeccable. On ne pouvait quand même pas l'enfermer. De plus, les Couture étant une famille très connue, une sentence de prison aurait éveillé les soupçons de la communauté, peut-être même alerté l'ennemi.

Pendant des mois, Émile fut tenu à l'œil, comme s'il avait été en résidence surveillée. Ce n'est qu'après l'invasion qu'on lui ficha enfin la paix, mais à condition qu'il ne publie jamais cette histoire sans permission. Le magazine *Life* l'approcha au moins une fois mais, à ce que je sache, son histoire n'a jamais été publiée. Je la connais parce qu'Émile et moi étions très proches, mais il n'aimait pas vraiment en parler. Après la guerre, il a reçu la médaille de l'Empire britannique, une décoration très importante. Quand on lui demandait pourquoi il avait été décoré, il souriait innocemment et répondait toujours : «Je n'ai jamais vraiment compris pourquoi ils donnent ces affaires-là.»

Émile était célibataire, bon vivant aussi, il connaissait les meilleurs endroits en ville. Ce sont des gens comme lui qui ont fait de Québec un endroit si excitant pour une jeune vedette de hockey francophone, originaire d'une petite ville de province, qui faisait un gros salaire, découvrait l'amour et les plaisirs de la vie, tout en prenant de la maturité.

Voilà pour ma vie en dehors du hockey.

Sur la glace, dans l'uniforme des As, je me retrouvais parmi d'anciens joueurs de la LHS et de la LAH. Ils arrivaient peut-être à la fin de leur carrière, mais ils avaient beaucoup d'expérience, et j'appréciais la chance que j'avais de travailler avec eux, parce que j'apprenais énormément. Lors de ma première année avec les As, j'ai joué régulièrement aux côtés de Gaye Stewart, autrefois des Maple Leafs de Toronto, récipiendaire du trophée Calder (recrue de l'année) en 1942. Jack Gélineau, notre gardien de but, avait reçu cet honneur en 1950, alors qu'il jouait avec les Bruins de Boston.

Il y avait plusieurs autres vétérans comme Ludger Tremblay, le frère aîné de Gilles, le tristement célèbre Frank «Yogi» Kraiger, Joe Crozier, un ancien joueur des Barons de Cleveland dans la LAH, Claude Robert (qui était sur la même ligne que moi la première fois que j'ai joué avec les Canadiens en 1950), Jackie Leclair, un autre ancien Canadien et Marcel Bonin, qui allait se retrouver comme moi à Montréal mais par un tout autre chemin.

Yogi Kraiger mérite qu'on écrive un livre sur lui. C'était un vrai dur et un joueur puissant et intelligent... quand il n'était pas trop rond. Mais quand il avait bu, il était vraiment impayable. Il se bagarrait, oubliait où il avait laissé sa voiture la veille. Malgré la gueule de bois, il la cherchait pendant des heures à travers la ville en minibus. Il nous en a fait voir de toutes les couleurs et nous a fait bien rire. Cette fois, entre autres, où il s'est jeté à l'eau pour un verre de gin et 50 $.

On était à la fin novembre, à ma première année avec les As. Nous nous sommes retrouvés avec un calendrier sans confrontation pendant cinq ou six jours. Punch Imlach n'aimait pas nous laisser paresser, il a donc organisé un match hors concours à Cornwall. Le matin suivant, nous revenions en autobus par la route 2 qui était alors, avant la construction de la 401, le principal lien entre Montréal et Toronto. Comme on longeait le vieux canal Soulanges, quelqu'un a eu l'idée de relancer la conversation sur les prouesses athlétiques de notre Yogi. Celui-ci se vantait, soûl ou sobre, d'être un athlète hors pair tant en gymnastique, à la course, au basketball, en ski ou au lancer du javelot qu'au hockey. Mais, à l'entendre, là où il excellait vraiment, c'était en natation. Il pouvait parler pendant des heures de ses exploits aquatiques. Nous nous demandions toujours si nous devions le croire.

Il était physiquement très impressionnant, le genre de gars qui, pour se réchauffer avant un match, pouvait se soulever une douzaine de fois en se tenant au rebord de la porte du vestiaire avec ses petits doigts. Mais il en mettait tellement que, tôt ou tard, nous finissions tous par douter de sa parole. Punch Imlach surtout, qui n'en pouvait plus de l'entendre se vanter. Ce matin-là, il était sur le point d'exploser. Il s'est levé, il a ordonné au conducteur de s'arrêter au prochain pont et, se tournant vers Yogi, il lui a dit : « D'accord, mon garçon. J'ai entendu assez de conneries pour aujourd'hui ! Tu racontes que tu peux traverser le lac Supérieur. Moi, je parie 50 $ que tu n'es pas même capable de nager d'un bord à l'autre du canal Soulanges. » Joignant le geste à la parole, il sortit cinquante dollars de son portefeuille.

N'oubliez pas qu'on était fin novembre. Il y avait çà et là quelques plaques de glace sur les bords du canal, mais il en fallait plus pour arrêter Yogi. Il s'est levé en disant : « Pour cinquante piastres, je le fais. ». Mais il était cassé comme un clou, comme d'habitude. Nous avons donc fait une petite collecte et, en un rien de temps, réuni de quoi tenir le pari de Punch. Au pont suivant, le conducteur a rangé l'autobus le long du canal, et le soigneur Ralph McNaughton a sorti des couvertures de laine et de quoi frictionner le héros.

Tout le monde a sauté hors de l'autobus. Yogi nous a fait un strip-tease, ne gardant que ses caleçons qu'il a d'ailleurs perdus en plongeant dans les eaux glacées du canal. Et on l'a vu traverser, les fesses à l'air, pendant que Ralph marchait vers l'autre rive avec ses couvertures de laine.

La vue d'une vingtaine de jeunes hommes debout sur les bords du canal avait eu l'effet d'un feu rouge sur la circulation. Toutes les voitures, tous les camions freinaient brusquement. Les gens descendaient, énervés, croyant qu'un terrible accident s'était produit.

Puis on a vu Yogi atteindre la rive opposée. Ralph l'enveloppa dans une grosse couverture, ils ont traversé le pont en courant, ils sont montés dans l'autobus et nous avons repris la route. Tout cela avait évidemment donné soif à Yogi. Nous approchions de Vaudreuil, quand il a dit à Punch :

«Tu ferais mieux de me trouver un gin pour me réchauffer, sinon je risque d'avoir le rhume pour le reste de l'hiver.»

Punch a fait arrêter l'autobus une fois de plus, et nous sommes tous entrés à l'Auberge Vaudreuil, à 8 heures du matin, pour que Yogi puisse avoir son gin. Il a réussi à se réchauffer, mais il n'a jamais retrouvé ses caleçons...

Punch était rusé comme un renard. Il savait qu'il pouvait utiliser ce genre d'incident pour renforcer l'esprit d'équipe, même si cela lui coûtait quelques dollars en pariant contre ses joueurs. Pour cinquante dollars, la petite saucette de Yogi était, à ses yeux, une aubaine : nous avions vécu ensemble un événement qui nous avait tous rapprochés.

Marcel Bonin était aussi un personnage assez intéressant. J'avais joué contre lui chez les juniors et j'allais le retrouver à Montréal vers la fin des années 50. À l'automne, Marcel se présentait aux séances d'entraînement du matin avec sa tenue de chasse et deux ou trois carabines sous le bras.

Les joueurs conseillaient alors à Punch Imlach de raccourcir l'exercice. «Marcel veut aller chasser dans le comté de Dorchester. Et il fait noir de bonne heure à ce temps-ci de l'année.» Punch n'était pas assez fou pour se disputer avec un homme armé, surtout pas avec un tireur d'élite comme Marcel. De plus, les gars commençaient à aimer la viande de gibier. Ces jours-là, les séances d'entraînement ne duraient jamais bien longtemps, et chacun en était reconnaissant à Marcel.

Il était entré dans la Ligue nationale à la suite d'un match hors concours que nous avions joué contre les Red Wings de Detroit, en février 1952, pour les Federated Charities. Il s'était battu contre Ted Lindsay le Terrible et en avait étonné plus d'un en ayant le dessus sur lui. Pendant la même partie, il s'était retrouvé au banc des punitions, en train de se battre avec Vic Stasiuk. On n'a jamais su comment cela avait commencé, mais le pouce de Marcel s'est enfoncé dans la bouche de Vic et Marcel a soulevé Stasiuk à bout de bras et lui a frappé la tête à plusieurs reprises contre le mur de ciment. Stasiuk mordait le plus fort possible pour sauver sa peau, mais rien ne pouvait empêcher Marcel de le frapper avec frénésie jusqu'à ce qu'il ne sente plus de résistance de la part de Stasiuk.

On racontait qu'avant de jouer au hockey, Marcel luttait avec des ours pour gagner sa vie. C'est peut-être vrai. En tout cas, les Red Wings ont été drôlement impressionnés par ses coups de poing et le fait, pour le moins étonnant, qu'il aimait la lecture. Peu de temps après, ils ont acheté Bonin qui a continué à terroriser l'adversaire avant de se joindre aux Canadiens à l'automne 1957.

J'ai mentionné plus tôt que Claude Robert se trouvait sur la même ligne que moi la première fois que les Canadiens m'avaient fait venir. Claude était un solide gaillard, très fort, qui est devenu plus tard policier à Montréal. Chez lui aussi le seuil de la douleur était plutôt élevé. Il en a donné la preuve à Punch Imlach le jour où nous avons battu les Reds de Providence lors d'un match hors concours de la LHA, à Grand-Mère. Claude a subi une solide mise en échec dans un coin de la patinoire, il a été projeté en l'air et est vraiment mal retombé. Il est retourné en boitant vers le banc des joueurs, puis directement au vestiaire. Après la période de jeu, il a dit à Punch et au soigneur qu'il était blessé et ne croyait pas pouvoir terminer la partie. À cette époque, on jouait malgré la douleur, même forte. Les entraîneurs faisaient d'ailleurs tout pour qu'un joueur retourne sur la glace.

«Je pense qu'il va falloir lui geler la jambe, a dit alors Punch à Ralph. Passe-moi la seringue.»

Or, comme la plupart des gros et grands joueurs, Claude Robert avait une peur maladive des aiguilles.

«J'ai pas besoin de piqûre, a-t-il répondu. À bien y penser, ça fait déjà moins mal.» Et il est retourné au banc des joueurs, puis sur la glace. Il a participé à tous nos matchs pendant les trois semaines suivantes, mais il continuait à se plaindre de sa jambe. Finalement, Punch l'a envoyé se faire examiner à l'hôpital. Les radiographies ont montré une fracture très nette. Claude Robert avait joué plus d'une demi-douzaine de parties avec une jambe cassée.

Des années plus tard, les médias ont fait tout un plat à propos de Bobby Baun qui avait joué un match dans les séries finales avec une fracture à peine visible; j'ai tout de suite pensé à Claude. Peut-être s'agit-il d'une coïncidence, mais l'entraîneur de Baun, cette saison-là, n'était nul autre que George «Punch» Imlach.

Bien qu'il ait été un vrai dur, Claude était toujours élégamment vêtu. Il paraissait bien, faisait attention à son argent et avait les moyens de s'acheter de beaux vêtements. Marcel Bonin, par contre, jetait littéralement son argent par les fenêtres ; il flambait le gros de ce qu'il gagnait en carabines, en équipement et en voyages de chasse.

Un beau jour, dans la chambre des joueurs, je surprends Claude et Marcel en grande conversation sur la mode et l'épargne. Claude était en train de ranger ses vêtements. À voir son casier, on aurait dit la garde-robe d'un homme d'affaires plutôt que celle d'un jeune joueur de hockey. Ses habits de rechange, toujours bien enveloppés dans les sacs en plastique du nettoyeur, étaient accrochés de façon ordonnée, les chemises étaient bien empilées et rangées sur l'étagère, le support à cravates était bien garni.

«Tôt ou tard, tu vas te retrouver dans la Ligue nationale, disait Claude à Marcel. Ils te laisseront pas porter des chemises de bûcherons et des habits de chasse. Tu vas être obligé de porter le veston et la cravate. Tu ferais mieux de commencer à t'habituer tout de suite.

— Mais j'ai pas les moyens de me payer tout ça, protestait Bonin.

— Oui, Marcel, t'as les moyens. Un bel habit, ça coûte pas plus cher qu'une carabine. Il suffit que tu te fasses un budget, que tu établisses des priorités. C'est une question d'économie.»

Je les ai laissés à leur conversation, convaincu que Claude s'était engagé dans une lutte sans espoir. Personne ne pouvait changer Marcel.

Or au match suivant à domicile, quelle ne fut pas notre surprise de voir arriver ce cher Marcel tout endimanché, en veston, chemise et cravate. Le plus étonné de nous tous était sans contredit Claude.

«Mais Marcel, c'est mon linge que tu as sur le dos !

— Je sais, Claude. C'est une question d'économie.»

J'ai joué dans la Ligue de hockey senior avec des hommes qui m'ont beaucoup appris, comme Ludger Tremblay et Gaye Stewart. Après une année à Toronto en tant que recrue, Gaye avait fini par jouer avec toutes les équipes de la Ligue nationale, sauf Boston. En neuf saisons, de 1941-1942 à 1953-1954, il avait participé à 510 parties de la LNH. Il avait accumulé 185 buts et 159 passes. Les jeunes d'aujourd'hui qui sortent du junior n'auront jamais la chance que j'ai eue de jouer aux côtés de joueurs possédant autant d'expérience, avant d'arriver à la Ligue nationale.

En plus de cette armée de vétérans, joueurs d'avant et défenseurs, la Ligue de hockey senior du Québec comptait dans ses rangs plusieurs futures vedettes comme Dickie Moore, Bob Fryday, Bob Frampton, Les Douglas et Jacques Plante, qui jouèrent tous pour les Royaux de Montréal de Frank Carlin. Les Sénateurs d'Ottawa de Tommy Gorman se produisaient au vieil auditorium d'Ottawa avec, en vedette, Nil Tremblay et Al Kuntz à l'offensive, Butch Stahan à la défensive et le légendaire Legs Fraser devant la cage. Au sein de l'équipe de Valleyfield, dirigée par Toe Blake, se trouvaient mes anciens coéquipiers de la ligue junior, Gordie Haworth et Bruce Cline, André Corriveau, Jacques Deslauriers et Larry Kwong. À Sherbrooke, les vedettes étaient Tod Campeau, Jimmy Planche, Bobby Pepin et Jacques Locas. À Chicoutimi, il y avait Lou et Stan Smrke, Pete Tkachuk, Ralph Buchanan, Sherman White, Gerry Glaude, Marcel Pelletier dans le filet ainsi que Georges Roy et Jean Lamirande à la défensive. L'entraîneur était l'excellent Roland Hébert, mon ancien mentor du temps des juniors, à Victoriaville. Les derniers, mais non les moindres, les Cataractes de Shawinigan qui s'étaient regroupés derrière le gardien de but vedette Al Millar, alignaient également de grands jeunes joueurs, Jack Taylor, Erwin Grosse, Roger Bédard et Spike Laliberté.

La Ligue de hockey senior du Québec était aussi le refuge de plusieurs joueurs qui, pour une raison ou pour une autre, ne voulaient pas ou ne pouvaient pas entrer dans la Ligue nationale. Herbie Carnegie était de ceux là. Puissant patineur, excellent joueur d'avant, tant au centre que comme ailier, Herbie avait un gros handicap : c'était un Noir. Quand j'étais enfant à Victoriaville, il jouait avec son frère Ozzie et un autre Noir, Manny McIntyre, dans la Ligue provinciale du Québec, pour l'équipe de Sherbrooke. Herbie a réussi à monter un à un tous les échelons du hockey amateur, parce qu'il avait énormément de talent et une grande intelligence du jeu.

Je crois qu'il a été exclu de la Ligue nationale à cause de la couleur de sa peau. Je ne vois pas d'autre raison. Il était très populaire auprès des partisans qui lui faisaient de longues ovations, aussi bien à domicile que sur la route. Je crois qu'il avait lui-même compris ce qui lui fermait les portes, mais cela ne l'a jamais empêché de donner sur la glace le meilleur de lui-même.

Je suis resté en contact avec lui pendant des années. J'ai été très heureux quand je l'ai vu entreprendre une seconde carrière avec succès à Investors Syndicate. Il est devenu le représentant de divers fonds mutuels et un important donateur pour les services publics de la banlieue North York de Toronto. C'était un grand joueur de hockey et un vrai gentleman. Tout le monde l'aimait, tant sur la patinoire qu'en dehors.

Il y avait aussi d'autres excellents joueurs dans l'équipe des As, des joueurs avant comme Armand Gaudreault, Martial Pruneau, Jackie Leclair, Copper Leyte, Bob Hayes et Murdo Mackay. Notre capitaine, Phil Renaud, assurait la défense avec Joe Crozier, Yogi Kraiger, Jean-Guy Talbot et Butch Houle.

Nous étions, dans l'ensemble, rapides et solides, déterminés aussi. C'est ce qui nous a permis de battre les Saguenéens de Chicoutimi en finale dans notre ligue, puis les Beavers de Saint-Jean de Peanuts O'Flaherty, pour obtenir, en 1953, la coupe Alexander, trophée du championnat du hockey senior dans l'est du Canada.

À mes deux saisons avec les As, j'ai remporté le championnat de pointage de la LHSQ, ce qui a évidemment augmenté le désir des Canadiens de m'avoir dans leur équipe. Les médias montréalais commentaient en long et en large mes réticences à venir jouer dans la métropole. Quant au *Toronto Star* il est allé jusqu'à publier une affiche de moi avec ce texte : «Jean Béliveau, vingt ans, 1,88 m, 88 kilos. Recherché par le Canadien de Montréal pour jouer dans la LNH. Récompense : 15 000 $ par saison... et il refuse. La raison : Jean Béliveau, vedette des As de Québec, est le joueur de hockey «amateur» le mieux payé. En plus, il ramasse quelques autres milliers de dollars en travaillant dans les relations publiques et en animant une émission de radio quotidienne.» Quelques mois plus tard, la même affiche circulait dans les journaux francophones. Mais les chiffres n'étaient plus tellement exacts : je mesurais alors 1,91 m et pesais 93 kilos.

Les spéculations allaient bon train dans la Ligue nationale, au Canada aussi bien qu'aux États-Unis. «Si Béliveau n'a pas signé à son anniversaire (le 31 août), écrivait-on à New York, il sera retiré de la liste de négociation des Canadiens et pourra être réclamé par l'équipe la moins puissante de la LNH, les Rangers.» Ailleurs, on prétendait que les Black Hawks m'avaient fait un pont d'or et que j'avais accepté d'aller jouer à Chicago.

Chacun y allait de sa petite théorie. Tous les journalistes sportifs de l'Est du Canada avait imaginé un quelconque arrangement entre les Canadiens et moi. L'offre qui fit le plus parler est celle de Frank Selke. Il s'agissait de 53 000 $, répartis comme suit : un bonus de 20 000 $ à la signature, 10 000 $ la première année, 11 000 $ la deuxième, 12 000 $ la troisième. Bien sûr, nous l'avions refusée. Souvenez-vous que, grâce à l'intervention de Gérald Martineau, je gagnais déjà 20 000 $ par année avec les As.

Mon intention n'était pourtant pas de passer toute ma vie à Québec, assis sur mes lauriers, à jouir de mon gros salaire. Il était temps de tourner la page, de voir ce dont j'étais capable dans les ligues majeures. En plus, si j'étais resté à Québec plus longtemps, je risquais de faire pâlir l'image du premier ministre Duplessis... À cette époque, la personnalité numéro un de la radio à Québec était Saint-Georges Côté, de CHRC, qui m'invitait souvent à son émission du matin. En 1952, il a acheté un restaurant très populaire sur le boulevard Sainte-Anne, *La Dame blanche*. Il a fait une ouverture grandiose avec des hot-dogs longs de 30 centimètres et deux invités «vedettes» : Élise et moi. Le même jour, le premier ministre Duplessis et un groupe de dignitaires politiques inauguraient une nouvelle autoroute. La cérémonie avait lieu au pont de Québec. Très peu de gens s'y sont présentés. Élise et moi étions, pendant ce temps, entourés d'une foule de 7 000 amateurs de hockey… et de hots-dogs.

Nous nous sommes fiancés à Noël, en 1952, et avons commencé à envisager sérieusement notre avenir. Élise a donc été la première à apprendre ma décision d'aller jouer à Montréal. «C'est ma dernière année à Québec, lui ai-je dit un beau soir. J'ai toujours prévu de jouer un jour ou l'autre avec les Canadiens. La prochaine saison sera la bonne. Après notre mariage, en juin, on ira à Montréal trouver un endroit où habiter.»

Je n'étais pas pressé de faire savoir la nouvelle à Frank Selke parce que je voulais garder mon pouvoir de négociation. Deux championnats de pointage, une coupe Alexander et des salles remplies à craquer partout au Québec, même au Forum, tout cela s'ajoutait à mon crédit.

Le 27 juin 1953, l'unique femme de ma vie est devenue madame Jean Béliveau un peu après 11 heures, à l'église Saint-Patrick, à Québec. Pendant notre lune de miel, les autorités de la LHSQ se sont rencontrées à Montréal pour débattre d'une nouvelle question : la ligue allait-elle devenir professionnelle ou non ? Punch Imlach, qui ne connaissait pas ma décision lui non plus, n'était pas en faveur de cette idée mais, quand il est arrivé à la conférence tous les autres propriétaires semblaient s'être ligués contre lui.

Punch a commencé par leur faire avouer que Jean Béliveau avait rempli leurs stades durant les deux dernières saisons. Forrest Keene de Sherbrooke a alors dit que ça n'avait aucun rapport avec l'objet de la discussion. Tommy Gorman d'Ottawa a ajouté qu'en devenant professionnel, il lui serait plus facile d'acquérir les joueurs dont il avait besoin plutôt que d'attendre que les équipes de la LNH et de la LAH lui assignent ceux dont elles ne voulaient pas. (En passant, Sherbrooke a quitté la LHSQ peu après le début de la saison 1953-1954, et les Sénateurs d'Ottawa de Gorman ont plié bagage juste avant Noël.) Punch, avec la sagesse d'un visionnaire, a répondu que ces deux points en litige pouvaient être débattus, mais qu'une chose était certaine : si la Ligue de hockey senior du Québec devenait professionnelle, Jean Béliveau appartiendrait, de fait et de droit, aux Canadiens de Montréal qui le réclameraient au bout de cinq secondes.

Punch a perdu au vote. Je n'avais donc plus le choix. Je devais me préparer à entrer dans la Ligue nationale. Cela arrivait juste au bon moment. C'était mon plus cher désir.

Les glorieuses
années cinquante

Par définition, une autobiographie s'écrit à la première personne. Mais je n'ai jamais vécu, dans ma carrière, ni dans ma vie personnelle, en pensant à moi. Ce que j'ai accompli, les efforts que j'ai faits, les résultats obtenus, les récompenses méritées, tout a été d'abord et avant tout affaire de collaboration. S'il y a une chose que j'aimerais qu'on retienne, quand je ne serai plus là, c'est que j'ai toujours été un homme d'équipe. Pour moi, il n'y a pas de plus beau compliment.

Dieu m'a donné le talent, le goût de réussir et cette chance inouïe de devenir une grande vedette parmi d'autres joueurs extraordinaires. Nous avons établi ce record : gagner cinq coupes Stanley de suite. Il est fort peu probable qu'un pareil exploit soit un jour répété. D'abord, parce que la Ligue nationale comporte maintenant vingt-six équipes, et que le nouveau système de répartition des recrues favorise au repêchage celles qui sont plus faibles, afin qu'un certain équilibre soit maintenu. Il n'est donc plus possible de constituer, comme autrefois, des dynasties durables capables de remporter trois ou quatre coupes Stanley consécutives, encore moins cinq comme nous l'avons fait.

J'aimerais vous parler de ces champions qu'ont été les Canadiens au cours des années 50. J'aimerais vous faire comprendre pourquoi et comment ils se sont imposés avec tant de force et sont devenus une équipe mythique, même si le temps des grandes victoires semble à jamais révolu.

Voyons les chiffres d'abord, les faits bruts sur lesquels fut édifiée la légende des Canadiens.

En 1955-1956, nous avons reçu le trophée Prince de Galles pour avoir terminé la saison avec 100 points : 45 victoires, 15 défaites et 10 matchs nuls. Les Red Wings de Detroit suivaient loin derrière avec 76 points. Lors des éliminatoires, nous avons obtenu la coupe Stanley après avoir défait les Rangers, puis les Red Wings, 4 à 1 dans chaque cas.

Dès l'automne suivant, nous nous sommes engagés dans une course à trois avec Detroit et Boston. À la fin de la saison, les Wings avaient accumulé 88 points ; nous en avions 82, les Bruins, deux de moins. Nous avons éliminé les Red Wings puis les Bruins, comme l'année précédente, par la marque de 4 à 1, et reçu notre deuxième coupe.

Après les parties régulières de 1957-1958, notre fiche s'établissait ainsi : 96 points, 19 de plus que les Rangers, nos plus proches concurrents. En demi-finale, nous avons blanchi les Red Wings et, ensuite, battu Boston en six matchs. Voilà pour la troisième coupe.

En 1958-1959, on nous a remis de nouveau le trophée Prince de Galles, pour nos 21 points de plus que les Bruins. Puis nous avons dominé les éliminatoires, écrasant Chicago en six parties et Toronto en cinq. La coupe Stanley est donc restée à Montréal pour la quatrième année consécutive.

En 1959-1960, nous en étions à notre quatrième trophée Prince de Galles en cinq ans, avec 92 points, contre 79 pour Toronto. Pendant les éliminatoires, nous avons fait mieux que jamais : nous avons blanchi les Hawks et les Leafs en huit victoires d'affilée et conservé la coupe Stanley pour une cinquième année.

Mais assez de chiffres ! Laissez-moi vous raconter l'histoire de ces champions qui ont forgé la plus extraordinaire légende de l'histoire du hockey.

J'ai signé mon premier contrat avec les Canadiens de Montréal, le 3 octobre 1953. Le soir même, j'endossais le chandail bleu-blanc-rouge pour participer à un match contre l'équipe d'étoiles de la LNH. C'était une tradition à l'époque, entre 1947 et 1965 : le gagnant de la coupe Stanley rencontrait une équipe formée des meilleurs joueurs des cinq autres équipes. Je me suis donc retrouvé ce soir-là sur la même glace que Gordie Howe, Ted Lindsay, Red Kelly, Alex Delvecchio et Terry Sawchuk de Detroit, Fleming

Mackell et Bill Quackenbush de Boston, Bill Gadsby de Chicago, ainsi que plusieurs autres grands noms du hockey qui m'impressionnaient et m'intimidaient. Nous avions nos propres joueurs étoiles : Doug Harvey, Gerry McNeil, Maurice Richard et Bert Olmstead. Nous avons néanmoins perdu 3 à 1, mais ce fut pour moi une soirée exaltante et extraordinairement stimulante.

Le Forum était survolté. Les Canadiens défendaient leur titre de champions, et la foule avait hâte de savoir s'ils maintiendraient leur suprématie. On était également curieux de voir si la patiente culture qu'avait faite Frank Selke du sol riche et fertile que constituaient les ligues juniors et seniors du Québec allait enfin porter ses fruits.

Aucune autre équipe de la LNH ne possédait une telle réserve de jeunes vedettes. Boom Boom Geoffrion, Dickie Moore et moi avions été les leaders de trois excellentes équipes juniors, et nous avions très bien joué quand les Canadiens nous avaient rappelés pour disputer quelques matchs avec eux au cours de nos années de formation. Nous faisions ce soir-là notre entrée chez les professionnels, de même que Jacques Plante. Et les gens savaient que d'autres bons joueurs, Jean-Guy Talbot, par exemple, Don Marshall, Phil Goyette, André Pronovost, Henri Richard, Charlie Hodge, Ralph Backstrom et Claude Provost n'étaient pas loin derrière, prêts à s'embarquer eux aussi dans l'aventure. En plus, dans l'ouest du pays, quelques joueurs très talentueux, comme Bob Turner, Ab McDonald et Billy Hicke, attendaient leur tour.

Si Frank Selke pouvait ajouter chaque année une ou deux de ces jeunes recrues de talent à une équipe qui comptait déjà de grands joueurs comme Doug Harvey, le premier défenseur de la ligue, Maurice Richard, son meilleur compteur et le joueur le plus spectaculaire qui soit, en plus de vétérans comme Tom Johnson, Bert Olmstead, Dollard Saint-Laurent, Floyd Curry, Gerry McNeil et Ken Mosdell, les Canadiens allaient dominer la LNH pendant des générations. C'était inévitable. Le plan de Frank Selke était infaillible.

Il nous a cependant fallu deux ans avant de remporter une autre coupe Stanley. Il faut dire qu'à Detroit, Jack Adams avait formé, lui aussi, une très puissante dynastie qui allait dominer la fin des années 40 et le début des années 50. Les Red Wings ont terminé à la tête de la ligue sept années de suite et rapporté quatre coupes à Detroit. Mais il y eut autre chose, un des incidents les plus tristement célèbres de l'histoire de la LNH.

Lorsque je suis arrivé à Montréal, les Canadiens avaient beau être gérés par Frank Selke, ils étaient en réalité l'équipe de Maurice Richard. Le Rocket était le cœur et l'âme des Canadiens, une source d'inspiration pour nous tous, surtout pour les jeunes qui se bousculaient dans l'ombre pour accéder aux ligues majeures. C'était un personnage mythique, plus grand que nature.

Il n'était pas seulement le premier dans le cœur des Canadiens français, il était également le premier parmi ses collègues de la LNH : le premier à battre le record de pointage de Nels Stewart avec son 325e but, le premier à dépasser les 400 puis les 500 buts en carrière, le premier joueur à compter 50 et ensuite 75 buts dans les séries finales. Le Québec était alors en pleine mutation ; Richard, entré vivant dans la légende, était devenu un symbole, le héraut du peuple canadien-français.

Il y avait, chez Maurice Richard, une force et une intensité qu'il savait nous communiquer. Il rendait chacun de nous meilleur joueur, plus fort, plus efficace, plus déterminé. Chaque fibre de son être était révulsée à l'idée de perdre. Tout le monde le savait : ses coéquipiers, ses adversaires, les médias, le public en général. C'est lui qui nous a conduits à ces cinq grandes victoires consécutives.

Les journalistes américains avaient emprunté à leur hymne national pour parler de son regard de feu, *The Rocket's Red Glare* qui terrorisait les gardiens de but. Au nord du 45e parallèle, une autre métaphore venait naturellement sous la plume des chroniqueurs ; ils comparaient Maurice à une locomotive fonçant à toute allure vers le but et dont le regard cyclopéen tétanisait littéralement l'adversaire.

Mais la meilleure description de Maurice que j'ai lue venait d'un prix Nobel de littérature, l'Américain William Faulkner. Ce romancier du grand Sud, qui n'entendait pas grand-chose à notre sport national, mais connaissait le cœur des hommes, avait été engagé par *Sports Illustrated* pour écrire un article sur le hockey. Il avait assisté à une rencontre entre les Canadiens et les Rangers au Madison Square Garden et avait été littéralement emballé. Il écrivit par la suite que Maurice Richard avait ce «regard de serpent, brillant et froid, passionné, mortel et irrésistible.» La dernière chose que voyaient les gardiens, quelques centièmes de secondes avant que la rondelle ne pénètre dans leur filet, était ce regard hypnotisant.

Maurice Richard était le premier à admettre qu'il n'était pas le meilleur patineur du monde. Ni le meilleur lanceur, ni le meilleur manieur de bâton, ni le meilleur passeur de l'équipe, encore moins de la ligue entière. Mais il avait cette irrépressible volonté de gagner qui le propulsait littéralement depuis la ligne bleue jusqu'au fond du filet ennemi. Cette hallucinante puissance d'attaque était sa marque de commerce.

Chaque vedette a ses critiques et ses détracteurs, même Maurice Richard. On disait, entre autres choses, qu'il était un piètre contre-attaquant et qu'il se désintéressait parfois totalement du jeu défensif, ce qui affolait et enrageait ses entraîneurs. Ce sont des sottises, bien entendu.

Après ses montées effrénées, Maurice se retrouvait souvent étalé de tout son long au fin fond de la cage de l'adversaire ou dans un coin de la patinoire. Il ne pouvait pas revenir tout de suite au jeu, surtout si l'entraîneur de l'autre équipe faisait de rapides changements dans ses lignes offensives. Maurice avait toujours un ou deux hommes sur le dos. Il devait, avant toute chose, leur échapper, ce qui constituait déjà un remarquable exploit. Puis il devait s'emparer de la rondelle ou se placer de manière à pouvoir recevoir une passe. Il avait une extraordinaire faculté d'anticipation. On aurait dit qu'il savait, quelques secondes à l'avance, comment le jeu évoluerait. Et il y mettait toujours le meilleur de lui-même, toute sa science, toutes ses forces.

Le Rocket était une bête de hockey remarquablement bien entraînée. Ses charges étaient doublement dangereuses parce qu'il lançait de la main gauche et jouait à l'aile droite. Il pouvait donc lancer du poignet, droit devant lui, ce qui prenait presque toujours les défenseurs au dépourvu. Son lancer du revers était tout aussi raide et imprévisible. Combien de fois ai-je vu des gardiens de but chercher la rondelle devant eux, sur la patinoire, alors que Maurice l'avait déjà placée dans leur filet!

Il a été pour le peuple canadien-français beaucoup plus qu'un joueur de hockey. Il était le héros en qui chacun projetait ses espoirs. C'était, je l'ai dit, une époque de grands changements. Beaucoup de gens quittaient les campagnes pour s'établir dans les villes où ils espéraient, sinon faire fortune, du moins se trouver une confortable place au soleil. Maurice était devenu pour eux le symbole de la réussite, le signe en tout cas que tous les rêves étaient possibles.

Comme des milliers de jeunes, j'avais passé les samedis soirs de mon enfance rivé au poste de radio familial, à écouter *La Soirée du hockey.* J'étais dans le petit salon, chez mes parents, à Victoriaville mais, en même temps, j'étais au Forum de Montréal. Je suivais avec passion les prouesses épiques de mon héros. J'imaginais, je voyais tous ses gestes, toutes ses feintes. Le lendemain matin, après la grand-messe, j'essayais de faire la même chose que lui, sur la patinoire derrière la maison.

Plus tard, devenu son coéquipier, je continuais à éprouver pour lui une sorte d'admiration un peu craintive. Lorsque je m'arrêtais à penser que c'était Maurice Richard qui nous avait ouvert la voie, j'étais subjugué, submergé par le respect. Mais il était lui-même plutôt timide et modeste. Il était d'autant plus attachant qu'il ne parlait jamais de ses exploits.

En 1952, quand les Canadiens m'avaient rappelé pour jouer quelques matchs avec eux, j'avais compté trois buts contre les Rangers ; le Rocket m'avait aidé, chaque fois, en me faisant des passes parfaites qui m'avaient permis de déjouer facilement Chuck Rayner. Par la suite, la seule fois où nous avons joué ensemble, ce fut pour former cet écrasant jeu de puissance des Canadiens qui devait changer les règles du jeu. (De nos jours, dès qu'une équipe compte un but en supériorité numérique, le joueur pénalisé peut quitter le banc des punitions et rejoindre les rangs des siens. Cela n'a pas toujours été le cas ; autrefois, un joueur puni restait au banc durant toute la durée de sa punition, peu importe ce qui se passait pendant ce temps. La LNH a été obligée de changer ces règles, parce que les Canadiens comptaient souvent deux, trois, parfois même quatre buts pendant que l'autre équipe se trouvait en infériorité numérique.)

Dans toute l'histoire de la LNH, les joueurs ont dû compter au moins 100 000 buts. Mais pour moi, le plus spectaculaire de tous est celui qu'a marqué le Rocket au cours des éliminatoires de 1952.

Cette année-là, tout le monde s'attendait à ce que les Canadiens remportent assez facilement la demi-finale. Mais lorsqu'ils sont retournés à Boston le 6 avril, les Bruins menaient la série 3 à 2. Nous avons quand même gagné la sixième partie grâce à un but en prolongation de Paul Masnick, un joueur de la Saskatchewan que Selke avait découvert et formé. Deux jours plus tard, les deux équipes se trouvaient sur la glace du Forum pour le match décisif. Le drame s'est produit peu après le début de la première période, alors que le compte était 1 à 1. Le Rocket effectuait une de ses montées spectaculaires. Il venait de déjouer Hal Laycoe en fonçant à toute allure vers la zone ennemie, quand le défenseur des Bruins, Leo Labine, qui s'était tenu caché, presque accroupi, derrière son partenaire, s'est brusquement présenté devant lui, si bien que le Rocket ne l'a aperçu qu'à la dernière seconde. Il a tenté de l'enjamber, mais il était trop tard. Labine l'a frappé dans les tibias, Maurice a tournoyé dans les airs et est allé s'écraser la tête la première sur la glace où il est resté étendu de tout son long, inconscient.

On aurait pu entendre une mouche voler. Le Rocket gisait dans une mare de sang qu'on voyait s'étendre sur la glace; il avait une vilaine blessure juste au-dessus de l'œil gauche. Les soigneurs Bill Head et Hector Dubois lui ont fait respirer des sels. Quand Maurice, plus ou moins réanimé, a été escorté, chancelant, vers la clinique du Forum, personne parmi les quelque 15 000 partisans qui remplissaient le Forum ne pouvait raisonnablement croire qu'il reviendrait au jeu. Il est resté environ une heure à l'infirmerie, à demi conscient, demandant à quelques reprises au médecin de lui donner la marque.

Il restait environ cinq minutes avant la fin de la troisième période quand Maurice est revenu s'asseoir au banc des joueurs. Après avoir hésité un moment, l'entraîneur Dick Irvin l'a envoyé au jeu avec Bert Olmstead et Elmer Lach. Il restait alors moins de quatre minutes à la période. Pendant qu'on procédait à la mise au jeu, le Forum était étrangement calme, tous les regards rivés sur le numéro 9.

Dès qu'elle a touché la glace, la rondelle a roulé tout au fond de notre zone. Butch Bouchard l'a rattrapée derrière le filet et l'a rapidement passée au Rocket qui semblait rechargé à bloc. Si un film avait été fait sur ce qui a suivi, on aurait utilisé le ralenti afin que les spectateurs puissent saisir toute la beauté et la grandeur de la scène. Le Rocket est remonté à l'aile droite à toute vitesse et s'est dirigé vers le défenseur Bill Quackenbush qu'il a tenu à distance avec un bras. Puis il l'a contourné pour foncer vers le gardien des Bruins, Sugar Jim Henry. Une seconde plus tard, on voyait le filet s'agiter; le Rocket avait profité de la mince ouverture que lui avait laissée Henry. Le Forum a littéralement explosé.

À l'issue du match, un Maurice Richard tout étourdi et ensanglanté a serré la main du gardien des Bruins, qui avait lui-même récolté deux yeux au beurre noir lors d'une confrontation précédente.

Trois ans plus tard, Hal Laycoe a aussi été impliqué avec le Rocket dans un autre incident spectaculaire qui allait déclencher la fameuse émeute Richard de mars 1955. Laycoe, qui avait joué avec nous pendant quatre saisons entre 1947 et 1951, était loin d'être un salaud. Il avait même été le partenaire de tennis du Rocket pendant tout un été, et je crois que les deux hommes s'aimaient bien et se respectaient.

Mais s'il était une énorme vedette, Maurice Richard a dû tout au long de sa carrière se battre à bras raccourcis contre des joueurs lourds et bien bâtis. Ses batailles étaient presque aussi spectaculaires que ses buts. Il en a fait voir de toutes les couleurs à Ted Lindsay de Detroit, il a roué de coups le solide Fernie Flaman de Boston et mis knock-out Bob «Killer» Dill des Rangers au Madison Square Garden.

Gordie Howe et les autres grands hockeyeurs des années 50 ont tous eu à faire face aux mêmes réalités. Quand le «policier» de l'équipe adverse faisait son apparition sur la glace, chaque joueur devait être sur ses gardes, et surtout le joueur étoile. Heureusement, Maurice avait ses poings et le tempérament d'un ours qui vient de se réveiller.

Au cours de cette saison 1954-1955, plusieurs événements avaient, d'une certaine manière, préparé cette émeute. Pendant un match à Toronto, durant le temps des fêtes, Maurice s'était retrouvé engagé dans une bagarre assez féroce avec le défenseur des Leafs Bob Bailey. On les a séparés et envoyés à leur vestiaire respectif. Comme Maurice s'approchait de notre banc, Dick Irvin s'est penché sur la bande et a dit quelque chose au Rocket qui a fait volte-face et sauté de nouveau sur Bailey. Puis il s'en est pris au juge de ligne George Hayes qui avait fait mine de se mêler de la bagarre.

L'arbitre Red Storey n'a pas imposé de punition supplémentaire ni mentionné l'incident dans son compte rendu de la partie. Les journaux ont écrit par la suite que Maurice était furieux parce qu'il croyait que Bailey avait essayé de lui arracher les yeux. Les Leafs, quant à eux, ont envoyé à Clarence Campbell, le président de la ligue, le film de la bagarre et de l'intervention de Dick Irvin, ce qui méritait, selon eux, une suspension ou, à tout le moins, une très sévère réprimande.

Personne ne fut suspendu, mais Maurice Richard et Frank Selke ont été vertement semoncés par la direction de la LNH. Afin de refréner la violence au jeu qui ne cessait d'augmenter, la ligue a décidé de sévir. Ainsi, plus tard dans la saison, quand Ted Lindsay a attaqué un partisan à Toronto, il fut suspendu pendant dix jours. C'était un avertissement sans équivoque : toute altercation impliquant un officiel ou un spectateur serait dorénavant sévèrement punie.

Le dimanche 13 mars, nous jouions à Boston. Les Bruins menaient la partie 4 à 2. Nous étions alors en pleine course avec Detroit pour le trophée Prince de Galles, et une défaite face aux Bruins qui se trouvaient en quatrième position était extrêmement frustrante. Vers la fin du match, j'ai fait la mise au jeu, flanqué de Bert Olmstead et de Maurice Richard. Ce dernier s'est approché de Hal Laycoe à la ligne bleue, et Laycoe, en levant son bâton, l'a coupé à la tête. Je me trouvais alors à quelques pas de là. J'ai vu Maurice enlever son gant. Il a passé sa main sur sa blessure ; elle s'est couverte de sang.

Il a immédiatement sauté sur Laycoe, et nous avons tous enlevé nos gants pour lui venir en aide. J'ai plaqué Fleming Mackell contre la baie vitrée tout en essayant de suivre la mêlée du coin de l'œil. Apparemment, quand le Rocket s'est jeté sur Laycoe, l'arbitre Frank Udvari et le juge de ligne Cliff Thompson se sont interposés. Une autre version de l'histoire veut que Doug Harvey soit venu à la rescousse de Maurice que le juge de ligne tentait d'immobiliser. D'une manière ou d'une autre, Maurice a réussi à se dégager et a frappé Laycoe. Thompson est intervenu une seconde fois. Maurice a déclaré par la suite que pendant qu'il était retenu par le juge de ligne, Laycoe n'arrêtait pas de le frapper. Après avoir demandé à Thompson à trois reprises de le laisser se défendre, Richard s'est retourné vers lui et l'a frappé, ce qui lui a valu une pénalité de match de la part de l'arbitre Udvari. Plus tard, les journaux ont cité Dick Irvin selon qui Maurice était tellement fâché qu'il était dans une sorte de transe : « Je ne sais même pas s'il se rendait compte qu'il avait affaire à un juge de ligne », aurait-il dit. D'après un autre compte rendu des faits, Irvin aurait lui-même tendu un bâton à Maurice pour qu'il puisse frapper Laycoe une seconde fois.

Cet événement ne pouvait passer inaperçu. Tous, même ses proches et le grand public, étaient prêts à accepter que le Rocket soit suspendu pour les trois parties qui restaient dans la saison régulière. C'était une punition sévère, mais juste. Richard perdait du même coup tout espoir de remporter le championnat des pointeurs. Personne, néanmoins, ne s'attendait à ce que le Rocket accepte la sentence sans rechigner. Mais quand on annonça que Campbell suspendait Richard pour le reste de l'année, éliminatoires comprises, ce fut la stupeur. La faute était grave, certes, mais la peine imposée semblait à tous beaucoup trop sévère, tant pour Maurice Richard que pour les Canadiens.

J'étais persuadé que Campbell n'avait pas pris cette décision tout seul, et que les dirigeants des cinq autres équipes s'étaient alliés contre les Canadiens. Frank Selke a manifesté bien haut sa rancœur envers ses collègues : «Tous ces gentlemen demandent que quelque chose soit fait pour punir et écarter Maurice Richard, un joueur dont la plus grande faute a été de battre leurs équipes et de remplir leurs stades.»

Les francophones de Montréal étaient profondément choqués par la suspension du Rocket. Beaucoup considéraient que ce n'était qu'une autre façon d'humilier les Canadiens français. Les dirigeants de la LNH reçurent des menaces de mort et des menaces d'attentat à la bombe. Camilien Houde, le maire de Montréal, conseilla à Campbell d'annuler le match du samedi suivant contre les Red Wings de Detroit. Campbell, qui avait été procureur au procès de Nuremberg, était un homme de grand sang-froid. Il déclara publiquement qu'il refusait de céder aux menaces, et promit qu'il serait au Forum à sa place habituelle.

Malgré notre défaite face aux Bruins de Boston et la suspension du Rocket, nous étions toujours dans la course pour le championnat de la ligue. Il nous suffisait de battre les Wings, ce soir-là, pour décrocher le trophée Prince de Galles. Mais la suspension de Richard nous avait déboussolés et considérablement affaiblis. Les Wings en ont profité, prenant dès la première période une confortable avance de 4 à 1. C'est alors qu'un jeune fanatique s'est approché de Campbell et a tenté de le frapper au visage. Puis, de toutes parts, on s'est mis à lui lancer des tomates, des œufs, et des bombes fumigènes. Il y avait plus d'action dans les gradins que sur la glace.

Pendant la pause qui a suivi cette première période, la clameur ne cessait d'augmenter. Quand Selke est entré dans le vestiaire, le vacarme était devenu assourdissant : «Habillez-vous, les gars, nous dit-il. Le commissaire aux incendies a donné l'ordre d'évacuer le Forum.»

Après nous être douchés et habillés, nous sommes sortis du Forum pour découvrir que le centre-ville de Montréal était devenu un véritable champ de bataille.

Tout au long des années que j'ai passées au sein de la LNH, j'ai appris à apprécier Clarence Campbell, un homme de devoir qui a toujours eu les intérêts de la ligue à cœur. Mais je ne pouvais pas, à ce moment-là, être d'accord avec la suspension qu'il avait imposée au Rocket, surtout parce que sa décision me semblait avoir été prise d'un commun accord avec les dirigeants des autres équipes qui avaient tout intérêt à affaiblir les Canadiens. Comme presque tout le monde, je voyais dans le geste de Campbell une sorte de conspiration. Je ne croyais pas non plus qu'il avait agi sagement en se présentant au Forum ce soir-là. C'était, me semblait-il, de la provocation pure et simple. Mais à bien y penser, je me demande aujourd'hui s'il aurait pu agir autrement. En tant que président de la ligue, il ne pouvait pas se cacher ou donner l'impression d'avoir peur, d'autant plus que les quartiers généraux de la LNH se trouvaient à deux pas du Forum. De toute façon, son absence n'aurait probablement pas changé grand-chose.

Campbell avait profondément blessé Maurice Richard, qu'il privait du titre de meilleur pointeur de la ligue. Mais toute l'équipe était également punie; la première place, qui nous semblait assurée, allait nous être ravie au dernier moment. Privés de notre meilleur joueur, de notre plus grande source d'inspiration, nous avons perdu la série aux mains des Red Wings. Si Maurice avait été avec nous, nous les aurions probablement battus. Dans les éliminatoires, le Rocket jouait avec une intensité et une détermination à toute épreuve, et il comptait toujours des buts importants.

Au moment où cette suspension fut imposée à Maurice, nous nous trouvions, Boom Boom et moi, juste derrière lui sur la liste des pointeurs. La perspective de le dépasser alors qu'il ne pouvait pas jouer ne plaisait ni à l'un ni à l'autre. C'était pour nous un cruel dilemme. Nous ne voulions pas supplanter Maurice, mais en même temps notre équipe devait finir devant les Red Wings pour avoir l'avantage de la glace au début des séries finales. Malgré son tempérament rieur et ses pitreries, Boom Boom était un homme très sensible, très soucieux de son image et de l'opinion que le public pouvait avoir de lui.

«Si on termine la saison devant le Rocket, me dit-il avant ce fameux match contre les Wings, on va passer pour des traîtres.»

Doug Harvey, qui était assis près de nous, est intervenu :

«Il faut qu'on soit les premiers, les gars. Pas question de lancer à côté du filet.» Il avait dit cela sur le ton d'un général déterminé à étriper ses soldats s'ils ne faisaient pas leur possible.

J'étais d'accord avec lui. «Écoute, Boom Boom, lui ai-je dit, si l'occasion se présente, il faut que tu comptes. Les partisans vont comprendre.»

J'avais tort, et Boom Boom avait raison. Nous avons perdu le dernier match de la saison et nous avons glissé au deuxième rang, deux points derrière les Wings. Geoffrion a quand même terminé la saison avec un point de plus que le Rocket (et deux de plus que moi), et les supporteurs lui ont vivement manifesté leur mécontentement lors de notre première partie de demi-finales contre Boston. Ce soir-là, Maurice assista au match depuis les gradins. Il fut présenté à la foule du Forum qui lui fit une longue et délirante ovation. Quelques minutes plus tard, on remit au Boomer le trophée Art Ross, décerné au meilleur compteur de la ligue. Quand il se rendit sur la patinoire pour recevoir son trophée, les partisans le huèrent et lancèrent des saletés sur la glace pendant plusieurs minutes. Boom Boom n'a pas oublié cette humiliation de sitôt. Il avait le cœur brisé. Nous avions beau lui expliquer que la réaction de la foule n'était pas réfléchie, que Maurice n'y était pour rien, et que personne au fond ne lui en voulait, il restait inconsolable. Il a quand même joué un bon match et a été notre meilleur compteur des séries, avec 8 buts et 5 passes en 12 rencontres. Nous avons finalement été battus en sept parties par les Red Wings qui ont ramené chez eux une bien peu glorieuse coupe Stanley.

Alors que j'en étais à ma première saison avec les As de Québec, Elmer Lach avait commencé à dire qu'il serait temps pour lui d'accrocher ses patins lorsque je jouerais avec les Canadiens. C'était plutôt étonnant, surtout de la part d'un joueur qui, même à la fin de sa carrière, a toujours été très productif et plein d'énergie. Pendant quatre saisons, il avait fait équipe avec Toe Blake et le Rocket. On les appelait *The Punch Line*. C'était le meilleur trio de la ligue, le plus spectaculaire, le plus fort. Après que Toe s'est fracturé une jambe et a pris sa retraite, Elmer a poursuivi avec le Rocket et différents ailiers gauches dont Bert Olmstead, un joueur qui, comme Toe, travaillait fort bien dans les coins.

Quand je suis arrivé chez les Canadiens en 1953, Elmer y était toujours. C'était un joueur utile, tant sur la glace qu'au vestiaire. Dick Irvin lui proposa d'être mon tuteur pendant ma première saison à Montréal. J'ai toujours aimé apprendre de cette façon. Déjà, alors que je jouais pour les Citadelles, Punch Imlach m'avait fait travailler avec mes futurs coéquipiers des As; j'avais ainsi considérablement amélioré ma vitesse en étant forcé de me mesurer à des joueurs plus âgés et plus expérimentés que moi. Avec Elmer, j'ai appris à maîtriser diverses techniques, particulièrement en ce qui concerne la mise au jeu. Elmer m'a expliqué qu'il valait mieux être déjà en mouvement au moment où la rondelle était jetée. On gagnait ainsi une fraction de seconde sur l'adversaire et, du même coup, on remportait bien des mises au jeu, facteur déterminant dans une victoire.

Elmer était aussi l'un des passeurs les plus habiles que j'ai rencontrés. Il avait une façon extraordinaire d'envoyer des passes rapides et souples, où la rondelle collait parfaitement à la palette de votre bâton. C'était aussi un patineur très régulier qui possédait cette rare qualité d'être imprévisible. Si ses lancers n'étaient pas très puissants, ils étaient toujours dangereux, parce que d'une extraordinaire précision. Il lui arrivait de se dissimuler derrière un défenseur adverse, surtout à cinq ou six mètres du filet. Si Maurice ou Toe, ses ailiers, étaient neutralisés par les joueurs ennemis, Elmer surgissait de sa cachette et prenait le gardien de but par surprise. Si ce dernier se mettait de côté pour tenter de le repérer, Elmer faisait vite une passe parfaite à l'un de ses ailiers. Je savais qu'une longue carrière dans la LNH m'attendait si j'arrivais à faire des relais ayant la moitié de la précision de ceux d'Elmer Lach.

Bert Olmstead, un autre vétéran, m'a aussi permis d'améliorer mon jeu pendant mes premières années à Montréal. Bert était un bon ailier gauche, un vrai dur aussi, qui pouvait assommer un adversaire, et quelques secondes plus tard, sur le banc des joueurs, engueuler un de ses coéquipiers parce qu'il avait mal défendu sa position lors du dernier jeu. Les meilleures années que Boom Boom et moi ayons jamais connues, c'est-à-dire 1955 et 1956, alors que nous avons l'un à la suite de l'autre remporté le championnat des pointeurs, ont été celles où Bert formait un trio avec nous. Il ne nous laissait jamais une minute de répit, toujours à nous pousser dans le dos... «Encore plus haut, les gars, plus fort, plus loin.»

Les défenseurs des équipes adverses qui avaient pour mission de nous barrer la route devaient travailler fort. S'ils jouaient à droite,

Dickie Moore et Bert Olmstead leur tombaient dessus. À gauche, ils devaient affronter les charges de Boom Boom et du Rocket.

Souvent, Bert se retrouvait dans un des coins de la patinoire avec deux ou trois adversaires sur le dos, pendant que j'attendais, planté devant le filet. J'avais parfois le réflexe d'aller lui porter secours, mais il m'apercevait toujours du coin de l'œil et se mettait à me crier : «Je ne veux pas te voir ici, compris? Reste à ta place!» Les trois quarts du temps, il parvenait à sortir de la mêlée avec la rondelle et Boom Boom ou moi recevions sa passe. Il avait attiré tous nos adversaires sur lui, nous n'avions plus qu'à déjouer le gardien.

L'année de mon arrivée chez les Canadiens, un des grands défenseurs de l'histoire du hockey, notre capitaine Émile «Butch» Bouchard, achevait sa carrière. Je n'ai joué que deux ans avec lui. La dernière année, il ne jouait plus beaucoup mais était encore très respecté dans toute la ligue pour sa force exceptionnelle. Un soir, une bataille a éclaté à Detroit; Butch n'a fait ni une ni deux, il s'est dirigé directement vers le banc des Red Wings, a ouvert le portillon et a tiré l'un des joueurs sur la patinoire pour lui administrer une bonne raclée. Il y avait plusieurs mastodontes parmi les Wings, mais aucun d'entre eux n'a osé intervenir, tant ils craignaient les colères de Butch. Le seul autre défenseur de l'époque qui pouvait se mesurer à lui sans trop de mal était le regretté Tim Horton.

Butch habitait à Longueuil, non loin de chez moi et, pendant sa dernière saison, nous voyagions souvent ensemble. Comme la plupart des hommes forts et imposants, il était timide et ne racontait jamais à personne ses prouesses. Il croyait qu'un mot gentil, ou un sourire, était beaucoup plus efficace que la force brute.

J'ai joué avec plusieurs frères au cours de ma carrière : les Richard, les Mahovlich, les Rousseau et les Plante. Dans le cas des Bouchard, j'aurai joué avec le père et le fils. Pierre Bouchard, ou Butch junior pour les intimes, a été mon coéquipier pendant plusieurs années. Il avait la force et le rire facile et communicatif de son père. Contrairement à la plupart des joueurs qui avaient des enfants, Butch senior n'amenait pas souvent Pierre au Forum. C'est à la maison, j'imagine, qu'il lui a enseigné les rudiments et les raffinements du hockey.

Butch senior était un grand capitaine, et il a toujours tout fait en son pouvoir pour que l'opinion de chaque membre de l'équipe soit entendue. Lorsque je suis devenu capitaine à mon tour, dans les années 60, c'est lui qui a été mon modèle.

Mais le vétéran le plus influent des Canadiens, à l'époque où je suis arrivé, était incontestablement Doug Harvey, un comité d'accueil en une personne. Si un nouveau venu avait besoin de quoi que ce soit, il n'avait qu'à aller voir Doug, qui trouvait toujours du temps pour aider, conseiller, encourager. C'était un homme d'équipe, sur la glace, au vestiaire, sur la route, partout et tout le temps. C'était aussi le meilleur défenseur que la LNH ait jamais connu. Bien sûr, il y a eu Bobby Orr, l'homme qui a changé le hockey à lui seul. Pour ce qui est de l'offensive, il était incontestablement supérieur à Doug. Orr était tellement rapide qu'il pouvait tenter une incursion jusqu'au fond de la zone adverse et, si sa sortie avait échoué, se replier sur la défensive à sa ligne bleue, avant que l'équipe adverse ne se soit ressaisie. Il ne pouvait cependant pas contrôler le jeu avec autant de maîtrise que Doug. Tout le monde est d'accord sur ce point : les coéquipiers de Doug, ses adversaires, ou quiconque a eu la chance d'admirer son habileté sur la glace.

À la défensive, Harvey était nettement supérieur à Orr. En fait, il a probablement été l'athlète le plus complet qui ait jamais évolué dans la Ligue nationale de hockey. Avant qu'il ne soit repêché par les Canadiens, les dépisteurs et les organisateurs des équipes de baseball, de football et de hockey se l'étaient disputé pendant des années. On trouve encore des gens dans Snowdon et Notre-Dame-de-Grâce qui considèrent qu'il a manqué sa vocation, qu'il aurait excellé plus encore comme voltigeur au baseball ou quart arrière au football que comme défenseur au hockey. Dans les années 40, repêché par l'équipe de baseball AA d'Ottawa, il avait terminé la saison en tête des frappeurs. Quelques années plus tard, il avait joué à Montréal dans le Quebec Rugby Football Union, qui faisait alors partie de la Ligue canadienne de football. Lors d'un match disputé contre un club de Toronto, il avait joué pendant soixante minutes sans interruption, tant à l'offensive qu'à la défensive.

Rarement ai-je vu quelqu'un d'aussi fort et vaillant. Lorsque nous avions des blessés et qu'il nous était impossible de les remplacer, à Boston ou à Detroit, par exemple, Doug passait toute la soirée sur la patinoire. Quand il avait besoin de récupérer ou qu'il trouvait que le jeu devenait un peu trop rapide à son goût, il le ralentissait, tout simplement.

Qu'un seul joueur puisse décider du rythme d'un match peut paraître impensable, mais Doug y parvenait. Il pouvait rester en possession de la rondelle pendant de longs moments. Les joueurs d'avant de l'équipe adverse hésitaient à foncer sur lui car ils savaient qu'il pouvait soit utiliser la force, soit les humilier en s'esquivant rapidement. Dès qu'il sentait que l'attention de ses adversaires se relâchait, Doug faisait une longue passe à un coéquipier qui avait pu semer ses opposants et pouvait monter seul devant le filet ennemi. Même à la fin de sa carrière, avec quinze kilos en trop, quand il a joué avec les Blues de Saint Louis en 1968, il parvenait encore, quoique plus difficilement et moins longtemps, à contrôler le jeu.

Les gens se demandent souvent comment les joueurs de mon époque se comporteraient s'ils se retrouvaient aujourd'hui dans la Ligue nationale. Doug Harvey, j'en suis persuadé, se débrouillerait très bien, probablement mieux que certains ailiers d'aujourd'hui qui ont la mauvaise habitude de rester près de leur ligne bleue à attendre qu'un défenseur leur passe la rondelle. Doug n'attendait pas qu'on lui prépare le terrain, il écrivait et réalisait les scénarios des grands matchs.

Il disait toujours aux joueurs d'avant : «Je vous passerai la rondelle si vous êtes en mouvement, pas si je vous vois plantés le long de la bande, comme des petits vieux qui prennent le soleil. La rondelle, il faut aller la chercher.»

Alors nous patinions, et Doug nous faisait des passes intelligentes, raides, précises. Entre 1955 et 1962, il a eu sept fois le trophée Norris décerné au meilleur défenseur de la ligue (en 1959, le Norris est allé à son coéquipier Tom Johnson). Seul Bobby Orr, avec ses huit trophées, a battu l'impressionnant record de Doug.

En mars 1960, nous sommes partis à la conquête de notre cinquième coupe Stanley d'affilée. Nous avons commencé cette série par une victoire de 4 à 3, arrachée de peine et de misère aux Black Hawks de Chicago, étonnamment coriaces, même sans Stan Mikita et Bobby Hull, tous deux blessés. Deux soirs plus tard, nous menions 3 à 2, quand Bill Hay est parvenu à enlever la rondelle à Doug, qui cherchait à gagner du temps à la ligne bleue, et est allé déjouer notre gardien une minute avant la fin de la troisième période. C'est avec des têtes d'enterrement que nous sommes retournés au vestiaire pour attendre la prolongation.

«Je vous en dois une, les gars!» nous a simplement dit Doug, mine de rien. Environ huit minutes après le début de la quatrième période, sur la glace du Forum, il a tenu sa promesse. Il est resté tout aussi vigilant pendant les parties suivantes. Les Hawks n'ont pas compté un seul autre but au cours de ces séries. Nous avons en effet remporté les deux derniers matchs 4 à 0, puis 2 à 0. C'est à Jacques Plante surtout que nous devions ces deux blanchissages consécutifs, mais Jacques disait que Doug lui avait considérablement facilité la tâche et, surtout, qu'il l'avait inspiré par sa farouche détermination.

Pendant cette série contre Chicago, Doug semblait avoir perdu cet éclatant sourire qu'il arborait depuis toujours. C'était un grand comique. Il semblait toujours insouciant. Avant un match important, sa seule préoccupation était d'alléger l'atmosphère et de nous détendre un peu. Il n'y a rien de pire que le trac pour déconcentrer un joueur et briser l'esprit d'équipe. Quand le match ne représentait pas un enjeu important, Doug pouvait nous faire rire pendant les trois périodes. Une fois, à Sudbury, pendant une partie hors concours contre les Wolves de la Ligue de hockey senior de l'Ontario, il nous a fait un inoubliable numéro de clown. Sudbury était le lieu de naissance de Toe qui voulait, bien sûr, que son passage dans sa ville natale soit remarqué. Grâce à Doug, il l'a été. Nous menions 5 à 0 en troisième période et, repliés sur la défensive, nous nous contentions d'empêcher les Wolves de compter. Ils l'ont quand même fait, à notre grand étonnement et, je pense bien, au leur également.

Il se produisait toujours quelque chose de spécial dans ce genre d'événements, quand l'équipe locale avait compté. À Sudbury, l'effigie d'un loup accrochée à un fil de fer monté sur une poulie bondissait de derrière un rideau et traversait l'amphithéâtre d'un bout à l'autre, pendant qu'un effroyable hurlement sortait des haut-parleurs. C'était vraiment spectaculaire. La foule, déjà électrisée par le but que venait de compter son équipe, se mettait aussi à hurler en chœur. On aurait cru pendant un moment qu'une vraie meute de loups se trouvait dans l'aréna.

Doug était tellement impressionné par ce spectacle que, quelques minutes plus tard, il a plus ou moins délibérément envoyé la rondelle dans notre filet, sous le regard ébahi de Jacques Plante... juste pour revoir le loup de Sudbury et entendre ces extraordinaires hurlements...

Quand il est revenu au banc, Toe Blake l'attendait, hors de lui, rouge comme une tomate, une veine palpitant à sa tempe.

«Es-tu tombé sur la tête, Doug? Qu'est-ce qui t'a pris, veux-tu me dire?»

Doug répondit, avec son plus beau sourire :

«Excuse-moi, Toe, mais avoue que pour revoir ce loup-là, ça valait la peine.»

On a écrit et parlé abondamment, beaucoup trop, il me semble, du problème d'alcool de Doug, ce qui l'a sans doute diminué aux yeux de plusieurs. Il buvait, c'est indéniable, et il adorait fêter. Je peux dire que son comportement ne nous a pourtant jamais nui en aucune façon et qu'il est resté, jusqu'à la fin, un homme attentif aux autres, ne ménageant jamais ses efforts, soucieux du bien-être de l'équipe plus que du sien. Il avait passé sa jeunesse dans un milieu où on travaillait fort et où on buvait ferme. Il était resté profondément attaché à ce petit monde de cols bleus, et aussi à la taverne Snowdon.

On m'a souvent demandé ce que j'aurais pu faire pour l'aider et si nous, ses compagnons, comprenions ce qu'il vivait, les dangers auxquels il s'exposait. En fait, je crois il n'y avait pas grand-chose à faire. Ce n'était pas à nous de lui dicter sa conduite. Doug était l'un des leaders de l'équipe, il était plus âgé, plus expérimenté que la majorité d'entre nous. De plus, le fait qu'il boive ne nuisait pas à son jeu. Il ne s'est jamais présenté le moindrement éméché à un match.

C'est vrai qu'il arrosait parfois nos victoires un peu trop fort, ou qu'il noyait sa peine quand nous avions perdu. Mais il n'était pas le seul à le faire. Tout comme les joueurs d'aujourd'hui, nous allions toujours prendre une bière après le match. Un hockeyeur qui se démène le moindrement pendant une partie peut facilement perdre deux ou même trois kilos. Il faut boire beaucoup pour récupérer tout ce liquide perdu en sueur. À 23 heures, un joueur n'a jamais faim, il a soif. Et qu'est-ce qui est ouvert à 23 heures?

Doug appréciait beaucoup la vie d'équipe, et il n'aurait jamais fait de mal à qui que ce soit. Sauf à lui-même, peut-être. Il était toujours prêt à aider. Un jour, longtemps après qu'il eut accroché ses patins, il m'a téléphoné au Forum. Il était dans un camp de vacances financé par un organisme de charité, quelque part dans les Cantons-de-l'Est. Il construisait bénévolement une chambre froide.

«On manque de bois, me dit-il. Crois-tu que ta fondation pourrait nous aider?

— Bien sûr, ai-je répondu. Combien te faut-il?

— Je pense que 500 $ suffiraient.

— D'accord, dis à tes amis de m'envoyer la facture. Mais toi, Doug, qu'est-ce que tu fais là ? Et puis, d'abord, depuis combien de temps es-tu là ?

— À peu près une semaine. Tu devrais voir ça, Jean, c'est magnifique ici. On est en train de construire cette chambre froide en prenant une bière et en s'amusant. »

J'ai toujours eu l'impression que, quelque part, Doug était resté un petit garçon. La vie est là pour qu'on l'apprécie. Et la vie est courte, alors il faut profiter au maximum de chaque instant. Telle était, je crois, sa philosophie. Doug fut un être de générosité, de grande gentillesse.

Après notre défaite aux mains des Black Hawks au printemps de 1961, Frank Selke a échangé Doug Harvey et Albert Langlois aux Rangers de New York pour Lou Fontinato, une véritable armoire à glace. À New York, Doug était à la fois joueur et entraîneur. Il avait vraiment l'œil pour tout ce qui concernait le hockey. Il savait reconnaître le talent, mais il ne pouvait pas supporter cette espèce de solitude à laquelle le confinaient ses nouvelles fonctions, cette barrière invisible qui le séparait désormais de ses coéquipiers. Il a abandonné au bout d'une saison. De plus, ses méthodes n'étaient pas très catholiques. Il en a choqué plus d'un en faisant sa première réunion d'équipe dans un bar. Il a quitté New York en 1964, il a erré dans les ligues mineures pendant un certain temps, comme joueur, entraîneur ou dépisteur, pour finir avec les As de Québec, sous la direction de son ancien coéquipier, Boom Boom Geoffrion.

Un beau matin, alors que les As partaient en tournée, pour ne pas avoir à se rendre en ville, Doug a décidé d'attendre l'autobus sur l'autoroute, près de chez lui, au lac Beauport. Il faisait un froid de loup. Quand l'autobus est arrivé, Doug était en train de se chauffer les mains au-dessus d'un feu qu'il avait allumé dans un vieux baril d'huile, bel exemple d'autosuffisance pour le reste de l'équipe.

Quand Doug est parti pour New York, les gens ont dit que Selke l'avait écarté parce qu'il était très actif au sein du syndicat des joueurs. Selke avait apparemment déjà échangé Dollard Saint-Laurent et quelques autres joueurs aux Black Hawks pour cette raison. Peut-être ces accusations étaient-elles fondées ; il me semble pourtant que cela ne ressemblait pas beaucoup à Frank Selke. Dollard et les autres furent échangés en 1958 et 1959, et Doug est resté avec nous pendant les trois saisons suivantes. J'ai toujours cru qu'en envoyant Doug à New York, Selke lui donnait plutôt la chance de reprendre en main sa carrière. Si Doug était resté entraîneur, je crois qu'il serait allé loin, à condition bien sûr qu'il ait pu maîtriser un peu mieux ses penchants. N'oublions pas qu'il allait avoir trente-sept ans au moment où il fut cédé aux Rangers; sa carrière en tant que joueur tirait donc à sa fin, d'une manière ou d'une autre.

J'ai déjà dit que, de tous les joueurs de cette grande équipe des Canadiens des années 50 (dont treize ont leur nom au Temple de la Renommée), le plus féroce et le plus acharné était Richard Winston Moore. Quand je suis arrivé à Montréal pour jouer avec les Canadiens, je connaissais déjà Dickie intimement; nous nous étions abondamment battus chez les juniors. Nous nous haïssions alors passionnément et nous nous en donnions des preuves tangibles, soir après soir. Je crois que Dickie n'aurait pas supporté qu'il en soit autrement. Ceux qui n'étaient pas avec lui étaient contre lui, et en danger. Il les attendait, les cherchait, les affrontait avec rage, surtout s'il s'agissait de joueurs-vedettes.

Dickie Moore a tout fait pour joindre l'alignement des Canadiens, tout de suite après ses années juniors, en 1951. Mais on le consirérait encore trop jeune, trop inexpérimenté, et il s'est retrouvé avec les Royaux de la Ligue de hockey senior du Québec. J'étais moi aussi dans la LHSQ, avec les As de Québec. Dickie a donc pu me rendre, encore une fois, la vie insupportable.

Heureusement pour moi, il n'est pas resté longtemps chez les seniors. En décembre, quand Maurice Richard a été pris de maux de ventre persistants, les Canadiens ont appelé Dickie à la rescousse. Entre le 15 décembre et la fin de la saison, en trente-trois parties, il a marqué dix-huit buts et récolté quinze assistances. Il semblait bien que sa carrière allait décoller pour de bon.

Il fut cependant blessé tout au début de la saison suivante; comme l'avait été le Rocket à ses débuts dans la LNH, et comme j'allais l'être, à mon tour, à ma première saison. On aurait dit qu'il fallait payer un prix d'entrée dans la légende des Canadiens. Dickie fut à ce chapitre particulièrement éprouvé. Il ne participa qu'à trente et une parties au cours des deux saisons suivantes. À sa troisième saison (ma première), nous avons eu l'occasion de mieux nous connaître et dans des circonstances infiniment meilleures que chez les juniors. Mais Dickie n'a pas eu de chance, cette année-là. À cause d'une vilaine blessure au genou, il n'a participé qu'à treize matchs de la saison régulière. Il a pu cependant se joindre à nous pour les séries éliminatoires et a récolté treize points en onze matchs. Nous nous sommes souvent retrouvés au vestiaire tous les deux, en train de panser nos blessures. J'ai moi-même manqué vingt-six matchs pour diverses raisons, dont une assez vilaine fêlure à une cheville.

Vous voulez savoir si Dickie était un vrai dur?

Ses genoux étaient plus amochés, je crois, que ceux de Bobby Orr. Vers la fin de sa carrière, on pouvait le reconnaître sans même le voir, rien qu'au cliquetis que faisaient les os de ses chevilles, de ses genoux et de ses hanches, quand il marchait.

En 1957-1958, bien qu'il ait joué une bonne partie de la saison avec un poignet fracturé, il a remporté le championnat des compteurs de la ligue. Quand il a su qu'il avait cette cassure qui risquait de le désavantager, il nous a réunis pour nous demander si nous voulions continuer à jouer avec lui. Il craignait de nuire aux efforts que faisait Henri Richard, le «Pocket Rocket», pour décrocher le championnat des compteurs. Les médecins lui ont mis un plâtre spécial et Toe Blake l'a placé à l'aile droite de notre jeu de puissance où il se trouvait plus ou moins protégé. Dickie termina cette saison avec trente-six buts et quarante-huit passes, quatre points devant Henri Richard. L'année suivante, il conserva le trophée Art Ross, avec quarante et un buts et cinquante-cinq passes pour un total de quatre-vingt-seize points, un record de ligue qui dura six saisons, jusqu'à ce que Bobby Hull amasse quatre-vingt-dix-sept points en 1965-1966.

Douze joueurs des Canadiens de 1950 ont fait partie de l'équipe qui a remporté les cinq coupes Stanley consécutives : Maurice et Henri Richard, Boom Boom Geoffrion, Dickie Moore, Jacques Plante, Tom Johnson, Don Marshall, Claude Provost, Bob Turner, Doug Harvey, Jean-Guy Talbot et moi-même. Une partie de ce chapitre de l'histoire des Canadiens pourrait fort bien s'intituler : «La vie avec Boom Boom.» Comme Maurice Richard, il était de ces joueurs qui refusent absolument de perdre. Nous étions tous des compétiteurs enragés, mais le Boomer était une véritable tornade.

En 1959, nous nous étions rendus à Chicago pour les élimi-natoires. Un matin, en feuilletant l'horaire de la télévision au petit déjeuner, Boom Boom remarqua qu'un film au titre prometteur, *Job in Chicago*, serait diffusé le soir même. «À Chicago, ça ne peut pas faire autrement que d'être une histoire de bandits, nous dit-il. Probablement l'histoire d'Al Capone, avec beaucoup d'action, des fusillades. Je veux voir ça. Ça commence à 22 h 30. Si vous êtes d'accord, les gars, on va se dépêcher. On va écraser les Hawks en vitesse. Il faut que le match de ce soir finisse tôt, pour que nous puissions regarder ce film-là!»

Pendant toute la journée, il n'a pas cessé de me parler de *Job in Chicago*, pour être sûr que je ne l'oublierais pas et que je travaillerais avec lui pour qu'on soit de retour à nos chambres le plus tôt possible.

Un peu avant 22 h 30, nous étions installés devant le téléviseur, tout heureux de voir ce film dont le Boomer nous avait tant parlé. Or nous allions découvrir que *Job in Chicago* était en réalité *Jobs in Chicago*. Il s'agissait d'une émission d'information, une sorte de catalogue des emplois disponibles dans la région.

«Job soixante-six. Telle compagnie à Oak Grove a besoin d'un plombier. Appelez tel numéro, mentionnez le job soixante-six.» Et ainsi de suite. Une foule d'emplois dans toutes sortes d'industries, la construction surtout, un véritable bureau de placement. La seule chose qui pouvait rappeler un film de gangsters était la voix saccadée, comme une mitraillette, de l'annonceur.

Le Boomer était bleu. Il a blasphémé, en bon Québécois, pendant une demi-heure. Puis il s'est mis à rire avec nous, content au fond d'avoir fait notre joie.

Vers le milieu des années 50, Kenny Reardon, un ancien défenseur des Canadiens, membre du Temple de la Renommée, fut nommé assistant-gérant général de l'équipe. Il s'était fait connaître, du temps où il jouait, par une manière tout à fait caractéristique de patiner. Pendant une séance d'entraînement, alors que Kenny nous surveillait, appuyé contre la bande, Boom Boom nous a fait une parfaite imitation de son style, en se dandinant sur le bout de ses patins, d'un bout à l'autre de la patinoire. Puis il a contourné un défenseur, a freiné brusquement et a projeté la rondelle dans les plus hauts gradins.

Le Boomer était à lui seul la moitié de l'escouade humoristique de l'équipe; je vous parlerai plus loin de l'autre moitié. Mais son goût pour l'humour a bien failli lui être fatal en 1958. C'était pendant un exercice; on aurait dit que le Boomer s'apprêtait à foncer sur André Pronovost. Il n'y a pas eu de collision, mais deux secondes plus tard, Geoffrion s'effrondrait sur la glace. Nous avons cru qu'il s'amusait comme d'habitude et nous ne nous sommes pas tout de suite occupés de lui. Après un moment, voyant qu'il ne se relevait pas, je me suis approché, vaguement inquiet, pour découvrir un Boom Boom au visage crispé qui trouva tout juste la force de me dire, entre les dents : «Je ne sais pas ce que j'ai, Jean. Mais c'est sérieux.» J'ai tout de suite fait signe à notre soigneur Bill Head; quelques minutes plus tard, on emmenait le Boomer à l'hôpital, où il fut opéré d'urgence pour une rupture de la rate. Les médecins ont expliqué que cela aurait pu se produire n'importe quand, même pendant qu'il marchait dans la rue ou qu'il était au repos. (Boom Boom était en excellente santé à cette époque, mais il a eu des problèmes dernièrement. En 1993, lui et sa femme Marlene, la fille d'Howie Morenz, ont subi des opérations à Atlanta, en Géorgie, où ils vivent depuis plusieurs années. Marlene a eu trois pontages : huit heures sur la table d'opération; quant à Boom Boom, il a été traité pour un cancer de la prostate. Je suis bien content de pouvoir dire qu'ils sont maintenant tous les deux parfaitement rétablis.)

Boom Boom adorait chanter. Il avait une voix bien timbrée, très juste; il a même chanté plusieurs fois à la télévision, tant en français qu'en anglais. En tournée, nous allions parfois dans des bars où on présentait des spectacles. Nous étions à peine assis que Boom Boom était rendu sur la scène, micro en main. Tout le monde fait ça, aujourd'hui. C'est ce qu'on appelle le karaoke. À l'époque, on disait tout simplement : «jouer au Gros Jambon».

Puis, il y eut la fameuse apparition du Boomer au *Juliette Show*, une émission de variétés très populaire à CBC. Il avait changé les paroles de la chanson *C'est magnifique* de manière à faire, pour rire, l'éloge de sa propre personne. Il pouvait également imiter de façon étonnante Maurice Chevalier aussi bien que Dean Martin.

Geoffrion savait être sérieux à ses heures : quand il jouait, c'était pour gagner. En 1961, il s'était donné pour défi de battre le record de cinquante buts en une saison que détenait le Rocket. Le 16 mars, lors d'une victoire de 5 à 2 contre les Leafs, à Montréal, il a marqué un but magnifique en déjouant Cesare Maniago de façon spectaculaire. La saison tirait à sa fin. Le Boomer disputait ce soir-là son soixante-deuxième match de la saison; l'équipe, son soixante-huitième. Tout au long de ma carrière, on m'a souvent reproché de faire trop de passes, mais j'ai toujours aimé préparer des jeux offensifs, et je pense que j'ai participé à trente-sept ou trente-huit des cinquante buts que le Boomer a comptés cette saison-là, ce qui a fait taire les critiques. Il s'est classé en tête des compteurs de la ligue avec quatre-vingt-quinze points, cinq de plus que moi. Cette fois-là, quand on lui a remis le trophée Art Ross, au Forum, personne ne l'a hué.

Ensemble, nous avions mis au point plusieurs techniques de jeu. À cette époque, la plupart des défenseurs avaient tendance à être plutôt lents et trapus. Moi, en tant que bon manieur de bâton, je devais me placer à la ligne bleue; dès que j'avais pris possession de la rondelle, je m'élançais à droite. Si le défenseur venait vers moi, je passais la rondelle au Boomer. Si le défenseur reculait, nous foncions, tous les deux, l'un vers sa droite, l'autre vers sa gauche et il était rapidement débordé, déjoué. Nous faisions la même chose avec le gardien de but.

Quand on est incontestablement les meilleurs au monde, comme les Canadiens des années 50, il est bien difficile de ne pas être, de temps en temps, un tantinet arrogants. Le Boomer aimait bien se moquer des perdants. Un dimanche soir, au Madison Square Garden, nous avons battu les Rangers 6 à 0. L'entraîneur des Rangers, Phil Watson, était furieux. Dès que la foule eut quitté les gradins, il a convoqué tous ses joueurs sur la patinoire pour une séance d'entraînement.

Quand, vers 23 heures, nous avons quitté le vestiaire, nous avons découvert cet étrange spectacle des Rangers fatigués, défaits, en plein exercice sous le regard courroucé de l'intraitable Phil Watson. Le Boomer s'est collé le nez à la baie vitrée, juste devant Andy Bathgate, Wally Hergesheimer, Dean Prentice et Gump Worsley qui suaient sang et eau, et leur a crié : «Allez, patinez! Allez, plus fort, plus vite, et un peu de cœur au ventre, s'il vous plaît!» Les pauvres vaincus ne pouvaient que le fixer d'un regard envieux et résigné : ils venaient de se faire battre pour la deuxième fois en une heure.

Le Boomer était tout un personnage, mais Marcel Bonin, mon ancien coéquipier des As qui est arrivé à Montréal via Boston en 1957, n'avait rien à lui envier. J'ai déjà dit à quel point Marcel adorait chasser et, à l'occasion, emprunter les vêtements des autres.

Il pouvait marcher sur les mains aussi facilement que sur ses pieds. Avant une confrontation importante, pour détendre l'atmosphère et nous faire rire un peu, il traversait parfois le vestiaire sur les mains… et complètement nu.

Ou encore, juste avant qu'on se lève pour aller jouer, il nous demandait : «Contre qui est-ce qu'on joue, ce soir?» ou «Qui c'est, leur joueur le plus dur? Marcel a envie de quelque chose de coriace, ce soir.» Et il gonflait ses muscles et prenait des poses, si bien qu'il nous arrivait d'être pris d'un fou rire général juste avant de nous rendre sur la patinoire. Il pouvait aussi casser un verre avec ses gros doigts, s'en mettre un morceau dans la bouche et le mâcher tranquillement, comme il l'aurait fait d'une chique de tabac.

Marcel Bonin avait toujours de quoi nous étonner. Un soir, au vestiaire des joueurs, juste avant une partie décisive, cinq semaines environ avant la fin de la saison, il nous déclara le plus sérieusement du monde qu'il ne voulait plus marquer de but.

«Quoi? Qu'est-ce que tu dis?

— Vous avez bien compris, les gars, j'arrête de marquer.»

Nous étions stupéfaits. Pour nous tous, marquer un but demeurait une expérience magique; il m'était impossible d'imaginer qu'on décide d'y mettre fin.

«J'ai atteint ma moyenne saisonnière, continua Marcel. J'ai réussi quinze buts, comme les années précédentes. Si j'en marque vingt, ils vont m'en demander vingt-cinq l'année prochaine. Ça ne m'intéresse pas de m'embarquer là-dedans. Alors, pour les sept ou huit prochains matchs, je vais préparer les jeux. Vous marquerez vous-mêmes les buts. Marcel, lui, en a assez.»

Pendant les cinq années qu'il a passées avec nous, il n'a jamais enregistré plus de dix-sept buts. Pourtant, quand il faisait partie du trio avec Boom Boom et moi, en 1959-1960 et 1960-1961, il a tellement préparé de jeux et fait de belles passes qu'il a accumulé à chacune de ces saisons cinquante et un points. Il aurait peut-être pu mieux faire, mais il avait vraisemblablement décidé de s'arrêter après avoir dépassé les cinquante points.

Mieux valait avoir Marcel de son côté quand les choses tournaient mal. Un soir, nous avons été impliqués dans une bagarre à Boston. Le Boomer a commencé à se battre avec Jack Bionda, un défenseur d'une force exceptionnelle. Pendant ce temps, Marcel était dans le coin de la patinoire, en train de régler son compte à un autre joueur. Une fois la bagarre terminée, chacun s'est dirigé vers son banc ou vers le banc des punitions. Sauf Bionda, qui restait assis, épuisé, au centre de la patinoire, en essayant de se remettre de la raclée que venait de lui administrer Boom Boom. Il était à bout de souffle et ne dérangeait personne. En passant près de lui, Marcel s'est arrêté un moment, a paru réfléchir, puis s'est penché vers lui et bang !, il l'a assommé d'un seul coup, avant de continuer son chemin jusqu'à notre banc. Quelques secondes plus tard, évidemment, les deux équipes étaient de nouveau réunies au centre de la patinoire dans une mêlée générale.

Une autre fois, il a déclenché un fou rire général au stade de Chicago. C'était un soir de fin de saison, il faisait très chaud. J'essayais de me concentrer de mon mieux sur la mise au jeu, tâchant de mettre en pratique les leçons d'Elmer Lach, mon maître en la matière. Rester immobile le plus longtemps possible devant mon vis-à-vis, tout en gardant mon bâton en mouvement jusqu'à ce que la rondelle touche la glace. Le juge de ligne était sur le point de faire la mise au jeu, quand je me suis retiré pour vérifier la position de mes coéquipiers. J'allais reprendre ma position quand j'ai aperçu Marcel, en train de discuter gaiement avec quelqu'un dans les gradins.

« Marcel, qu'est-ce que tu fais ? »

Il m'a désigné son interlocuteur d'un signe de tête : « Ce type-là vient juste de me lancer de la bière dans le cou. J'étais en train de lui demander de me prévenir, la prochaine fois, pour que je me retourne et qu'il me verse sa bière juste ici. » Et il pointait sa gorge.

Tout le monde était mort de rire. Qu'est-ce que je pouvais dire ou faire ?

« D'accord, Marcel, finissons ce match, puis allons prendre une bière. » Nous pouvions nous permettre, à cette époque, d'agir et de parler de la sorte ; nous gagnions tout le temps.

Après avoir pris sa retraite, Marcel est entré dans les forces de police, à Joliette. Un après-midi, alors qu'il n'était pas en service, une quincaillerie a été cambriolée. L'alarme a été donnée, et les voleurs se sont retrouvés pris au piège dans le magasin. Ils étaient armés, il y eut échange de coups de feu. Quand le chef de police est arrivé, il a demandé qu'on aille chercher Marcel.

Marcel était parti à la chasse ce jour-là. On a donc mis du temps à le rejoindre. Quand il est arrivé, environ une heure après le début du drame, armé jusqu'aux dents, les photographes de presse étaient déjà sur les lieux.

C'est lui qui m'a raconté la suite de l'histoire :

«Je me suis avancé, collé au mur, en essayant de trouver une ouverture par où j'aurais pu parler aux types qui se trouvaient dans le magasin. Tout à coup, j'ai entendu un «psst» juste derrière moi. C'était un des photographes de Montréal, que j'avais déjà rencontré au Forum et que je connaissais bien. Il voulait que je pose, comme quand j'étais dans l'uniforme des Canadiens et qu'on nous faisait faire des photos de promotion. Il me regarde et me dit : «Écarte un peu la carabine de ton corps, ça va faire une meilleure photo.» Je me suis retourné vers lui et je lui ai dit : «Es-tu devenu fou? Ces gars-là sont en train de tirer des balles, pas des rondelles!»

Mais le photographe ne voulait rien entendre. Il n'a pas laissé Marcel tranquille tant qu'il n'a pas eu sa photo. Je peux comprendre son étonnement. C'était probablement la première fois de sa vie qu'il voyait Marcel demander à quelqu'un d'être sérieux. (Les voleurs ont fini par se rendre sans problème, heureusement pour eux. Marcel était un tireur d'élite, le genre d'homme qui peut atteindre une cible derrière lui en tirant par-dessus son épaule et en visant grâce au reflet de la cible sur une bague de diamant devant lui.)

Voilà dépeints quelques-uns des principaux artisans de cette magnifique légende qui a littéralement enchanté le Québec dans les années 50 et continue de fasciner toute l'Amérique. Je parlerai plus tard d'Henri Richard, de Claude Provost et de Jacques Plante. Ils ont vécu avec nous la grande époque, mais leur rôle a été plus déterminant au cours des années qui ont suivi.

Je me rends compte que j'ai pratiquement passé sous silence plusieurs noms importants, comme Tom Johnson, Bob Turner et Dollard Saint-Laurent, trois joueurs remarquables. Tom a disputé huit cent cinquante-sept matchs en treize saisons dans la LNH. À ses débuts dans l'uniforme bleu-blanc-rouge, Butch Bouchard fut son coéquipier, et ils devinrent rapidement très proches. Par la suite, il a joué le plus souvent aux côtés de Jean-Guy Talbot. Tout comme Johnson, Bob Turner était originaire de l'Ouest. Excellent patineur, il était arrivé chez les Canadiens en 1955-1956, de sorte qu'il a embrassé la coupe Stanley à la fin de ses cinq premières années dans la Ligue nationale.

Je tiens à dire que chaque personne dans l'organisation des Canadiens, joueur, entraîneur, soigneur ou administrateur, a contribué à sa manière à ces grandes victoires. Nous avons tous ensemble créé une légende dont nous pourrons toujours être fiers.

Ce fut, je l'ai dit, une époque heureuse. J'ai cependant traversé des moments douloureux et difficiles. Ma mère est morte des suites d'un cancer à l'âge de quarante-neuf ans, en 1957, l'année de la naissance de ma fille. Mon père s'est remarié et Mida, ma belle-mère, l'a beaucoup aidé à élever mes jeunes frères.

Il faut maintenant que je parle d'un pénible événement annonciateur des problèmes que j'allais connaître plus tard. Comme je l'ai dit, Élise et moi avions déjà connu à Québec les grandeurs et les misères de la célébrité. Nous avions appris à composer avec les exigences des médias. Après notre arrivée à Montréal, la pression est devenue vraiment très forte. Chaque semaine, quelqu'un d'un journal ou d'un magazine, de la radio, de la télévision, venait frapper à notre porte, en quête de nouveaux potins sur les Béliveau. On nous photographiait dans tous les moments de notre vie familiale, on entrait dans notre intimité, dans notre bonheur le plus simple, le plus quotidien. On nous photographiait en train de manger, de lire, d'écouter de la musique, de marcher dans la rue. C'était ce que voulaient voir nos admirateurs, et nous étions généralement heureux de les satisfaire.

Or il y a toujours un sombre verso aux légendes, ce qu'on appelle la rançon de la gloire. En 1955, une rumeur a commencé à circuler selon laquelle nous connaissions, Élise et moi, des problèmes de couple. Cette rumeur avait pris naissance à Québec, où l'on voyait souvent Élise sans moi. En fait, mon épouse se rendait régulièrement voir sa mère qui était tombée malade cette année-là.

La rumeur s'est amplifiée. On a commencé à parler d'un rival, le lutteur professionnel Jean Rougeau. Il n'y avait qu'un seul petit détail qui clochait dans cette sordide histoire : Élise n'avait jamais rencontré Jean Rougeau de sa vie. Des journalistes sérieux ont enquêté, la rumeur s'est avérée sans fondement, et on a fini par l'oublier.

Néanmoins, cette affaire nous a causé beaucoup de peine et d'ennuis. En plus, des esprits tordus en ont profité pour jeter de l'huile sur le feu. Un soir, par exemple, une femme appelle à la maison pour donner à Élise des détails vraiment grotesques sur mes supposées incartades. «Pauvre madame Béliveau, vous devriez voir où se trouve votre mari en ce moment.» Cette femme savait sans doute que j'avais un horaire chargé et qu'il m'arrivait très souvent d'être absent de la maison. Elle en profitait pour faire ses appels. Ce soir-là, Élise savait pourtant très bien où j'étais, puisque je me trouvais assis juste à côté d'elle. Elle en a d'ailleurs rapidement informé son interlocutrice anonyme dont nous n'avons plus jamais entendu parler. Malgré tout, ces potins à propos de mes infidélités et de celles d'Élise ont continué pendant un certain temps.

Nous avons traversé quand même cette épreuve sans trop de mal, parce que nous nous aimons vraiment et que nous nous respectons mutuellement. Nous ne nous sommes jamais sentis menacés par les journaux à potins, mais ces histoires laissent toujours des traces dans plus d'un foyer. Quelques années plus tard, j'ai eu l'occasion de rencontrer Jean Rougeau. Il m'a dit qu'il avait été profondément choqué par tout cela : lui aussi avait une femme et des enfants, et cette fausse rumeur avait bouleversé sa famille.

J'avais tout cela en tête quand j'ai entamé ma deuxième décennie dans le hockey. Des années fort mouvementées, de nouveaux triomphes et des problèmes inattendus m'attendaient. J'allais vivre un autre chapitre de la passionnante saga des Canadiens.

Les années oubliées

Sam Pollock considère les années 60 comme « la décennie oubliée » de l'histoire des Canadiens de Montréal. Quand ils discutent pour savoir quelle est la plus grande équipe de l'histoire de la Ligue nationale, les historiens les plus sérieux semblent en effet ignorer celle qui a remporté quatre coupes Stanley en cinq ans, et même cinq en sept ans, si l'on considère que l'équipe victorieuse en 1970-1971 faisait en réalité partie de la dynastie des années 60.

Deux autres équipes seulement dans l'histoire de la Ligue nationale ont remporté cinq coupes en sept ans : Toronto entre 1945 et 1951 ; et Edmonton entre 1984 et 1990. Tout le monde parle avec grande admiration de ces deux équipes. Mais pour des raisons que je ne m'explique pas, les Canadiens des années 60, qui ont réussi un semblable exploit, sont peu reconnus et encore moins respectés.

À cette époque pourtant, personne ne doutait de nos capacités. Tout comme les Maple Leafs (pendant la première moitié de la décennie) et les Black Hawks de Chicago (vers le milieu des années 60), nous étions considérés, même par nos pires ennemis, avec infiniment de respect. Vers la fin de la décennie, on parlait même de « dynastie ». Puis sont arrivés Lafleur, Shutt, Gainey, Dryden et les autres, qui nous ont littéralement éclipsés, relégués à l'arrière-plan, dans les coulisses de l'histoire du hockey.

Personnellement, je peux affirmer que ma deuxième décennie avec les Canadiens de Montréal a été encore plus mouvementée que la première. Ce fut pour moi comme un brusque réveil, après l'éclatant et durable succès que j'avais connu tout au long des années 50, un choc que j'ai, par moments, durement ressenti, tant moralement que physiquement. Certaines blessures ont failli compromettre définitivement ma carrière. Comme marqueur, j'ai aussi eu des périodes de léthargie et j'ai su ce que c'était que d'être hué par des partisans qui m'avaient autrefois adulé. J'ai dû apprendre à vivre et à jouer malgré les incessantes rumeurs qui circulaient sur ma retraite imminente ou sur mes problèmes conjugaux. La ligue était en pleine expansion, de grands changements s'opéraient dans le hockey et, comme tous les autres joueurs, je devais m'y adapter.

Le temps passait. Tout à coup, sans même que je ne m'en sois rendu compte, je n'étais plus un jeune joueur.

Ma santé a été une préoccupation constante entre 1960 et 1971, c'est-à-dire depuis la fin de la dynastie des années 50, jusqu'à ce que j'accroche mes patins.

Encore aujourd'hui, des partisans d'un certain âge me rappellent une vieille histoire qui circulait à l'époque à mon sujet. On disait que j'étais une «Cadillac équipée d'un moteur de Volkswagen», que mon cœur n'était pas assez fort pour ma corpulence, pas assez puissant pour me permettre de bien remplir mes fonctions.

Cette histoire, dont j'étais le héros, n'était certes pas sans fondement. Il y eut plusieurs versions. J'étais toujours doté d'un châssis de Cadillac, mais le moteur changeait régulièrement de marque…, chaque fois en fait qu'un moteur plus petit, moins puissant, apparaissait sur le marché.

Tout cela a commencé en 1953. L'organisation des Canadiens avait cru bon de se procurer une police d'assurance, car je venais de signer avec eux un contrat de 100 000 $. L'équipe serait ainsi protégée si ma carrière sur glace devait se terminer brusquement à la suite d'une blessure, d'un accident, ou d'une maladie. On me fit passer un examen médical très poussé, et les médecins relevèrent ce qu'ils ont appelé une «anomalie» cardiaque, et qui, dans leur jargon, se situe un cran à peine sous «malformation» cardiaque. Au grand désespoir de Frank Selke, la compagnie d'assurances refusa de m'offrir une garantie. Le médecin qui m'avait examiné avait écrit dans son rapport : «Il a un moteur d'Austin dans un châssis de Cadillac.» (L'Austin, une petite voiture anglaise, était équipée du plus petit moteur que le bon docteur connaissait.)

Personne ne crut que ma vie était en danger, mais cela me posait quand même de sérieux problèmes. Lorsque je devais fournir un effort important, mon cœur ne parvenait pas à pomper assez de sang pour bien oxygéner mon organisme. Les principaux symptômes étaient la fatigue, des nausées, une perte temporaire de la vue, de graves difficultés respiratoires et des douleurs si aiguës à la poitrine que j'avais l'impression que mon cœur allait éclater. Un autre que moi aurait peut-être tout laissé tomber et aurait refait sa vie dans un autre domaine. Mais je suis resté, et j'ai bien fait. J'ai aidé les Canadiens à gagner cinq coupes Stanley consécutives.

Après la saison de 1961-1962, la nature a commencé à me rattraper. J'étais toujours fatigué. J'ai donc décidé d'aller à la clinique Leahy, à Boston, où j'ai passé toutes les épreuves d'effort imaginables. Ils me faisaient courir sur un tapis roulant, puis je devais gonfler des ballons, puis on me branchait sur l'électrocardiographe. Ces techniques d'évaluation de la forme physique sont choses courantes aujourd'hui dans tous les gymnases et les studios de santé mais, à cette époque, c'était tout nouveau et mystérieux, du moins pour moi. Les deux premières minutes sur le tapis roulant étaient très éprouvantes, et je manquais rapidement de souffle. Peu à peu, ma réponse musculaire s'améliorait, mon corps s'adaptait et, au bout de six minutes, quand on me faisait signe d'arrêter, ma « machine » s'était vraiment mise en marche et j'aurais pu continuer à courir sans plus d'effort pendant plusieurs minutes encore.

Les médecins étaient très étonnés que je puisse faire carrière dans le sport professionnel. Selon eux, je n'avais pas les qualifications physiques adéquates. Ils ont cependant conclu que je ne risquais rien si je continuais à jouer. Il y aurait sans doute un certain inconfort et des malaises, mais rien d'alarmant. Apparemment, mon corps s'était habitué à cet état depuis plusieurs années et s'était imposé un rythme qui, comme l'avaient démontré les tests, s'accélérait avec l'effort. Autrement dit, j'étais lent à démarrer, mais une fois lancé mon « moteur » fonctionnait de mieux en mieux. Je n'ai pas vérifié mes statistiques au cours des années, mais il se pourrait bien que j'aie compté plus de buts dans les deuxièmes et troisièmes périodes que dans les premières.

D'une manière ou d'une autre, malgré cette « anomalie », j'ai réussi à jouer pendant dix-huit ans dans la LNH. Vous comprendrez cependant que j'aie vivement réagi quand j'ai appris que les joueurs de basketball Hank Gathers et Reggie Lewis, qui souffraient de la même insuffisance, sont morts subitement en jouant. Il y a un mystère déroutant à voir des corps d'athlètes, apparemment en parfaite condition, dont l'élément essentiel est défectueux et peut lâcher à tout moment, et que l'on ne puisse rien y faire. Cela m'a alors sûrement donné une gravité que n'ont habituellement pas les jeunes gens de cet âge. Je crois que j'ai su composer avec cette faiblesse, mais j'ai dû travailler fort à en éliminer les aspects négatifs de mon esprit.

Par contre, je n'ai jamais eu de contrôle sur les blessures que je me faisais en jouant. Certaines étaient plus graves que d'autres. Dans les années 60, j'ai commencé à croire qu'on m'avait vraiment jeté un mauvais sort : presque toutes les blessures importantes que j'ai eues m'ont été infligées pendant des matchs contre Chicago. Je pense en particulier à ce véritable assaut dont je fus victime lors du troisième match de la finale de 1961-1962.

C'est seulement plus tard que j'ai su ce qui s'était produit. J'étais dans le coin de la patinoire où je disputais la rondelle à mon ex-coéquipier Dollard Saint-Laurent, quand l'autre défenseur des Hawks, le grand Jack Evans, a abandonné son poste devant le filet pour venir m'écraser contre la bande. Puis il m'a violemment coincé la tête entre son bâton et la baie vitrée. Je me suis habillé pour les matchs suivants, mais j'étais incapable de jouer. Henri Richard avait, quant à lui, un bras fracturé. Les Canadiens étaient donc à court de deux centres et les Hawks ont gagné la série en six matchs. Toe Blake, frustré de voir qu'ils pouvaient nous malmener impunément, a bien failli frapper l'arbitre, comme il avait fait l'année précédente.

On a diagnostiqué une «légère commotion» après le coup que m'avait administré Evans, mais jamais commotion n'aura eu un effet si prolongé sur qui que ce soit. J'en étais à peine remis au camp d'entraînement, en septembre. Je croyais même que j'avais subi une fracture du crâne, mais les examens qu'on m'a fait subir n'ont rien décelé de tel. Je ne me sentais pas bien malgré tout et ce n'est qu'une fois la saison bien entamée que j'ai tout à fait retrouvé ma vigueur et mes esprits.

C'est également en jouant contre les Black Hawks que j'ai reçu les deux autres blessures qui m'ont fait le plus souffrir. Le 17 décembre 1966, nous avons fait match nul, 4 à 4, au Forum. Yvan Cournoyer, Bobby Rousseau et moi, nous étions avancés très loin dans la zone des Hawks. J'ai franchi la ligne bleue avec la rondelle et me suis dirigé vers Glenn Hall, le gardien de but des Hawks que protégeaient les défenseurs Doug Jarrett et Ed Van Impe qui semblaient déterminés à m'arrêter. Jarrett s'avançait vers moi quand j'ai senti une terrible douleur au visage. En voulant me retenir, Stan

Mikita avait levé son bâton qui m'avait frôlé l'épaule pour m'entrer en plein dans l'œil. C'est ainsi que j'ai fait connaissance avec ce qu'on appelait à l'époque la palette banane (la *banana blade*). Il s'agissait en fait d'un bâton dont la palette était ridiculement courbée. Mikita et Bobby Hull avaient adopté ce bâton en croyant qu'ils pouvaient améliorer leurs lancers. Effectivement, ces bâtons bananes terrorisaient certains gardiens de but, mais ils étaient aussi très dangereux pour les autres joueurs, tellement qu'on les a plus tard interdits. Si la palette de Mikita avait été droite, j'aurais été coupé au niveau du sourcil ou en dessous de l'œil, sur la pommette. Mais, ainsi recourbée, elle est entrée sous l'arcade sourcillère et a déchiré le globe oculaire. Un an plus tôt, un défenseur de Detroit, Doug Barkley, qui avait devant lui une carrière des plus prometteuses, avait perdu un œil dans des circonstances similaires, comme aussi Claude Ruel chez les juniors. C'est à eux et à leurs carrières brisées que je pensais en me tordant de douleur sur la glace du Forum. Mon œil a guéri, mais je n'ai pas pu jouer pendant les dix-sept confrontations suivantes.

La presse a profité de cet incident pour commencer à clamer bien haut que j'étais prédisposé aux accidents. Ces sages messieurs des médias considéraient que j'étais devenu «fragile». J'étais selon eux «souvent blessé» et «rarement capable de jouer pendant toute une saison». Or c'était absolument faux : on accordait tout simplement plus d'attention à mes blessures qu'à celles des autres joueurs.

Comme les chiffres parlent d'eux-mêmes, voyons un peu. En 1960-1961, je n'ai manqué qu'un seul match, à la suite d'une blessure. La saison suivante n'a pas été aussi glorieuse : j'ai été absent du jeu pendant vingt-sept parties. En 1962-1963 et 1963-1964, j'ai raté au total trois rencontres, et douze en 1964-1965. En 1965-1966, j'ai dû m'éclipser pendant trois matchs et pendant dix-sept en 1966-1967, à cause de cette coupure à l'œil. En 1967-1968, à la suite de blessures au pouce et à la poitrine, j'ai raté onze affrontements ; en 1968-1969, un seul, et sept en 1969-1970. Enfin, à ma dernière saison, en 1970-1971, je me suis débrouillé pour participer aux soixante-dix parties de la saison régulière.

Bref, en onze saisons chez les Canadiens, il m'est arrivé quatre fois de manquer plus de dix matchs ; et six fois d'être absent du jeu pendant trois parties ou moins. Mon taux d'absentéisme a donc été comparable à la moyenne, avec un peu moins de dix pour cent.

Personne ne semblait pourtant accorder d'importance ou de crédibilité à ces données objectives. Vers 1962-1963, ma relation avec les médias s'était, pour ainsi dire, détériorée. Non seulement les entendais-je demander : « Va-t-il prendre sa retraite ? » chaque fois qu'il était question de moi, mais tous mes faits et gestes étaient scrutés, analysés, longuement commentés par les experts de la presse qui n'aimaient pas beaucoup ce qu'il voyaient, ou plutôt ce qu'ils avaient inventé. On a commencé à se poser des questions sur mes états d'âme, sur mon moral, à se demander si j'étais assez fort pour supporter la pression.

Il y avait deux thèmes récurrents. Tantôt, on disait que Jean Béliveau, profondément blessé par les critiques formulées à son égard, se sentait incapable désormais de produire comme il avait fait dans les années 50 ; tantôt, on rappelait que Jean Béliveau avait toujours été un « gentil géant » et que, comme la plupart des personnes gentilles, il n'avait pas l'instinct du combat très poussé, qu'il manquait d'ambition. Ces idées étaient inlassablement reprises par les amateurs de hockey. Certains soirs de la saison 1962-1963, je pouvais les entendre me huer et m'insulter quand je passais près de la bande. Je ressentais tout cela durement, ce qui a déclenché une autre rumeur, celle de « Béliveau, le géant blessé ». Ma vie était devenue un véritable champ de bataille où on se battait à coup de on-dit, d'articles de journaux, de commentaires de gérants d'estrade.

Pour illustrer mon propos, je vous citerai quelques titres qui ont fait la une des journaux, à l'époque. La plupart datent de 1962, au moment où les Canadiens, en pleine mutation, essayaient désespérément de se ressaisir en tant qu'équipe ; quelques-uns sont de 1966, à l'époque de ma blessure à l'œil.

- « Si je compte 30 buts dans la saison, je pense que les partisans devraient être satisfaits. »
- « Béliveau pourrait-il abandonner les Canadiens au milieu de la saison ? »
- « Jean Béliveau serait atteint d'une grave maladie. »
- « Béliveau répond aux huées : "On n'est pas des minables !" »
- « Même pendant les pratiques, Béliveau frappe les poteaux. »
- « Béliveau va-t-il enfin recevoir l'hommage qu'il mérite ? »
- « Béliveau est devenu un autre homme ! »
- « Jean Béliveau ne se meurt pas : le père Aquin le confirme. »
- « Jean Béliveau : le mieux n'est pas encore assez. »

- « À 35 ans, le temps de la retraite est-il venu pour Jean Béliveau ? »
- « Jean Béliveau mortellement inquiet : doit-il se retirer ? »

Je pourrais continuer pendant des pages, mais je crois que c'est assez clair : j'étais emporté dans une sorte de descente aux enfers qui semblait ne jamais devoir s'arrêter. J'avais parfois l'impression de revivre ce qui s'était passé à Québec, mais en sens inverse. À cette époque, les médias voulaient à tout prix me voir arriver à Montréal. Maintenant, il me semblait qu'ils n'avaient en tête que de me voir partir.

J'aurais dû m'attendre à ces sauvages campagnes de presse. Les médias montréalais se font une rude compétition. Il me semble d'ailleurs que cette rivalité est aujourd'hui plus féroce que jamais. Elle a déjà provoqué le départ de deux entraîneurs des Canadiens au cours des dix dernières années : Jacques Lemaire et Pat Burns (chacun d'eux, au moment où j'écris ces lignes, est en train de mener son équipe aux séries finales de sa conférence respective). Les journalistes ont un travail à faire, qui consiste à vendre des journaux et des magazines, ou à s'assurer que les gens regardent la télévision et écoutent la radio. Plus la nouvelle est sensationnelle, plus elle va attirer et retenir l'attention. Mais à Montréal, il me semble parfois qu'on exagère. Quand je vois des nouvelles sportives insignifiantes faire la une en gros caractères, je ne peux m'empêcher de penser qu'il y a des événements infiniment plus importants qui se produisent dans le monde.

Deux choses me consolaient à l'époque où, d'après les gros titres, j'étais un homme fini, malade ou mourant. D'abord, je n'étais pas le seul. Boom Boom Geoffrion avait également des problèmes de cet ordre. En 1961-1962, sa fiche de marqueur s'était considérablement ternie, passant de 50 à 23 buts seulement en presque autant de parties, ce qui a fait dire à tout un chacun, inévitablement, que Geoffrion avait fait son temps. Ensuite, certains journalistes s'étaient donné la peine de réfléchir à ce qui nous arrivait, à Boom Boom et moi. Paul-Émile Prince, de *La Presse*, avait soulevé un ou deux points intéressants : « Les grands joueurs, comme Béliveau et d'autres aussi, vivent constamment en état d'alerte, écrivait-il. Le public qui apprécie leurs succès exige qu'ils fassent toujours mieux… On ne leur pardonne pas la moindre faiblesse, un match sans magie, une période terne. Il y a cependant plusieurs choses dont il faut tenir compte lorsqu'on évalue la performance d'un joueur : son état d'esprit, ses blessures physiques, la fatigue, la pression que les médias lui mettent sur les épaules, etc. Ce sont des choses que bien souvent le public ignore complètement, ou qu'il oublie. Le rôle de vedette n'est pas aussi simple qu'on peut le croire.»

Au début des années 60, il y avait autre chose qui me perturbait, dans ma vie comme au jeu. J'avais été élu capitaine de l'équipe, après le départ de Doug Harvey pour New York, à l'été de 1961. J'aurais dû me réjouir car c'était valorisant. Pourtant, c'est rapidement devenu une tâche plutôt embarrassante.

D'abord, cette élection m'avait surpris. Je ne savais même pas que j'étais en lice. C'était très simple, très informel, comme élection. On se regroupait au vestiaire, chacun écrivait le nom du joueur de son choix sur un bout de papier, et le gagnant était proclamé une fois les votes comptés. À mon avis, trois joueurs seulement étaient d'intéressants candidats : Tom Johnson, Dickie Moore et Bernard Geoffrion.

Je n'étais pas en forme le jour du vote. Cet automne-là, notre camp d'entraînement avait eu lieu à Victoria, où nous logions dans le luxueux hôtel Empress. Nous devions ensuite traverser le pays jusqu'à Montréal en disputant des matchs hors concours contre des équipes de la Western Hockey League : une véritable campagne électorale! Le premier match devait se disputer à Trail, en Colombie-Britannique; les Smokeaters, qui avaient remporté le championnat mondial amateur cette année-là, étaient fort bien cotés. J'étais malade comme un chien le jour du match, je faisais beaucoup de fièvre, je transpirais, je frissonnais. Évidemment, Toe est venu me voir vers la fin de l'après-midi : «Les gens veulent te voir, me dit-il. Fais au moins une apparition.» J'ai eu toutes les misères du monde à me lever et à m'habiller, tant mes jambes étaient flageolantes.

Dès le début de la joute, j'ai bien essayé de contourner un des défenseurs des Smokeaters, mais j'avais les jambes en coton. Le joueur est venu vers moi, je n'ai pu offrir aucune résistance, nous sommes tombés tous les deux et je me suis déchiré des ligaments au genou. L'équipe a continué sans moi la tournée à travers le pays; je suis rentré directement à Montréal pour être traité. Je n'ai pu disputer, cette saison-là, que 43 parties avec les Canadiens : c'était payer cher pour une apparition à un match hors concours.

Le 11 octobre, Toe m'a demandé de venir au Forum pour l'élection du nouveau capitaine. C'était le vendredi précédant le premier match de la saison auquel, bien entendu, il m'était impossible de participer. J'avais une jambe dans le plâtre. Un de mes amis, concessionnaire d'automobiles à Longueuil, m'avait prêté une voiture quatre-portes; je me suis installé derrière, la jambe allongée sur la banquette, et Élise m'a conduit au centre-ville.

J'ai voté pour Dickie, ce jour-là. J'aimais Boom Boom comme un frère, mais j'avais l'impression qu'il n'était pas assez sérieux pour être capitaine. Je savais, pour avoir été son compagnon de chambre pendant onze ans, qu'il savait aussi être raisonnable, qu'il était vaillant et généreux, et avait réellement à cœur le bien de l'équipe. Mais je crois que les autres joueurs n'avaient pas eu la chance de le côtoyer autant que moi. S'ils avaient connu ses grandes qualités, ils l'auraient peut-être élu.

Pour plusieurs d'entre nous les problèmes de genoux de Dickie étaient dissuasifs. Chaque fois qu'il enfilait son équipement, tout le monde retenait son souffle et priait pour que ces faibles attaches tiennent encore le temps d'un match. La plupart des joueurs croyaient que Dickie ne pourrait pas rester avec nous encore bien longtemps; c'est sans doute pourquoi ils n'ont pas voté pour lui. C'est aussi le cas de Tommy Johnson. Il avait déjà trente-trois ans et allait donc vraisemblablement être échangé dans un an ou deux. D'ailleurs, je ne crois pas que Tommy avait les qualités d'un capitaine. C'était un homme tranquille, qui n'aurait pas apprécié toutes les tâches publiques qui incombent au capitaine de l'équipe de Montréal.

Qui peut savoir pourquoi et pour qui les joueurs votent? Ce jour-là, quand les papiers furent comptés, j'étais en tête. J'étais étonné. Boom Boom aussi, malheureusement. Il ne m'en a jamais directement parlé, mais chacun savait qu'il était profondément déçu.

Quelques semaines plus tard, je suis allé voir Toe pour lui dire que j'étais prêt à abandonner mon poste. Il avait remarqué lui aussi la déconvenue de Boom Boom. Je lui ai fait comprendre que je serais tout à fait disposé à troquer le chandail marqué du C pour celui marqué du A de l'assistant, si cela pouvait contribuer à l'unité de l'équipe. En tant qu'entraîneur, il désirait que chacun de ses joueurs, particulièrement ses vedettes, soit heureux et productif. Nous sommes allés ensemble rencontrer Frank Selke, qui n'a rien voulu savoir de ma proposition.

«Pas question, me dit-il sèchement, après m'avoir écouté un moment. Les joueurs ont voté pour toi. Pour nommer Geoffrion, il faudrait que j'annule leurs votes. Je ne ferai jamais ça. M. Geoffrion va devoir apprendre à accepter la décision de ses coéquipiers.»

Il n'y a jamais eu de conflit ouvert entre le Boomer et moi. Comment aurait-il pu y en avoir? Avec un regard, un mot, il me faisait rire comme un fou, se mettait à rire lui aussi, et tout semblait s'arranger. Mais la rumeur de son mécontentement a circulé, et les autres équipes en ont profité. L'entraîneur des Bruins, Milt Schmidt, est même allé jusqu'à faire une offre à Boom Boom par le truchement des médias: «Geoffrion sera capitaine de notre équipe si M. Selke veut bien l'échanger.» Pour la seconde fois, Frank Selke a répondu: «Pas question.»

Schmidt avait une bonne raison de vouloir éloigner Geoffrion de Béliveau. Nous détenions, lui et moi, les deux meilleures moyennes de buts par match. Je menais avec 1,16; Boom Boom était deuxième avec 1,02, suivi d'Andy Bathgate avec 0,993, Gordie Howe avec 0,977 et Bobby Hull avec 0,924. Sans doute que tous les entraîneurs de la ligue trouvaient cette idée de nous séparer excellente.

En 1960-1961, Geoffrion a marqué cinquante buts et nous nous sommes retrouvés en tête de la ligue, lui avec quatre-vingt-quinze points, moi avec quatre-vingt-dix. Dickie Moore et Henri Richard figuraient également parmi les dix meilleurs marqueurs. La saison suivante, nous avions tous deux dégringolé, le Boomer et moi. Les quatre meilleurs marqueurs des Canadiens avaient manqué soixante-quatre matchs, au total: j'en avais raté vingt-sept; Henri Richard, seize; Dickie, treize; et Boom Boom, huit. Pourtant nous demeurions la meilleure équipe de la Ligue nationale: nous avons même terminé la saison en tête, treize points devant Toronto, prouvant ainsi que les Canadiens de Montréal étaient forts et unis. Ralph Backstrom et Claude Provost avaient bien gardé le fort en notre absence, mais, pour la première fois depuis 1942-1943, il n'y avait aucun joueur des Canadiens sur la première ou sur la deuxième équipe des étoiles. Par contre, Jacques Plante et Jean-Guy Talbot avaient été choisis au premier tour, ainsi que Doug Harvey (qui portait à cette époque l'uniforme des Rangers).

Nous avons été rapidement éliminés des finales de 1961-1962. La saison 1962-1963 n'a pas été beaucoup plus glorieuse. Les Maple Leafs nous ont blanchis 5 à 0 dans le cinquième match des demi-finales.

Frank Selke décida alors que des changements radicaux s'imposaient. Quand Doug Harvey était parti pour New York en 1961, nous avions engagé le grand Lou Fontinato, mais nous l'avons perdu le 9 mars 1963 dans un horrible accident survenu sur la glace du Forum. Lou s'apprêtait à plaquer la recrue des Rangers, Vic Hadfield, derrière le filet, mais Hadfield a esquivé le coup et Fontinato, déséquilibré, est entré la tête la première dans la bande. Il est resté immobile longtemps, et on a dû l'emmener sur une civière, la tête immobilisée dans un carcan. Avec une vertèbre cervicale écrasée, il est resté paralysé pendant un certain temps. Il a finalement complètement récupéré de cet accident, mais n'a plus jamais joué dans la LNH.

Lou a été remplacé par le jeune défenseur Jacques Laperrière qui a terminé la saison avec nous. Plus tôt pendant cette saison, un autre nouveau venu, Terry Harper, originaire de la Saskatchewan, s'était joint à nous après que Tom Johnson fut blessé. Ces changements faisaient partie de la grande transformation entreprise par Frank Selke qui, petit à petit, démembra l'équipe des années 50 pour mettre en place celle des années 60.

Depuis trois ans, il avait fait d'importants changements dans notre système défensif. Harvey et Bob Turner étaient partis en 1961, Fontinato et Tom Johnson en 1963. Ce fut également en 1963 que Dickie Moore nous quitta, ses pauvres genoux ayant eu raison de son indomptable courage. Jean-Claude Tremblay était encore avec nous. Mais quand la saison 1963-1964 a débuté, Jean-Guy Talbot restait le seul défenseur vétéran à avoir connu la glorieuse époque des cinq coupes consécutives.

Frank Selke n'arrêta pas là son entreprise de rajeunissement. Il allait, en quelques années, créer une tout autre équipe. Les nouveaux Canadiens de Montréal seraient très différents, beaucoup plus coriaces, les plus coriaces de leur ligue. Je vous en reparlerai un peu plus loin. Pour le moment, je veux attirer votre attention sur la plus audacieuse décision qu'ait prise Selke. Je n'aurais jamais pu imaginer, ni personne d'ailleurs, qu'il ferait une chose semblable. Lorsque ses intentions apparurent au grand jour, plusieurs l'accusèrent de vouloir guérir la maladie en tuant le patient. Pour rajeunir le club, Frank échangea, en effet, notre gardien Jacques Plante et nos centres Don Marshall et Phil Goyette, trois joueurs très talentueux, contre Lorne (Gump) Worsley des Rangers et deux solides ailiers, Dave Balon et

Léon Rochefort. C'étaient des mesures draconiennes, c'était un grand risque aussi, mais le temps a donné raison à Selke.

Jacques Plante avait gardé le but des Canadiens, avec Charlie Hodge, pendant mes dix premières saisons. De 1955-1956 à 1961-1962, il a toujours été sur la première ou sur la deuxième équipe des étoiles, sauf une fois. Et six années sur sept il a remporté le trophée Vézina décerné au meilleur gardien de la Ligue nationale.

Pour moi, Jacques Plante est le meilleur gardien de but que j'ai connu, avec Terry Sawchuk, et je placerais Ken Dryden, Glenn Hall, Bernie Parent et Patrick Roy juste en dessous. (Je viens tout juste d'ajouter Patrick, qui m'a convaincu de son talent avec ses excellentes performances des neuf dernières saisons.) Mais j'ai de la difficulté à apprécier le jeu de Roy et de plusieurs autres gardiens d'aujourd'hui. Au style papillon, je préfère la bonne vieille méthode du gardien qui se déplace pour fermer les angles avec son corps. Je dois tout de même admettre que peu de rondelles pénètrent dans le haut du filet de nos jours; et je suis prêt à croire que les trois quarts de tous les lancers peuvent être bloqués grâce à la technique papillon, surtout depuis que les arbitres semblent tolérer l'obstruction devant le filet et même l'intrusion des joueurs dans la zone du gardien de but.

Beaucoup des techniques qu'on enseigne maintenant aux jeunes gardiens ont été mises au point par Jacques Plante. Chacun sait qu'il fut le premier à porter le masque. Au début, Toe ne voulait rien savoir. Jacques portait son masque à l'entraînement, mais devait l'enlever pour les matchs, jusqu'à ce qu'il soit frappé par un lancer d'Andy Bathgate, le 1er novembre 1959, à New York. Andy, un bon joueur très gentil, très courtois, avait l'un des lancers les plus précis et les plus puissants de la ligue; et il avait mis toute sa force dans celui qui atteignit Jacques en pleine figure. Jacques saignait abondamment quand on l'a emmené à la clinique du Madison Square Garden où un médecin est parvenu à lui remettre le nez en place et à suturer la plaie. Quand Jacques est revenu au vestiaire, il a dit à Toe : « Je suis prêt à retourner jouer, mais pas sans mon masque. »

Toe et Jacques, deux fortes personnalités, ont toujours eu une relation plutôt orageuse pendant toutes les années où ils ont travaillé ensemble. Ce soir-là, quelque chose dans la voix de Jacques a dû faire comprendre à Toe que sa décision était irrévocable. Il est revenu au jeu avec son masque et ne l'a plus jamais quitté. Quelques années plus tard, tous les gardiens de but dans toutes les ligues de hockey du monde faisaient comme lui. Vous auriez dû voir les points de suture qui tenaient son nez en place. Ils formaient un gros C, un C pour Courage. Je n'aurais jamais cru qu'il puisse revenir jouer dans cet état, masque ou pas.

Personne n'a jamais abordé la fonction de gardien de but avec autant de réflexion et de science que Jacques Plante. Sa façon d'être continuellement en mouvement a révolutionné le jeu. Il a été le premier gardien à sortir de sa zone pour aller derrière le filet et intercepter une passe. Il allait parfois chercher la rondelle jusque dans le coin de la patinoire, ou il fonçait presque jusqu'à la ligne bleue pour voler de longues passes aux avants de l'équipe adverse. D'autres gardiens essayaient d'en faire autant, mais ils n'y parvenaient pas tous, parce qu'ils n'avaient pas le coup de patin de Jacques et qu'ils ne réussissaient pas toujours à réintégrer à temps leur poste.

Grâce à sa rapidité et son agilité, Jacques a pu développer un style tout à fait particulier. Il pouvait se recroqueviller tout au fond de son filet et bondir comme un serpent vers un joueur d'avant trop audacieux, ce qui lui a valu le surnom de Jacques le Serpent (*Jake the Snake*). Tous ses gestes et ses déplacements étaient vifs, précis, toujours parfaitement coordonnés.

Un soir, à Chicago, pendant la première période, il a commencé à se plaindre que la barre du filet était au moins un seizième de pouce plus basse que partout ailleurs. Cela ne nous semblait pas bien important mais Jacques n'en démordait pas.

«Devant le filet, je me place toujours de la même manière, disait-il. Or je n'ai pas grandi depuis la dernière fois, et je vous assure que le filet n'est pas à la hauteur réglementaire. Il est plus bas d'un seizième de pouce au moins, peut-être même d'un huitième.» Il a continué, même après le match, à nous parler de cette barre trop basse, si bien qu'à notre voyage suivant à Chicago, nous avons demandé que le filet soit mesuré. Il était exactement un seizième de pouce trop bas.

Comme plusieurs gardiens de but, Jacques était un homme plutôt solitaire, et pouvait parfois faire montre d'un humour acerbe, ce qui ne l'empêchait pas d'être, à sa façon, un homme d'équipe.

Les médias ont beaucoup parlé de son passe-temps favori : le tricot. Quand nous voyagions, dans le train, on entendait ses aiguilles s'entrechoquer, un rang à l'endroit, un rang à l'envers. Il tricotait des bas, des tuques, des caleçons, des camisoles. Les journalistes n'en finissaient plus de s'étonner qu'un gardien de but s'occupe à ce genre de choses. Ils avaient imaginé deux théories. Certains disaient que la concentration qu'exigeait ce travail manuel avait un effet calmant sur son esprit, surtout avant des matchs importants. D'autres, dont je fais partie, croyaient qu'il avait plutôt adopté ce passe-temps par esprit d'économie. Plusieurs gardiens de but sont assez proches de leurs sous. Ken Dryden, par exemple, garait toujours sa voiture à l'ouest de l'avenue Green, à Westmount, et marchait jusqu'au Forum, pour économiser les quelques dollars du stationnement au Forum.

Je ne vous étonnerai pas en disant que les comiques de l'équipe aimaient bien taquiner Jacques à propos de son tricotage, mais j'essayais toujours de les faire taire. Je savais fort bien qu'il n'était pas prudent de jouer avec ses nerfs.

«Laissez-le donc tranquille, leur disais-je, en riant un peu moi aussi. Si ça le rend heureux, tant mieux. Il aura au moins de quoi faire une seconde carrière, et il sera moins démuni que nous tous quand viendra le moment de la retraite». Il semble que j'aie eu raison.

Jacques a laissé un grand vide quand il est parti, devant le filet et dans notre cœur. Je crois qu'il a ressenti, lui aussi, un grand choc quand il s'est retrouvé à New York. Après un an et demi avec les Rangers qui n'étaient alors pas une équipe très forte, il est revenu à Québec pour travailler comme représentant des ventes dans une brasserie.

Mais il était trop jeune pour prendre sa retraite. En 1965, avec Noël Picard et quelques autres joueurs des As de Québec, il fit équipe avec les Canadiens juniors pour défaire, par la marque de 2 à 1, l'équipe nationale soviétique au Forum. Son jeu fut tellement spectaculaire que la foule lui offrit une ovation qui, selon les habitués du Forum, rappelait celles des grands jours de Maurice Richard.

Jacques est resté à Québec pendant quelques saisons, jusqu'à ce que les Blues de Saint Louis fassent appel à lui en 1968. Il a commencé par refuser, mais quand ils lui ont fait miroiter un contrat de 35 000 $, il est allé partager la tâche de Glenn Hall pendant deux saisons. Ces deux vétérans ont décroché ensemble le trophée Vézina, et Jacques est parti à Toronto où il est resté trois autres saisons, avant de rejoindre Boston en mars 1973, pour les séries finales de la coupe

Stanley. À 45 ans, il ne se sentait pas encore prêt à partir pour de bon. En 1975, il a refait surface avec les Oilers d'Edmonton de l'Association mondiale. Ce fut sa dernière saison. Après avoir parlé de retraite pour la première fois, il a joué trois cents autres matchs dans la LNH et la l'AMH. Pour moi, il restera toujours le gardien de but par excellence.

Comme je l'ai dit, nous étions devenus l'équipe la plus coriace de la ligue en 1963-1964, au grand dam de nos adversaires. Terry Harper, Jacques Laperrière, et Ted Harris qui était encore plus grand, formaient à notre ligne bleue un rempart quasi inexpugnable. En 1965, le solide Noël Picard est venu nous prêter main forte, et nous avons remporté la coupe Stanley. Dave Balon, Léon Rochefort, Bryan Watson, Claude Larose et Jim Roberts assuraient l'offensive, et exerçaient dans les coins une autorité pratiquement absolue.

Mais ce qui faisait la véritable force de l'équipe, c'était John Bowie Ferguson, le joueur le plus redoutable de la décennie, si ce n'est de l'histoire du club. Fergie était le meilleur combattant que j'ai connu dans la LNH, sans pour autant être une brute. Il pouvait battre qui que ce soit avec ses poings, mais aussi par la finesse de son jeu dans les coins, ou la fulgurante rapidité de ses lancers. Il avait des mains immenses auxquelles il valait mieux faire attention quand elles étaient serrées en un poing. Mais la plus grande richesse de Fergie était son esprit d'équipe. Au vestiaire, il nous stimulait ou, si nous avions mal travaillé, il nous terrorisait plus encore que l'équipe adverse. Aucun joueur portant le même chandail que Fergie n'aurait osé donner sur la glace moins que le meilleur de lui-même.

On a beaucoup parlé de ses «innombrables» punitions. Je pense qu'il faut rétablir ici certains faits et donner des chiffres exacts. Fergie n'a jamais accumulé plus de 185 minutes de punitions dans aucune des huit saisons qu'il a passées avec nous. Il a été pénalisé pendant 1 214 minutes dans sa carrière. Le *Guide officiel des Records* ne mentionne même pas les joueurs qui ont totalisé moins de 1 500 minutes sur la liste des soixante joueurs les plus pénalisés où l'on trouve quelques anciens Canadiens : Chris Nilan, Bryan Watson, Carol Vadnais, Doug Risebrough et Chris Chelios. Je n'apparais pas non plus sur cette liste ; je n'ai accumulé en effet dans toute ma carrière que 1 029 minutes de punitions, environ deux cents de moins que Fergie. Celui-ci n'avait pas besoin de se battre et de passer la moitié de la soirée au banc des punitions pour imposer le respect. Sa réputation le précédait partout où il allait et ses adversaires évitaient de l'affronter.

Mais il n'avait rien de bien intimidant, quand il nous est arrivé avec son gros nez au camp d'entraînement, en septembre 1963. Il était loin d'être le meilleur patineur sorti de la Ligue américaine de hockey, où il avait joué pour les Barons de Cleveland. Il connaissait ses limites. Il est venu me voir un matin après l'entraînement, l'air très inquiet :

«Tu ne peux pas savoir, Jean, à quel point je veux rester dans cette équipe...

— Je t'ai vu aller Fergie, et je pense honnêtement que tu n'as pas besoin de t'inquiéter, lui ai-je répondu. Continue comme ça. Tout va bien.»

Fergie était un agent libre, ce qui était très rare à l'époque, et Toronto, New York, Boston et Montréal essayaient tous de se l'approprier. Les Canadiens ont eu de la chance de l'avoir gardé. Mais Fergie semblait étonné de l'attention et du respect que nous lui portions, comme s'il n'était pas certain de mériter une place parmi nous. Il avait encore beaucoup à apprendre, son coup de patin laissait encore à désirer, mais bien encadré et encouragé par des coéquipiers plus talentueux, il pouvait faire des miracles. Il en doutait; nous en étions persuadés.

Toe se rappelait sans doute à quel point Bert Olmstead m'avait aidé à faire mes premiers pas dans la ligue. Il savait que c'est au contact de leurs aînés que les jeunes apprennent vraiment. Dès le début de la saison, il a placé Fergie avec le Boomer et moi. Mon ailier habituel, Gilles Tremblay, s'est retrouvé aux côtés d'Henri Richard pendant quelque temps. Ferguson était drôlement nerveux à sa première partie, qui était aussi notre première partie de la saison, contre les Bruins. Après douze secondes de jeu, il avait déjà ce Ted Green de malheur sur les talons. Dans le feu de l'action, son trac s'est dissipé. Fergie a reçu deux punitions pour s'être battu et a marqué deux buts, dans un match nul de 4 à 4. La nouvelle s'est rapidement répandue dans la ligue : Fergie est chez lui avec les Canadiens, il se bat, il marque des buts.

Redoutable, Fergie ? En 1968, nous affrontions, dans les éliminatoires, les nouveaux Bruins de Boston, une équipe fougueuse et pleine d'assurance qui alignait de grands et gros joueurs : Phil Esposito, Johnny Bucyk, Johnny McKenzie, Wayne Cashman, Ken

Hodge, Bobby Orr, Derek Sanderson, Ted Green. Devant cette muraille impressionnante, nous avions Fergie.

Au début de la première période, une bagarre éclata entre Fergie et Ted Green. Ferguson a attrapé Green par le collet, lui a passé le chandail par-dessus la tête et l'a frappé pendant plusieurs minutes. Les Bruins, décontenancés, ont été éliminés en quatre parties.

Mais n'anticipons pas. En 1964, les «nouveaux» Canadiens ont fait leurs preuves et ont terminé la saison régulière bons premiers. N'empêche que les Leafs nous ont défaits en sept matchs, lors des demi-finales. Je souffrais beaucoup d'une blessure au genou que je m'étais infligée à la quatrième rencontre. J'ai essayé de revenir pour la septième partie, mais il était trop tard. Cette série est restée célèbre pour les bagarres qui ont éclaté pendant le premier et le quatrième match et surtout pour le fameux coup qu'Eddie Shack a servi à Henri Richard et qui a nécessité plusieurs points de suture. Il suffisait de regarder les yeux de Fergie après l'affrontement pour savoir qu'une scène de ce genre ne se répéterait pas, et que Shack avait désormais tout intérêt à se comporter comme un ange chaque fois qu'il verrait un chandail bleu-blanc-rouge.

En y repensant, il me semble que nous n'avions pas beaucoup de chance de nous en sortir cette année-là. Entre autres raisons, parce que Punch Imlach s'était livré en fin de saison à des tractations très rusées. Il avait échangé Dick Duff, Bob Nevin et trois joueurs des ligues mineures (dont Rob Seiling, qui jouait alors pour l'équipe nationale du Canada) contre Andy Bathgate et Don McKenney des Rangers de New York. Grâce à eux, les Leafs ont mérité la coupe Stanley.

Autre coup dur, à la fin de cette saison : Boom Boom Geoffrion nous annonça qu'il prenait sa retraite, à l'âge de trente-trois ans, et qu'il allait diriger les As de Québec.

Avec la retraite du Boomer, il ne restait plus que six des douze joueurs de la fameuse équipe qui avait remporté les cinq coupes consécutives : Henri Richard, Claude Provost, Bill Hicke, Jean-Guy Talbot, Ralph Backstrom et moi-même. Nous étions trois à jouer encore au centre, ce qui nous permettait de maintenir la structure interne de l'équipe, malgré toutes les transformations que nous avions subies. J'ai déjà parlé de ces joueurs «physiques» qui ont apporté un grand changement à l'équipe, mais nous avions aussi un groupe de très bons marqueurs à l'offensive : Bobby Rousseau,

Gilles Tremblay, André Boudrias et Yvan Cournoyer, tous arrivés en 1964. En plus, on allait bientôt pouvoir compter sur Serge Savard, Jacques Lemaire, Carol Vadnais, Jude Drouin et Christian Bordeleau.

Henri, Claude et Ralph, joueurs de grande expérience et encore dans la force de l'âge, restaient absolument essentiels aux Canadiens des années 60. Ils étaient là chaque soir, bon an mal an, nous guidant, d'une victoire à l'autre et d'une coupe à l'autre. Pourtant, ils restaient modestes malgré l'extraordinaire succès dont ils étaient les artisans.

Claude Provost était le prototype du soldat qui monte au front; un homme bon, plutôt calme et secret, mais capable aussi de s'amuser. Il nous a été infiniment précieux, en neutralisant cette formidable machine à compter des buts qu'était Bobby Hull. Dans les années 60, Hull faisait la pluie et le beau temps partout dans la ligue, sauf quand les Hawks jouaient contre les Canadiens. Parce que, parmi nous, il y avait Claude Provost. Il avait pour mission de couvrir Bobby Hull et il le faisait avec génie et grande honnêteté. Pas une fois, à ma connaissance, ne l'a-t-il attaqué par derrière ou fait trébucher. Mais il savait le prendre de vitesse et lui coller aux talons malgré les arabesques ou les feintes que faisait le pauvre Bobby Hull qui finissait par s'énerver et perdre ses moyens. De plus, Claude savait préparer des jeux offensifs souvent productifs. En 1964-1965, il a été choisi, devant Gordie Howe, pour faire partie de la première équipe des étoiles.

Hull lui-même admettait que Claude était le meilleur défenseur auquel il devait faire face. Je l'ai entendu dire que personne, pas même parmi les joueurs qui utilisaient des tactiques illégales, ne lui donnait autant de fil à retordre que Claude Provost.

Ralph Backstrom aurait été une grande vedette dans toute autre équipe de la LNH, surtout pendant ses sept ou huit premières saisons. Il avait remporté, en 1959, le trophée Calder (meilleure recrue de l'année). Il est devenu le troisième joueur de centre de notre équipe, derrière Henri et moi-même, ce qui lui laissait peu de temps sur la glace. Il ne participait pas souvent aux jeux de puissance et se voyait souvent confiné à un rôle surtout défensif, bien qu'il ait été un très bon marqueur chez les juniors.

Si John Ferguson fit respecter le Tricolore des années 60, Henri Richard lui donna du caractère. Je l'admirais depuis ses débuts, non seulement pour ses exploits sur la glace, mais aussi pour sa personnalité. Être le petit frère d'une légende de hockey n'est pas facile;

il faut faire ses preuves, en mettre plus que d'autres pour que les gens apprécient. Henri a dû attendre plusieurs années après la retraite de Maurice avant que les partisans soient convaincus qu'il était aussi une vedette à part entière. Pendant toute sa carrière, partout où il allait, la première question qu'on lui posait était : «Comment va Maurice?» Chaque fois, il répondait avec une patience angélique : «Bien, très bien.»

C'était un joueur très productif et très coriace, passionné, un vrai joueur d'équipe. Il a également été, après ma retraite, un capitaine fort apprécié. Ce n'est pas par hasard qu'Henri Richard détient le record inégalé d'avoir participé à onze coupes Stanley !

Lors de ma première année avec les As de Québec, j'avais comme ailier gauche Ludger Tremblay, l'aîné d'une famille de onze enfants originaire de Montmorency, juste à côté de Québec. Il avait connu une carrière intéressante dans la LAH avec les Barons de Cleveland, et il était revenu à Québec pour être près de sa famille. Il travaillait à Québec pour l'Anglo-Canadian Paper et jouait avec les As. Dix ans plus tard, à Montréal, j'avais comme ailier gauche le petit frère de Ludger, Gilles Tremblay.

Gilles avait d'extraordinaires capacités, mais parce qu'il souffrait d'asthme, il a dû prendre sa retraite après seulement neuf saisons chez les Canadiens. Tout comme son frère Ludger, il était d'une force exceptionnelle et d'une rapidité hallucinante. Il excellait tant à la défensive qu'à l'attaque. Il savait briser les jeux qu'avait créés l'adversaire et changer à notre avantage le rythme d'un match. Toe avait déjà dit à des journalistes qu'il n'échangerait jamais Gilles Tremblay, même pas pour Frank Mahovlich.

Gilles et moi formions une offensive absolument parfaite. Dès que la moindre ouverture se présentait, je lançais la rondelle vers ma gauche, parfois presque à l'aveuglette; je savais qu'il allait la récupérer. S'il parvenait à s'échapper, personne ne pouvait le rattraper.

De même que Claude Provost gardait Bobby Hull en respect, Gilles Tremblay réussissait à neutraliser Gordie Howe. Malheureusement pour nous, il a souvent été absent du jeu à cause de blessures ou de maladie. Il s'est fracturé une jambe et a dû se retirer pendant plus de la moitié de la saison 1964-1965; quelques années plus tard, victime d'une infection virale, il a raté près de vingt-cinq matchs.

J'ai fait plus de passes que jamais à cette époque, avec Gilles à ma gauche et Yvan Cournoyer à ma droite, sans doute la seule personne qui pouvait patiner plus vite que lui. Je me sentais parfois comme le footballeur Sam Etcheverry, qui faisait ses longues passes à Hal Patterson et aux autres coureurs de son équipe. Les défenseurs adverses étaient facilement débordés par nos remarquables joueurs d'avant. S'ils s'approchaient trop, Yvan et Gilles se chargeaient de les repousser ou de les doubler. S'ils essayaient de me coincer, je leur passais la rondelle. Même des équipes aussi puissantes que Chicago ou Boston étaient terrorisées par les contre-attaques de mes deux ailiers.

Pendant ce temps, Terry Harper et Jacques Laperrière s'imposaient à la défensive. Ils étaient tous deux très grands et minces, tellement qu'ils semblaient à eux seuls pouvoir couvrir la patinoire d'un bord à l'autre. Jacques avait un lancer frappé du tonnerre, grâce auquel il avait établi, dans l'Association de hockey junior A de Toronto, un record de buts pour un défenseur, qui a tenu jusqu'à l'arrivée de Bobby Orr. Par contre, les lancers de Terry n'auraient pas cassé une vitre; il n'allait d'ailleurs compter que quatorze buts en dix saisons. Mais ce garçon dégingandé de Regina était un véritable fanatique du jeu, et il n'a jamais cessé de s'améliorer jusqu'à devenir l'un des meilleurs défenseurs de la LNH.

À Montréal, les amateurs se moquaient ouvertement de son style plutôt étrange. On disait qu'il ne serait jamais un *Flying Frenchman* et ne faisait pas honneur au sacro-saint bleu-blanc-rouge. Or Terry possède cinq bagues de la coupe Stanley, de quoi faire taire ses détracteurs. Pendant dix ans, il a été l'objet de huées et d'accusations de toutes sortes. C'était, de la part du public, un traitement injuste qui nous vexait aussi bien que lui. Plusieurs parmi nous l'ont fait savoir sans équivoque par le truchement des médias.

Les partisans des Canadiens semblent n'avoir jamais compris à quel point Terry travaillait consciencieusement. Comme Ferguson, il restait souvent sur la glace après les exercices d'équipe et passait de longues heures à s'entraîner. Le coup de patin de Fergie laissait peut-être à désirer lorsqu'il est arrivé à Montréal, mais quelques années plus tard, il pouvait en remontrer à ce chapitre à la majorité des défenseurs d'expérience. De même, à force d'entraînement et d'entêtement, Terry Harper est devenu le meilleur patineur à reculons de la ligue. Il n'y avait pas que ses coéquipiers qui savaient apprécier les qualités de Terry. Bobby Hull lui-même se plaignait de ne jamais pouvoir le contourner, ni même de réussir à faire une bonne passe lorsque Harper se trouvait devant lui. Lors de sa première entrevue télévisée à *Hockey Night in Canada*, Bobby Orr a, quant à lui, confié à Ward Cornell que ses deux grands modèles parmi les défenseurs de la LNH étaient Tim Horton et Terry Harper.

Il y a cependant un domaine dans lequel Terry n'a pas su s'attirer l'admiration de qui que ce soit : il était le plus piètre bagarreur de la ligue. Il perdait toujours, pour la bonne et simple raison qu'il ne s'attaquait qu'aux plus forts que lui, qu'il ne reculait et n'abandonnait jamais, même s'il était en train de se faire massacrer. Je crois qu'il n'a gagné qu'une seule bagarre sur les quelque quarante qu'il a disputées dans la Ligue nationale. Si ma mémoire est bonne, la seule personne qu'il ait jamais battue est Bob Pulford de Toronto. Nous admirions cependant son courage. Il provoquait ses adversaires, les harcelait jusqu'à ce qu'ils craquent et perdent leur sang-froid ; alors, on voyait se dessiner sur les lèvres de Terry un sourire méprisant et fantasque, pendant que l'ennemi laissait tomber les gants pour le frapper... et se retrouver sur le banc des punitions.

Terry a disputé 1 066 parties en 19 saisons dans la Ligue nationale et il a bien mérité chaque sou qu'il a gagné. C'était un être farouchement déterminé, possédant une incroyable force de caractère. À l'âge de douze ans, il avait été gravement brûlé aux jambes, et les médecins avaient longtemps cru qu'il ne marcherait plus. Il avait les jambes couvertes d'effroyables cicatrices.

Jacques Laperrière était un homme réservé, qui a arpenté notre ligne bleue pendant une décennie. Il a remporté le trophée Norris du meilleur défenseur de la ligue en 1966, juste avant l'arrivée de Orr. Ted Harris était un Manitobain fort et calme, le meilleur poids lourd de la ligue. Ses bagarres contre Orland Kurtenbach des Rangers, puis des Leafs, sont restées célèbres.

Vous avez sans doute l'impression que je suis en train de dresser la liste de mes coéquipiers et de faire l'éloge de chacun d'entre eux. En fait, ce que je tiens à démontrer, c'est que les Canadiens de Montréal de 1964-1965 à 1970-1971 forment probablement la dynastie la plus méconnue de l'histoire de la LNH. Nous sommes allés décrocher cinq coupes Stanley en sept saisons. Mais on a parlé infiniment plus de Wayne Gretzky, Jari Kurri, Mark Messier, Kevin

Lowe, Glenn Anderson et Grant Fuhr des Oilers qui ont réussi cet exploit dans les années 80.

L'équipe d'Edmonton débordait de supervedettes, c'est vrai. Nous avions aussi de grands joueurs, mais c'est surtout grâce à notre esprit d'équipe que nous avons, selon moi, égalé sinon surpassé les autres, y compris les Canadiens des années 50. Claude Provost, Gilles Tremblay, John Ferguson, Ted Harris et Terry Harper étaient tous membres de ce que Don Cherry appelait le Temple de la Renommée des boîtes à lunch (*The Lunchpail Hall of Fame*), le Temple de la Renommée des «plombiers», si vous préférez. À moins d'être sérieusement blessés, ces joueurs ne manquaient jamais un match, et donnaient toujours le meilleur d'eux-mêmes. Ils gagnaient et continuaient à gagner. Frank Selke et Sam Pollock savaient s'entourer de futurs membres du véritable Temple de la Renommée de la LNH.

La décennie avait plutôt mal commencé, mais les choses se sont nettement améliorées vers 1964, une année décisive pour l'équipe. Frank Selke a dû se retirer, malgré ses réticences, et fut remplacé par son protégé, Sam Pollock.

Une des premières initiatives de Sam a été d'échanger Bill Hicke avec les Rangers pour un ailier d'expérience, Dick Duff. Cette transaction allait s'avérer très fructueuse pendant le reste de la saison et les éliminatoires. Dick était un petit joueur d'avant qui faisait un travail incroyable devant le filet. Il avait un très beau style, et savait d'instinct comment compléter ou préparer les jeux avec son joueur de centre. Il pouvait marquer ou faire une passe tellement rapide que les gardiens de but n'avaient pas le temps de réagir. Sam l'a mis sur un trio avec Cournoyer et moi-même, et Fergie est allé prêter main forte à Ralph Backstrom sur la ligne défensive. Duff avait trouvé un truc qui prenait toujours les défenseurs au dépourvu. Il s'approchait lentement, lançait la rondelle entre leurs patins et allait la reprendre derrière eux. Il se faisait une passe, en somme; la plupart du temps, ce stratagème fonctionnait. Duff continuait alors sur sa lancée, franchissait la ligne bleue et se plaçait de manière à ce que Cournoyer ou moi puissions recevoir une passe; il avait un remarquable sens de l'espace.

Detroit nous a volé la première place à la fin de cette saison, grâce à leurs centres Norm Ullman et Alex Delvecchio. Comme les Hawks, la plus puissante équipe de la ligue, nous comptions plusieurs blessés dans nos rangs. Lors des demi-finales, nous avons quand même éliminé Toronto en six parties. Quant aux Hawks, menés par Stan Mikita, Bobby Hull, Pierre Pilote et Glenn Hall, ils ont eu raison des Red Wings en sept matchs.

La série finale allait être extrêmement serrée. C'est l'avantage de la glace qui a fait la différence. Nous avons gagné nos trois premières rencontres à domicile; les Hawks ont remporté les trois suivantes chez eux, de sorte que, le premier mai, nous nous retrouvions dans nos murs et devant nos partisans pour le match décisif. Chaque équipe avait perdu plusieurs vedettes en cours de route. Le défenseur de Chicago, Pierre Pilote, et Ken Wharram, avaient raté les deux premiers matchs que nous avions remportés 3 à 2 et 2 à 0, mais ils étaient revenus pour participer aux deux dernières victoires des Hawks, 3 à 1 et 5 à 1. Devant notre filet, Lorne Worsley avait été remplacé par Charlie Hodge pour la quatrième partie, que nous avons perdue. Mais Charlie a pris sa revanche au cinquième match, quand nous avons blanchi les Hawks 6 à 0 au Forum. Notre jeu de puissance avait été extraordinairement productif ce soir-là : quatre buts.

Nous menions alors la série 3 à 2. Nous sommes retournés à Chicago bien déterminés à y mettre fin, mais Glenn Hall ne l'entendait pas ainsi. Ce sixième match fut particulièrement pénible. Ralph Backstrom nous avait donné l'avantage au début de la seconde période, mais des buts de Wharram et Mohns au début de la troisième nous ont forcés à disputer un septième match. L'arbitre Frank Udvari avait donné dix-sept minutes de pénalité à Terry Harper, et aussi à Stan Mikita, pour mauvaise conduite. Sam Pollock ne s'est pas gêné pour dire par la suite que la foule avait influencé l'arbitre et les juges de ligne.

Nous avions la ferme intention de gagner cette septième partie. Après tout, nous avions battu les Hawks lors de nos deux derniers matchs au Forum. De plus, nous allions jouer devant nos partisans. Tant mieux si les arbitres étaient sensibles aux clameurs de la foule, comme le croyait Sam. Cela jouerait ici en notre faveur. Toe Blake en a surpris plusieurs en redonnant le filet à Worsley.

Bien sûr, l'avantage de la glace n'est pas toujours déterminant, loin de là. Il suffit qu'une rondelle sautillante dévie par inadvertance sur un patin ou une jambière, que le gardien ou un joueur commette une infime erreur, pour que l'imprévisible et l'irréparable se produise. Chicago l'avait démontré en demi-finale contre les Red Wings. La série était égale, 3 à 3. Le septième match avait eu lieu à Detroit, chez les Wings. Les Hawks l'avaient tout de même gagné, 4 à 2. Dans ces éliminatoires de 1965, toutes les parties avaient été remportées par l'équipe possédant l'avantage de la glace (et de la foule), sauf la septième des Hawks à Detroit et notre sixième et dernière à Toronto.

Quand nous sommes arrivés sur la patinoire du Forum pour disputer le match final contre Chicago, la foule nous a fait une formidable ovation. Moins de quinze secondes après le début du match, Dick Duff m'a remis la rondelle et j'ai pu déjouer Hall. Nous menions 1 à 0. À la fin de la première période, le compte était 4 à 0 grâce à des buts de Duff, Richard et Cournoyer. Nous nous sommes confinés à un jeu plus défensif jusqu'à la fin du match. Et nous avons blanchi les Hawks. Peu après 22 heures, j'ai pu brandir ma première coupe Stanley en tant que capitaine des Canadiens. La longue attente était enfin terminée.

Un an plus tard, nous nous sommes retrouvés en finale contre les Red Wings de Detroit. Il nous est arrivé une chose qui, à ma connaissance, ne s'était jamais produite dans l'histoire des Canadiens : nous avons perdu nos deux premiers matchs à domicile. Le réseau américain qui télédiffusait ces rencontres avait installé le 24 avril de puissants éclairages qui changeaient jusqu'à l'atmosphère du Forum. Nous étions dépaysés chez nous. Nous avons quitté Montréal plutôt déconfits.

À Detroit, nous descendions habituellement au Sheraton-Cadillac, en plein centre-ville. Cette fois, Toe Blake décida de nous éloigner de toute distraction, afin que nous puissions nous concentrer et nous reposer. Il nous a donc installés à Dearborn, une banlieue paisible et verte, sans savoir qu'une convention de *barbershop quartets* se tenait dans notre hôtel. À toute heure du jour et de la nuit, nous entendions *Sweet Adeline* et *By the Light of the Silvery Moon*. Je revois encore Toe, en pyjama, descendant l'escalier au pas de course, pour essayer de faire taire ces messieurs.

«Mes gars ont un match important demain soir. Fermez-la donc!» hurlait-il. Pendant qu'il faisait mettre une sourdine à un quartet, un autre dans la pièce à côté, dans le hall ou dans les jardins, entonnait un nouvel air.

Je ne sais plus si Sam Pollock avait aidé Toe dans cette croisade pour le silence, mais je sais qu'il était là. Une série finale à Detroit ou à Chicago, les deux villes de la ligue les plus éloignées de Mont-réal, représentait pour lui un véritable cauchemar. Sam refusait de prendre l'avion, et le train était trop lent ou les horaires ne convenaient pas. Il devait donc faire le trajet, aller et retour, en voiture. Pendant les trois semaines que duraient les séries, son chauffeur Brian Travers conduisait des milliers de kilomètres. Sam s'installait avec des oreillers sur la banquette arrière, tous ses dossiers étalés devant lui. En 1968, après avoir remporté la coupe aux dépens des Blues, nous avons réussi à le convaincre de prendre l'avion avec nous, au grand dam de Brian qui a dû rentrer seul de Saint Louis.

À Dearborn, Sam cherchait par tous les moyens à nous stimuler et à nous sortir de la léthargie provoquée par nos deux défaites à Montréal. À notre arrivée, il m'a remis 500 $, et m'a dit de sortir les joueurs. «Trouve un bon restaurant, et ne regarde pas à la dépense. Si tu manques d'argent, je te rembourserai.» Il avait compris que nous devions nous libérer de l'écrasante pression qui nous submergeait. C'était sur notre moral qu'il voulait agir, et il a réussi. Nous avons gagné les quatre parties suivantes, dont trois à Detroit.

Au printemps suivant, tous les Montréalais s'attendaient à ce que nous conservions la coupe Stanley. C'était la moindre des choses, en effet, que de l'offrir au maire Jean Drapeau à l'occasion de l'Expo 67 et du centenaire de la Confédération. Mais personne n'avait consulté Terry Sawchuk, Johnny Bower, ni même les joueurs de Toronto, qui nous ont éliminés en six matchs.

Cette saison de 1966-1967 marqua la fin d'un long chapitre de l'histoire de la LNH. Une formidable expansion allait s'ensuivre et le nombre d'équipes passer de six à douze. Au camp d'entraînement, en septembre, pas moins de cent dix joueurs, venus des filiales que nous possédions un peu partout dans le monde du hockey se présentèrent à Montréal, où ils furent évalués, classifiés. Puis ils repartirent à Cleveland, à Houston, à Québec, au nord, à l'est, à l'ouest, au sud.

Afin de favoriser les nouvelles formations qui se joignaient à la Ligue nationale, il fut entendu que, lors de la séance de repêchage du printemps suivant, chacune des anciennes équipes ne garderait qu'un gardien de but et onze de ses joueurs. Or Sam Pollock avait bien préparé son jeu. Parce que nous possédions un vaste réservoir de recrues de grand talent, nous avons pu fournir notre part de bons joueurs à ces six nouvelles formations, sans pour autant démembrer ou amoindrir notre équipe. C'est ainsi que nous avons pu gagner deux autres coupes Stanley, chaque fois contre Saint Louis.

J'ai raconté plus tôt que nous avions éliminé les Bruins en quatre matchs, Fergie s'étant imposé par la force de ses poings devant le terrible Ted Green. Puis nous étions allés affronter les Blues, à Saint Louis. Un an plus tard, nous avons eu beaucoup plus de difficulté à éliminer les Bruins qui avaient terminé la saison avec cent points, trois de moins que nous, et qui, lors des finales de la division est, nous ont tenu tête pendant six matchs.

Fergie, sur la même formation que Cournoyer et moi-même, avait connu une excellente saison : vingt-neuf buts. Nous avions alors plusieurs joueurs blessés ; nos deux gardiens, Rogatien Vachon et Gump Worsley étaient en difficulté. À onze reprises, le jeune Tony Esposito a dû les remplacer devant notre filet. Nous nous sommes battus comme des lions jusqu'en février, et nous avons finalement terminé cette dure saison en première place de la ligue.

Cela ne semblait pas impressionner les Bruins. Nous avons gagné les deux premières parties à domicile en prolongation, par la marque de 3 à 2 dans chacun des cas ; puis nous sommes partis disputer les deux matchs suivants à Boston. À notre grande surprise, nous avons trouvé là-bas un adversaire étonnamment confiant.

«Nous ne perdrons plus un seul match de cette série», disait Harry Sinden dans les journaux bostonnais. Deux de ses jeunes joueurs, Derek Sanderson et Bobby Orr, en rajoutaient. Stimulés par leurs leaders et les médias, les Bruins nous ont écrasés 5 à 0 et 3 à 2. Nous avons remporté le cinquième match par la peau des dents, 3 à 2. Nous menions 3 à 0 en deuxième période, mais les Bruins sont revenus de l'arrière et ont bombardé Vachon de vingt-six lancers.

Le match suivant avait lieu à Boston, un vendredi soir. Nous menions la série 3 à 2, mais tout le monde semblait considérer que nous sortirions vaincus de cette sixième rencontre et que le match décisif se jouerait au Forum le surlendemain. À peine avions-nous joué deux minutes dans la première période, que Ron Murphy compta sur une passe de Phil Esposito. Le Garden explosa. Il était alors 20 h 15. La foule s'attendait certainement à vivre d'autres émotions fortes au cours des heures suivantes, mais personne n'aurait pu prévoir que la partie se terminerait aux petites heures du matin.

C'est pourtant ce qui est arrivé. Au début de la troisième période, j'ai gagné la mise au jeu à la gauche de Gerry Cheevers et j'ai remis la rondelle à Serge Savard. Les deux lignes offensives se sont retrouvées sérieusement emmêlées devant les filets; Cheevers n'a rien vu du lancer de Savard. La rondelle a pénétré dans le coin supérieur gauche du filet, égalisant la marque, 1 à 1.

Nous avons eu vraiment chaud lors de la première période de prolongation. Fergie avait récolté une punition pendant laquelle les Bruins ont bien failli marquer. Au milieu de la cinquième période de jeu, notre entraîneur Claude Ruel, qui depuis des heures mâchait nerveusement sa gomme, prit une décision qui d'abord nous étonna. Pendant toute la saison régulière et presque toutes les éliminatoires, j'avais joué contre Derek Sanderson, un centre talentueux, mais un brin fantasque. Il avait un très bon lancer, mais Fergie, Cournoyer et moi parvenions à le neutraliser ou à le contourner.

Lors de ce sixième match, Harry Sinden fit des changements dans ses formations, et Claude Ruel me fit jouer devant Phil Esposito, avec Claude Provost à ma droite et Fergie à ma gauche. Devant nous, Esposito, Ken Hodge et Murphy. Nous avons mis fin au match, un peu après la onzième minute de la cinquième période, à la quatre-vingt-onzième minute du match (et croyez-moi, nous les comptions une à une). J'ai poussé la rondelle assez profondément dans la zone des Bruins. Fergie s'est vite avancé vers le coin de la patinoire, forçant le défenseur à déblayer. Don Awrey, l'autre défenseur, a bien tenté de récupérer la rondelle mais Provost, plus rapide, l'a interceptée juste avant qu'elle ne franchisse la ligne bleue; je m'étais déjà placé devant le filet, de l'autre côté de Cheevers.

La rondelle est venue frapper mon bâton avant de rebondir vers le coin supérieur du filet. Nous avions gagné les séries, et je venais de compter le seul but en prolongation, lors des éliminatoires, de toute ma carrière.

L'année suivante, nous n'avons même pas participé aux séries. Les Bruins, une équipe jeune, débordante d'ambition et d'énergie, ont enfin réussi à ramener la coupe à Boston. Un an plus tard, nous étions de retour, avec de nouvelles armes. J'avais prévu de me retirer après la saison 1969-1970, mais Sam Pollock m'avait demandé de rester un an de plus. Je crois que c'était une excellente idée à tout point de vue.

À l'automne de 1970, les Canadiens accueillaient dans leurs rangs le grand Frank Mahovlich. Des joueurs très prometteurs s'y trouvaient déjà : son jeune frère Peter Mahovlich, Guy Lapointe et Pierre Bouchard. Frank s'est tout de suite adapté à notre style de jeu, et sa présence a stimulé Peter. Nous formions une bonne équipe, solide, unie. Mais nous n'étions pas très sûrs de nous quand les séries finales ont commencé au mois d'avril. Au troisième rang de la division est, nous allions d'abord affronter les Bruins, champions de la ligue. Les observateurs ne nous donnaient pas beaucoup de chances.

Mais nous avions un nouveau gardien de but, Ken Dryden, qui allait faire pencher la balance en notre faveur. Phil Esposito, Johnny Bucyk, Jim Pappin et Dennis Hull peuvent tous témoigner de l'extraordinaire talent qu'il a déployé au cours de ces séries. Étudiant en droit à l'université McGill, 1 m 93, Dryden avait quitté les Voyageurs d'Halifax pour jouer avec nous les six dernières parties de la saison, et avait rapidement fait ses preuves. Le match décisif s'est disputé à Boston, et on en parle encore.

Même si nous avons bien joué, les Bruins sont sortis vainqueurs de la première rencontre, 3 à 1. Pour le second match, Harry Sinden a remplacé le gardien Gerry Cheevers par Eddie Johnston. Cela semblait une bonne décision pour les Bruins qui, au milieu de la seconde période, menaient 5 à 1.

Puis Henri Richard a enlevé la rondelle à Bobby Orr tout embarrassé et a déjoué Johnston, ce qui nous a donné une lueur d'espoir. Au début de la troisième période, j'ai attrapé une passe de Fergie et j'ai marqué. Quelques minutes plus tard, j'ai enregistré un autre but avec l'aide de Fergie et Cournoyer. C'était 5 à 4. Au milieu de la troisième période, Jacques Lemaire égalisa la marque.

C'est nous, à ce moment-là, qui nous sentions jeunes et pleins de confiance. Et on aurait dit que les arrogants Bruins commençaient à sentir le poids de l'âge. Moins de cinq minutes avant la fin du match, j'ai rendu la politesse à Fergie en lui remettant la rondelle. Il a déjoué Johnston et nous a mis en tête. Trois minutes plus tard, le grand Frank nous donnait une confortable avance.

Nous avons finalement remporté cette série quart de finales en sept parties. Puis nous avons défait les North Stars du Minnesota lors de la demi-finale, avant de vaincre Chicago en sept rencontres pour remporter la fameuse coupe, ma cinquième en tant que capitaine, ma dixième en tant que joueur.

En 4ᵉ année, à l'école Saint-David, à Victoriaville. Je suis dans la dernière rangée, le deuxième à gauche.

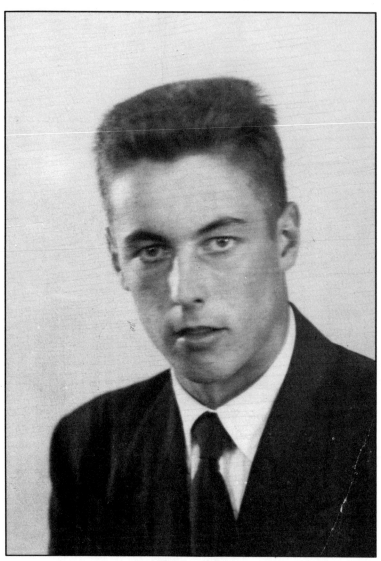

J'ai 15 ans.

C'est avec les Panthères de Victoriaville que j'ai fait mon entrée dans le hockey organisé, à l'âge de 16 ans.

En 1949, je suis engagé par les Citadelles de Québec. Je jouerai deux saisons avec eux dans le nouveau Colisée qu'on venait de reconstruire.

En 1951, je passai aux As de Québec.

Avril 1956 : ma première coupe Stanley. Je savoure ce moment avec le Rocket.

Durant la saison 1966-1967. Je viens de réussir mon lancer dans le filet du gardien de but Ed Giacomin des Rangers de New York. Les Rangers déconfits, de gauche à droite : Rod Gilbert, Harry Howell et Arnie Brown. (Aussie Whiting/The Gazette)

C'est en février 1971 que j'ai compté mon 500ᵉ but, qui était en même temps mon troisième but de la partie contre les North Stars du Minnesota. Participant à la célébration de l'événement, de gauche à droite : ma belle-mère Mida, mon épouse Élise, ma fille Hélène et mon père Arthur. (David Bier Photo Inc.)

*Avec le grand joueur russe Valeri Kharlamov. En septembre 1972,
j'accompagnais l'équipe canadienne à Moscou pour les parties
finales du sommet URSS/Canada.*

Moments inoubliables du mois d'août 1971. Paul VI me reçoit en audience privée dans sa résidence d'été de Castel Gondolfo. (UPI)

Devant les bureaux de l'administration du Forum, au 1414 de la rue Lambert-Closse.

Ma famille, telle qu'elle est aujourd'hui. À mes côtés, ma femme Élise, ma fille Hélène, et mes deux petites-filles, Mylène et Magalie. (Bob Fisher)

Cette victoire de 3 à 2 arrachée aux Hawks le 18 mai 1971 mettait fin au dernier combat de l'équipe des années 60. Il était temps qu'une nouvelle génération prenne la relève. Nous le savions tous. Je me rappelle très bien le retour en avion de Chicago. J'étais assis à côté de Fergie, nous avons bu quelques bières et parlé de ce que nous réservait l'avenir.

«C'est terminé pour moi, me dit-il d'un ton résigné et les yeux humides. Je ne peux plus continuer, Jean. J'ai dû me faire aider par Reggie Houle pendant toutes les séries.» Réjean, une autre découverte de Sam Pollock, était rapide comme le vent. «Je pense que je vais prendre ma retraite avec toi.»

Il avait le cœur gros, mais John Bowie Ferguson, le gars le plus fort que j'ai connu, pouvait partir la tête haute, tout comme Claude Provost, Ralph Backstrom, Bobby Rousseau, Gilles et Jean-Claude Tremblay, Terry Harper, Jimmy Roberts, Claude Larose, Jacques Laperrière, Lorne Worsley et Rogatien Vachon. Ces joueurs ont été les héros de la «décennie oubliée» de l'histoire des Canadiens.

Pendant que je parlais avec Fergie, je me suis souvenu d'une autre conversation que j'avais eu neuf ans plus tôt, en 1962, avec le sénateur Hartland Molson. Ma vie personnelle était alors troublée. Je ne saurais dire si je faisais une dépression ou, comme on dit aujourd'hui, un *burnout*, mais je crois que c'est ce vers quoi je me dirigeais. Je sentais trop de pression sur mes épaules quand j'étais sur la glace et même au vestiaire. Je travaillais très fort, peut-être trop fort. Et j'avais beaucoup de difficulté à prendre suffisamment de recul, car je refoulais tout, incapable que j'étais de partager mes angoisses avec qui que ce soit.

«Je commence à penser, Sénateur, que je ne pourrai plus jamais jouer comme avant.»

Hartland de Montarville Molson a toujours été un homme solide comme le roc. Il m'a toujours écouté, conseillé, appuyé. C'est un homme extraordinaire, en pleine forme, malgré ses quatre-vingt-six ans, et encore passionné de hockey. Ça me fait chaud au cœur de penser qu'il était à mes côtés quand je suis arrivé à Montréal, il y a déjà quarante et un ans. Chaque fois que j'ai été malade ou blessé, physiquement ou moralement, il fut le premier à me téléphoner. Il a été et il reste pour moi un ami fidèle, un modèle, un deuxième père.

Quand je suis allé le voir en 1962, pour lui parler de mes doutes, il n'a eu qu'à me regarder pour comprendre que j'avais besoin d'être réconforté et conseillé.

«Pendant une longue carrière, il y a toujours des hauts et des bas, surtout quand on a un caractère comme le tien, m'a-t-il dit. Tu prends tout trop au sérieux. Quand tu ne réussis pas à faire aussi bien que tu le désires, tu te laisses abattre et dévaloriser. Mais je suis persuadé que tu vas trouver d'une manière ou d'une autre une solution à chacun des problèmes qui se posent à toi aujourd'hui. Tu as le talent et la force de caractère pour t'en sortir. Tu ne le réalises peut-être pas, mais tu es encore plus exigeant pour toi que ne l'est le public.»

Ses paroles m'avaient atteint droit au cœur. Après deux ans de lutte acharnée et de difficultés, mes coéquipiers et moi nous sommes ressaisis et avons remporté cinq coupes. En 1964, on m'a remis le trophée Hart, décerné chaque année au joueur le plus utile à son club, et l'année suivante, celui du meilleur joueur des séries, le Conn Smythe. Je suis sorti de ma léthargie, mais la pression ne m'a jamais quitté.

Avec le recul et la confortable position que j'occupe aujourd'hui, je peux dire sans crainte de me contredire que toutes ces contraintes m'ont permis de m'améliorer. J'étais forcé à l'excellence et au dépassement, chaque soir. J'étais une vedette, pour le meilleur et pour le pire; et les vedettes, surtout celles qui sont reconnues pour marquer des buts, doivent vivre en sachant qu'elles devront toujours battre leurs propres records. Chaque fois qu'elles font mieux, elles s'imposent un nouveau défi qu'elles devront tôt ou tard relever. J'ai toujours cru que les amateurs de hockey et les médias connaissaient mieux que moi mes records et mes statistiques. La même chose vaut pour les gardiens de but. Leurs performances, comme celles des grands marqueurs, sont faciles à mesurer et à mémoriser; on compte les buts marqués, les arrêts réussis. Dans le cas des défenseurs, les choses se compliquent. Leurs résultats ne sont plus aussi facilement et clairement quantifiables et, en général, les gens en tiennent compte avec infiniment moins de rigueur.

C'est ici que le caractère du joueur entre en ligne de compte. Chacun réagit à sa manière au stress qu'il subit. Pour ma part, j'ai toujours été trop perfectionniste, je voulais que tout soit parfait. Je rêvais d'une saison sans aucune défaite, soixante-dix victoires d'affilée. Quand je sautais sur la glace, c'était pour donner le meilleur de moi-même.

Mais le stress fait partie de la vie d'un athlète professionnel. Les attentes des partisans de son équipe le forcent à s'améliorer sans cesse, à atteindre un niveau toujours plus élevé. À Montréal, on ne fait pas qu'espérer la victoire, on la demande, on l'exige.

Les Canadiens des années 60 le savaient, et ils ont fait ce qu'ils avaient à faire. Ils ont honoré leur contrat.

Les joueurs

Ma carrière a chevauché deux époques, celle qu'on pourrait appeler le temps du bon vieux hockey de l'ancienne Ligue nationale et celle du hockey beaucoup plus technique et hautement médiatisé qui se pratique aujourd'hui. Je dirai plus tard ce que je pense de tous ces changements et de ceux qui les ont imposés ou provoqués. Je tiens encore, pour le moment, à parler des joueurs. À mes yeux, ce sont toujours eux qui restent les plus importants, ceux d'aujourd'hui aussi bien que ceux d'autrefois.

On sait que le hockey, comme tout autre sport, représente un formidable édifice de chiffres et de statistiques. Quand je suis arrivé dans la Ligue nationale, cet édifice n'avait pas grand-chose à voir avec ce qu'il est devenu aujourd'hui. J'ai d'abord joué, pendant quatorze ans, dans une ligue où n'évoluaient que six équipes. Puis, pendant trois saisons, dans une ligue qui en comptait deux fois plus. Enfin, à ma dernière année, en 1971, quatorze équipes faisaient partie de la LNH.

Voyons l'évolution des chiffres au cours des trente dernières années :

	1964	1994
Nombre d'équipes	6	26
Nombre de matchs	70	84
Séries éliminatoires	2	4
Entraîneur(s) par équipe	1	3
Nombre de joueurs	20 (maximum)	24 (minimum)
Nationalité des joueurs	Canadienne	Canadienne ou/et autre
Taille moyenne des joueurs	1 m 77 ; 82 kilos	1 m 85 ; 93 kilos
Mode de transport	Train	Avion

En 1966, nous étions encore à six ans de la première rencontre au sommet des équipes de hockey canadienne et soviétique. On commençait à s'intéresser, de part et d'autre, aux méthodes d'entraînement et aux recherches qui se faisaient dans ce domaine. Les équipes seniors du Canada avaient subi quelques cuisantes défaites à l'étranger, et le père David Bauer avait été chargé de la formation d'une équipe nationale.

Le jeu des Européens et des Soviétiques ressemblait à peu de chose près au nôtre, mais leur préparation était tout autre. Nous nous sommes fait dire que nous nous entraînions et que nous mangions mal par Lloyd Percival, le gourou de l'exercice et de la formation des athlètes, qui a aidé par la suite l'entraîneur soviétique Anatoli Tarasov à mettre au point de nouveaux programmes européens beaucoup plus efficaces.

Un an avant l'expansion, Percival a commencé à remettre en question les méthodes d'entraînement de la LNH qu'il jugeait archaïques et absurdes. Il considérait que rien n'avait évolué dans ce domaine depuis plus de quarante ans. Selon lui, les joueurs qui se présentaient au camp d'entraînement en septembre, après avoir passé plus de trois mois inactifs, étaient brusquement soumis à un exercice intensif. Voilà pourquoi plusieurs d'entre eux se retrouvaient en difficulté dès la mi-saison, ou qu'ils connaissaient des périodes de profonde léthargie, ou encore qu'ils s'infligeaient des blessures qui auraient pu être évitées ou plus rapidement guéries avec une préparation adéquate.

À l'époque où la Ligue nationale ne comptait que six équipes, les éliminatoires se terminaient vers le 15 avril, ce qui nous laissait presque cinq mois de vacances. C'était trop pour bien des joueurs qui prenaient du poids et perdaient la forme. En 1993, les Canadiens de Montréal ont gagné la coupe le 9 juin; trois mois et quatre jours plus tard, les joueurs sont arrivés au camp d'entraînement reposés, et en pleine forme. Autrefois, avec huit semaines de vacances supplémentaires, plusieurs avaient réellement perdu leurs réflexes et leur souffle...

Percival disait que n'importe quelle équipe de la LNH qui se respecte doit surveiller de près l'état de santé de ses athlètes en leur faisant passer régulièrement des examens médicaux, et en tenant compte des limites physiques et mentales de chacun. Il croyait également que chaque équipe devait avoir parmi son personnel cadre un physiologue, un psychologue et un diététicien.

«Les chevaux de course sont mieux traités, et entraînés plus intelligemment que les joueurs de hockey, écrivait-il. Au cours des récentes années, les techniques d'entraînement ont évolué dans tous les sports majeurs, partout au monde. Seule la LNH n'a rien fait pour permettre à ses athlètes de bénéficier des résultats de cette recherche.»

Ces paroles ont indigné Toe Blake, qui prétendait que ses méthodes d'entraînement étaient dûment éprouvées et qu'elles avaient donné d'excellents résultats pendant plus de quarante ans. «Ce n'est pas vrai que nous lançons nos joueurs dans la mêlée sans préparation, disait-il. Pas vrai non plus qu'ils se retrouvent au camp d'entraînement en mauvaise condition physique. Bien au contraire, ils sont à 95 ou même à 100 % de leur forme, parce qu'ils ont passé l'été à jouer au golf, au tennis ou au football.»

Toe ne nous avait jamais forcés à faire des exercices trop exigeants et essouflants pendant les deux premières semaines du camp, et il ménageait les joueurs qui avaient des blessures à une cheville, à un genou ou à l'aine.

«Vous ne parviendrez jamais à me convaincre que je devrais faire courir mes joueurs pour les garder en forme, pas plus que je ne pourrais convaincre M. Percival de faire patiner ses coureurs. Les athlètes n'utilisent pas les mêmes muscles selon qu'ils jouent au hockey, au basketball, ou qu'ils sautent à la perche. Chacun son entraînement.»

Il n'a pas fallu beaucoup de temps avant qu'on demande, en entrevue, l'avis de Butch Bouchard à ce sujet. Il a bien sûr défendu les méthodes d'entraînement en vigueur dans la Ligue nationale, disant qu'elles étaient raisonnablement efficaces. Mais il fit une suggestion qui parut très étrange à l'époque : «Les équipes de hockey devraient probablement fonctionner comme les équipes de football, proposa-t-il. Elles devraient avoir un entraîneur responsable des défenseurs, un autre pour conseiller les joueurs d'avant et peut-être même un troisième pour les gardiens de but.»

Hervé Lalonde, qui travaillait comme entraîneur en Suisse, Jacques Saint-Jean, responsable du programme d'éducation physique d'une école de la région de Montréal, et le Dr Guy Charest, professeur en biocinétique à l'Université de Montréal étaient d'accord avec les critiques qu'avait formulées Percival. Saint-Jean avait étudié de près les méthodes soviétiques, tchécoslovaques et suédoises d'entraînement pour le hockey. En bon connaisseur des milieux sportifs européens, il savait que si le talent de nos joueurs était reconnu là-bas, nos méthodes d'entraînement, elles, ne l'étaient pas.

«En Europe, les joueurs de hockey jouent plus scientifiquement, disait-il. Ils analysent leur jeu, ils réfléchissent. Au Canada, quand une équipe perd, l'entraîneur se contente de dire : "La rondelle ne roulait pas pour nous ce soir" ou "Mes gars n'étaient pas à leur meilleur." Bien souvent, il ne sait pas vraiment pourquoi son équipe a perdu, et ne cherche même pas à le savoir.»

Aussi loin que je me souvienne, c'est le seul argument qui semble avoir ébranlé Toe, même s'il continuait à croire, avec raison je pense, que sa méthode restait valable. «Nous faisons ce qui fonctionne pour nous, répétait-il. Si un joueur a un mauvais coup de patin ou si son lancer du revers est pourri, ce n'est pas en joggant qu'il va s'améliorer, mais en patinant pendant des heures et en faisant un million de lancers du revers.»

Il a fallu attendre le sommet URSS/Canada en 1972 pour que nous commencions à comprendre que nous ne savions pas organiser un camp d'entraînement, surtout pour préparer une équipe d'étoiles, ce qui doit toujours se faire dans des délais très brefs. Heureusement, nous nous gardions en forme en jouant très régulièrement. Nous manquions peut-être de stratégie et de rigueur, mais nous parvenions encore à battre les Soviétiques, malgré la précision mécanique de leur jeu.

Depuis, nous avons fini par donner raison à Percival sur presque chacun des points. Chaque équipe a maintenant son physiologue, son psychologue et son diététicien. Tous les vestiaires sont équipés d'un gymnase ultramoderne, avec des haltères, des bicyclettes, des tapis roulants, des pèse-personne. Et les joueurs passent des examens réguliers, ce qui permet de connaître l'évolution de chacun, ses besoins, etc.

Autrefois, les jours où nous devions disputer un match, nous avions une réunion d'équipe à 11 heures, mais nous ne chaussions même pas nos patins. Toe exigeait simplement que nous soyons frais et dispos. Je crois même qu'il nous réunissait ainsi le matin simplement pour s'assurer que nous nous étions couchés tôt et que nous avions bien dormi. Aujourd'hui, les joueurs sautent sur la patinoire vers 10 ou 11 heures. Ils patinent un peu pour se dégourdir. J'ai même vu certains entraîneurs tenir de vraies séances d'entraînement; à quelques heures d'un match, cela ne peut pas, selon moi, être d'une grande utilité.

Les changements imposés dans le régime alimentaire me semblent plus significatifs. Personne aujourd'hui, mais vraiment personne, ne va manger un steak avant de disputer un match, comme on le faisait autrefois. On ne jure plus que par les féculents (des pâtes, des pâtes et encore des pâtes), et une diète très stricte pendant toute la saison. Quand je suis arrivé chez les Canadiens, dans les années 50, j'avais l'habitude de manger vers 15 heures. Avec le temps, je me suis mis à table plus tôt, vers 14 h 30. Après avoir franchi le cap de la trentaine, je mangeais vers 14 heures. Mon corps me disait quelque chose que je ne parvenais pas vraiment à comprendre mais, instinctivement, j'agissais de manière à le satisfaire.

Vers 1976, les entraîneurs de l'équipe de la Coupe du Canada ont mis le jogging au programme, de même que la gymnastique suédoise. On a engagé des conseillers en nutrition, on a mesuré la consommation d'oxygène de chaque joueur, au repos et pendant l'effort... Exactement tout ce que le docteur Percival avait suggéré une dizaine d'années plus tôt. En moins de deux ans, toutes les équipes de la LNH ont adopté des méthodes d'entraînement à l'européenne, bien que les exercices en dehors de la patinoire n'aient jamais fait fureur parmi les joueurs, sauf les haltères, les tapis roulants et les bicyclettes d'exercice.

En 1964, quand nous rentrions de vacances, nous enfilions les chandails rouges ou blancs des Canadiens et commencions à nous préparer pour la saison suivante en disputant des matchs entre nous. Vingt ans plus tard, j'ai vu dans un vestiaire — juste après un match de la saison régulière — des joueurs qui venaient de fournir un effort énorme sur la patinoire faire de la bicyclette pendant une demi-heure avant d'aller prendre leur douche ou d'entrer dans le bain tourbillon.

J'ai aussi remarqué qu'on ne traite plus du tout les blessures de la même façon. Dans le temps, si nous avions une blessure au genou, par exemple, on nous ordonnait de prendre du repos. De toute façon, les gros plâtres qu'on nous faisait porter nous immobilisaient qu'on le veuille ou non. Dans les années 80, un joueur qui venait de subir une opération chirurgicale délicate était debout et actif le plus rapidement possible. Pendant une semaine, guidé par le physiothérapeute Gaétan Lefebvre, il était soumis à un programme de réadaptation qui comprenait divers exercices aux engins, des élongations, beaucoup de bicyclette, des massages. Maintenant, un joueur blessé ne porte plus de gros plâtre comme autrefois. On dispose d'appareils plus souples et flexibles qui supportent le genou sans le comprimer, laissant à l'athlète une certaine liberté de mouvement tout en protégeant les muscles ou les tendons blessés pendant toute la période de récupération.

L'ennui, c'est que les joueurs d'aujourd'hui prennent pour acquis ces soins médicaux sophistiqués et ces programmes de réadaptation très efficaces. Autrement dit, être blessé est devenu moins grave qu'autrefois. Les joueurs ont donc tendance à faire moins attention sur la glace. Dans l'ancienne ligue de six équipes, nous avions terriblement peur des blessures. Premièrement, parce qu'il y avait, dans l'ombre, des dizaines, voire des centaines de joueurs prêts à prendre nos places. Deuxièmement, parce qu'une blessure nécessitait parfois un long séjour à l'hôpital et pouvait nous tenir longtemps loin de la patinoire, rendant d'autant plus difficile et pénible le retour au jeu. Enfin, parce que notre équipement, en comparaison de l'équipement actuel, nous protégeait bien mal : un peu de feutre et de cuir, du plastique, des jambières et des épaulettes qui parvenaient plus ou moins à réduire les dommages que pouvait causer une rondelle ou un coup de bâton. Nous faisions donc plus attention ; nous éprouvions même un certain respect pour un adversaire violent et provocant, même s'il était le plus grand salaud de la ligue.

Comme le port du casque ou du masque protecteur n'était pas encore en vigueur, il fallait toujours garder notre bâton le plus bas possible. Malgré certains excès déplorables dont j'ai moi-même déjà eu à souffrir, nous ne plaquions jamais un adversaire qui nous tournait le dos. Aujourd'hui, les hockeyeurs portent un équipement aussi sophistiqué que celui des joueurs des ligues majeures de football. Plusieurs d'entre eux, armés de bâtons d'aluminium, ne se gênent pas pour frapper leurs adversaires aux avant-bras ou aux jambes, sous prétexte qu'ils sont bien protégés. En plus, étant donné le grand nombre d'équipes que compte aujourd'hui la LNH, l'agresseur est sûr qu'il ne rencontrera pas avant longtemps le joueur qu'il a frappé, lequel aura eu amplement le temps d'apaiser sa colère, et même d'oublier qui l'a agressé.

Actuellement, une saison de hockey compte quatorze parties de plus qu'autrefois, elle est plus longue de vingt pour cent (un mois complet) qu'à l'époque des six clubs. Seuls des joueurs bien entraînés selon des techniques modernes peuvent jouer aussi longtemps dans un contexte aussi violent. En 1959-1960, nous avons gagné notre cinquième coupe Stanley consécutive après avoir expédié les finales en huit rencontres, c'est-à-dire que nous avons disputé cette année-là un total de soixante-dix-huit matchs. Notre victoire décisive a eu lieu le 14 avril. En 1994, les éliminatoires n'ont pas commencé avant le 16 avril. De nos jours, une équipe qui a remporté la coupe Stanley doit disputer au moins cent parties par année.

Conclusion inévitable : le jeu a radicalement changé. Les joueurs aussi, forcément.

Ce chapitre est entièrement consacré aux joueurs qui ont laissé une marque dans mon esprit, que ce soit avant ou après les grands changements. Je parlerai d'abord des adversaires à qui j'ai dû faire face. Je crois que vous avez assez entendu parler de mes coéquipiers de Québec et de Montréal.

Il va sans dire que Gordie Howe a été le joueur par excellence de ma génération. Il fut vingt et une fois sur la première ou la deuxième équipe des étoiles, à une époque où il se mesurait à l'aile droite à des joueurs comme Maurice Richard, Boom Boom Geoffrion et Andy Bathgate. On le comparait souvent à moi, à cause de sa grande taille (1 m 85, 93 kilos) et de son caractère; et souvent aussi à Maurice Richard. Il était vraiment aussi fort qu'on le disait, mais il était surtout brillant. Bien des observateurs n'ont retenu de Gordie Howe que sa facilité à jouer des coudes; ils oublient sa grande intelligence. Personne ne comprenait aussi bien que lui la géométrie sans cesse mobile d'une patinoire. Mieux que quiconque, il avait l'art de se mouvoir parmi les joueurs, de se placer de manière à pouvoir recevoir ou faire une passe. Même à cinquante ans, il était encore un joueur passionné, intelligent, réfléchi.

J'ai rencontré plusieurs athlètes plus costauds et plus grands que lui, mais je ne crois pas en avoir jamais connu d'aussi forts, sauf peut-être Bobby Hull et Tim Horton. Gordie n'avait pas les épaules larges et carrées de Kevin Hatcher ou de Larry Robinson, mais les siennes étaient solides et massives, posées sur un socle de muscles inébranlable. Il pouvait arriver derrière un joueur, lui passer le bâton sous le bras et le soulever de terre sans le moindre effort.

Disputer la rondelle à Gordie dans un coin était pour la plupart d'entre nous une entreprise aussi vaine et désespérée que de s'en prendre à un poteau téléphonique.

Je rencontre régulièrement des gens qui me demandent comment il a pu continuer à jouer dans la LNH passé l'âge de cinquante ans. La réponse est très simple : il avait une force incroyable, une intelligence du jeu supérieure à la moyenne et, malgré une personnalité plutôt effacée, il possédait cet essentiel soupçon de méchanceté qu'il mettait, au besoin, dans son jeu. Bref, il était le prototype même du joueur parfait.

Bobby Hull, par contre, était une masse de muscles dotée d'un formidable pouvoir d'accélération. Il possédait le plus puissant lancer que le hockey ait jamais connu. Si on me demandait de comparer le *Golden Jet* à son fils Brett, je dirais que Bobby était plus petit de quelques centimètres, certainement plus fort et deux fois plus rapide. Ayant commencé sa carrière comme joueur de centre, il est demeuré un excellent initiateur de jeux, capable de faire de superbes passes à ses coéquipiers, même quand un ailier de l'équipe adverse et deux défenseurs fonçaient vers lui. Bobby a compté 610 buts et obtenu 570 passes en seize saisons dans la LNH avant d'aller jouer dans l'AMH, alors qu'il était encore à son apogée. Il aurait dépassé les 802 buts de Gordie bien avant Wayne Gretzky, s'il était resté dans la LNH.

Je me souviens qu'à mon arrivée dans la Ligue nationale, des gardiens de but comme Terry Sawchuk parlaient de mes lancers avec une certaine admiration. Il a suffi que Bobby Hull arrive pour qu'on les oublie carrément.

Bobby a été le premier joueur à compter plusieurs fois plus de 50 buts en une saison (cinq en tout). À cette époque, seuls Maurice Richard et Boom Boom Geoffrion avaient réussi une seule fois cet exploit.

L'arrivée de Bobby a fait pâlir l'étoile d'un autre joueur magnifique, Frank Mahovlich, qui a joué avec Toronto et Detroit avant de se joindre aux Canadiens, en 1971. Frank et la ville de Toronto entretenaient une sorte de relation d'amour-haine. Il avait aidé les Maple Leafs à décrocher quatre coupes Stanley pendant les douze saisons qu'il avait passées là-bas, mais son style très classique était souvent dénigré par les partisans torontois et même par Punch Imlach, l'entraîneur des Leafs. Frank aurait pu utiliser son poids et sa taille (plus de 91 kilos, 1 m 88) pour plaquer ses adversaires; il ne le faisait pas, car ce n'était pas dans sa nature. On préféra voir dans cela un signe de paresse. Chose certaine, il était fragile psychologiquement, et il avait même fait une légère dépression à Toronto, avant d'être cédé aux Red Wings.

Un soir, au Maple Leaf Garden, en attendant la mise au jeu, je lui ai dit que son style conviendrait parfaitement aux Canadiens et qu'il serait fort heureux à Montréal. Je sais qu'il n'a jamais oublié ce petit compliment, il m'en parle encore quand par hasard nous nous rencontrons. Et il me l'a rappelé, ce soir de janvier 1971, quand il est venu rejoindre les Canadiens qui se trouvaient alors au Minnesota. Il nous avait coûté Mickey Redmond, Jude Drouin et Bill Collins mais c'était, comme on dit, un bon placement.

«Tu te souviens de cette soirée à Toronto, Jean, quand tu m'as dit que mon style conviendrait aux Canadiens?

— J'ai dit "conviendrait parfaitement aux Canadiens", Frank. Et si tu veux bien, nous en ferons la preuve à partir de ce soir.» Un mois plus tard, il participa au jeu qui m'a permis de marquer mon 500e but dans la LNH. J'avais vu juste. Frank était un grand joueur qui fut fort utile aux Canadiens, et nous a aidés à remporter deux coupes Stanley.

Mais il y a encore autre chose dans cette histoire. Apparemment, un des coéquipiers de Frank a entendu et répété à Punch Imlach ce que j'avais dit à Frank. Deux ans plus tard, lorsque j'ai eu des problèmes analogues à ceux que Mahovlich avait connus avec les amateurs torontois, Punch s'est fait un plaisir de dire au monde entier que «Béliveau devrait jouer avec les Leafs. Son style nous conviendrait parfaitement, et il pourrait même se reposer un peu.»

Une année, en début de saison, les Leafs perdirent un match hors concours contre une équipe des ligues mineures. Punch Imlach était furieux, surtout après ceux qu'il décrivait comme ses «soi-disant» supervedettes. Mais ses colères ne donnaient aucun résultat. Il n'est pas facile de motiver des vedettes de la LNH lorsqu'elles ont affaire à des équipes de la Ligue américaine ou même de la Ligue mondiale. Par contre, les joueurs de la LAH et de la Ligue mondiale étaient prêts à sauter par-dessus la bande pour donner la mesure de leur talent. Il arrivait même que ces équipes mettent en déroute celles de la LNH, beaucoup plus fortes mais moins motivées. Dans ce domaine, il ne faut jamais rien prendre pour acquis.

Ce soir-là, Punch s'était exprimé bien haut et sans équivoque. «Si seulement je pouvais avoir le joueur dont j'ai vraiment besoin, disait-il. Jean Béliveau a joué pour moi quand j'étais entraîneur des As de Québec : je le connais probablement mieux que quiconque. D'après moi, il réussirait mieux à Toronto qu'à Montréal. Je continue à espérer qu'il vienne terminer sa carrière dans l'uniforme des Leafs.»

Punch n'était pas assez fou pour remettre en cause la façon dont Toe Blake m'utilisait. Néanmoins, on aurait dit qu'il prenait un malin plaisir à froisser les partisans des Canadiens.

«À Montréal, les gens n'ont jamais compris le style très classique de Jean Béliveau. Pas besoin d'être un grand expert pour savoir ça. Quand je pense qu'il se fait huer au Forum ! Il ne mérite pas ça.»

C'était du Punch tout craché, habile, rusé. Il n'écorchait pas vraiment l'étiquette en vigueur dans la LNH, car il limitait ses commentaires aux états d'âme d'un joueur que ses supporteurs avaient hué. Il avait pourtant réussi à contrarier son rival de toujours, Toe Blake, tout en me faisant subtilement savoir qu'il n'appréciait pas que je complimente son ailier vedette, Frank Mahovlich, un «joueur classique» qu'il n'avait pourtant pas défendu quand ce dernier avait eu des problèmes avec la foule torontoise.

Il n'est pas étonnant que je parle de Howe, Hull et Mahovlich. Tous trois furent membres du Temple de la Renommée dès la fin de leur carrière. Il y a d'autres grands joueurs, dont les noms sont aussi inscrits au Temple de la Renommée, mais que les amateurs de hockey semblent avoir oubliés. J'aimerais aussi leur rendre hommage.

Je pense d'abord à quatre des plus grands centres de mon époque : Stan Mikita, Norm Ullman, Dave Keon et Alex Delvecchio. J'ai l'impression de les connaître intimement car j'ai joué contre chacun d'eux quatorze fois par année à l'époque où la LNH comptait seulement six équipes. D'ailleurs les lignes restaient souvent les mêmes pendant toute une saison ou même plusieurs saisons de suite, de sorte que nous devenions très familiers avec nos adversaires, nous connaissions leur tempérament, nous suivions leur évolution, etc.

C'est une erreur de croire qu'il nous manquait quelque chose parce que nous ne pouvions pas nous asseoir et analyser nos performances enregistrées sur bande vidéo. Nous n'avions pas besoin de vidéocassette : il n'y avait que soixante-quinze autres joueurs dans la Ligue nationale, et nous pouvions les observer «en direct» chaque semaine. Quand nous jouions à Boston vers le milieu des années 60, je savais qu'ils allaient mettre Derek Sanderson contre moi, avec Johnny McKenzie et Don Marcotte. À Chicago, au début des années 60, je devais faire face à la ligne de Stan Mikita alors qu'Henri Richard avait la formation de Red Hay, Bobby Hull et Murray Balfour devant lui. À Toronto, j'affrontais le trio de Dave Keon la plupart du temps et à Detroit, Norm Ullman et ses ailiers m'attendaient.

Vous vous demandez peut-être si tout cela, les mêmes équipes, les mêmes villes, les mêmes foules, ne devenait pas fastidieux. Certainement pas pour moi; j'adorais cela. Quand les Bruins venaient jouer à Montréal le samedi soir, et que nous nous retrouvions au Garden de Boston le dimanche soir, nous avions l'impression de jouer un même match de six périodes. Et c'était ainsi presque chaque fin de semaine. Bien sûr, il y avait un nombre limité de joueurs, mais ils faisaient partie des cent vingt meilleurs au monde. Comment alors cela aurait-il pu être monotone sur la glace ou dans les gradins?

Aujourd'hui, certaines équipes se rencontrent à peine une fois par année. Il n'y a qu'à comparer le programme des trois dernières saisons entre les Canadiens et les Red Wings :

le 10 octobre 1991	Montréal à Detroit
le 1er février 1992	Detroit à Montréal
le 8 mars 1992	Detroit à Montréal
le 4 novembre 1992	Montréal à Detroit
le 7 novembre 1992	Detroit à Montréal
le 18 décembre 1993	Detroit à Montréal
le 13 avril 1994	Montréal à Detroit

En 1993, les Canadiens et les Red Wings ne se sont rencontrés qu'une seule fois pendant la saison régulière, le 18 décembre. Les partisans de Detroit ou de Montréal, qui auraient aimé voir Steve Yzerman, Sergei Fedorov et Bob Probert jouer contre Patrick Roy, Kirk Muller et Vincent Damphousse, ont dû avoir l'impression que ces deux équipes évoluaient dans des ligues différentes, comme au baseball les Expos de Montréal et les Tigers de Detroit...

Permettez-moi de revenir à mes bons vieux adversaires, Ullman, Keon, Delvecchio et Mikita. Les noms de ces quatre joueurs de centre sont, comme le mien, inscrits au Temple de la Renommée. Comparons maintenant avec le hockey des années 90. Combien de fois les amateurs pourront-ils voir Wayne Gretzky disputer une mise au jeu à un futur membre du Temple de la Renommée? Il ne rencontrera peut-être que deux fois par année Pat Lafontaine de Buffalo ou Dale Hawerchuk. Dans sa propre division, il pourra sans doute jouer cinq, six ou sept matchs sur un total de quatre-vingt-quatre contre Joel Otto de Calgary, un joueur défensif dont le nom n'apparaîtra probablement jamais au Temple.

Aujourd'hui, le jeu est beaucoup plus spécialisé. L'offensive et la défensive sont très clairement séparées. Voilà un autre changement d'importance, dans ce sport. Autrefois, Mikita, Delvecchio, Ullman et Keon devaient à la fois nous empêcher de marquer tout en s'efforçant d'enregistrer eux-mêmes quelques buts. Personne, maintenant, ne peut pratiquer un hockey aussi polyvalent.

En 1993-1994, Mikita était le cinquième marqueur de toute l'histoire de la LNH avec 1 467 points; Delvecchio était dixième avec 1 281 points; Ullman treizième avec 1 229 et Keon quatorzième avec 986. Plusieurs de ces buts ont été marqués contre les Canadiens de Montréal. Cela donne une bonne idée des compétiteurs qui nous faisaient face.

Stan Mikita a été le premier Européen à devenir une importante vedette de la LNH. Il y est arrivé en 1958-1959. Un an plus tard il formait la fameuse ligne Scooter avec l'ancien joueur des Canadiens Ab McDonald et Kenny Wharram. Au début, Stan n'hésitait pas à jouer du bâton pour s'affirmer; il a d'ailleurs récolté de nombreuses punitions. En 1966-1967, il a néanmoins changé de style et remporté les trophées Art Ross, Hart et Lady Byng. Mikita avait une vision et une souplesse étonnante sur la glace. Comme son coéquipier Bobby Hull, c'était un adepte du bâton de hockey «banane» qui permettait de lancer des boulets terriblement lourds dans les jambes des pauvres gardiens. Stan était à d'autres égards encore plus dangereux; il pouvait déjouer n'importe quel gardien, car il avait un lancer d'une précision stupéfiante et savait profiter de la moindre ouverture. Il pouvait dégager son territoire d'un lancer du poignet ou faire des passes impeccables à Wharram ou à McDonald.

Ab McDonald était un bon ailier gauche, très vaillant; Wharram, également fort habile, jouait à l'aile droite. Avec ces joueurs devant soi, on ne pouvait se permettre de manquer de vigilance pendant une fraction de seconde. Quelques années plus tard, Doug Mohns a remplacé McDonald pour former la deuxième édition de la ligne Scooter.

Dave Keon était d'un tout autre acabit et d'un tout autre gabarit que Mikita. Il n'était pas très grand, mais semblait toujours patiner sans le moindre effort. Comme Mikita, il était constamment en mouvement, de sorte qu'il était très difficile pour les défenseurs de le neutraliser ou de le contrôler. Punch Imlach l'a placé devant moi plusieurs années de suite. En 1963 et 1964, il a largement contribué à nous éliminer des séries finales. Mon style de jeu requiert beaucoup d'espace ; j'essayais donc toujours avec mes ailiers de dégager la patinoire pour que nous puissions organiser nos jeux et que je puisse bouger à mon aise. Keon savait mieux que personne contrecarrer nos plans. Il était tellement mobile qu'il nous donnait l'impression de couvrir toute la patinoire et restreignait considérablement mon aire de jeu. Si l'un de nous parvenait à s'échapper en direction du but ennemi, Dave était assez rapide pour le rattraper et l'empêcher de marquer.

Keon était dur à battre, à déjouer, à semer. Il jouait aussi bien au centre que comme ailier. Il suffisait que ses coéquipiers lui envoient de longues passes de l'aile gauche. D'autres joueurs polyvalents, comme Mike Walton et Bob Pulford, pouvaient s'allier à Keon et changer de position pendant le jeu, ce qui embêtait considérablement nos ailiers qui avaient pour tâche de les arrêter. Plus tard, Toronto a placé la ligne de Norm Ullman contre moi. Nous faisions généralement la première mise au jeu l'un face à l'autre.

Norm n'avait ni la rapidité ni la puissance d'attaque de Dave Keon ; il n'en restait pas moins un excellent joueur. Très solide et spectaculaire, brillant, il avait le sens du jeu. Le voir travailler avec ses ailiers était un spectacle de toute beauté. Il était très difficile pour nous de briser ses élans ou de le neutraliser, parce qu'il bougeait sans cesse, patinant en cercles puis changeant brusquement de direction, revenant sur ses pas pour mieux préparer ses attaques, filant d'un côté, puis de l'autre. Il pouvait aller chercher la rondelle derrière un but ou dans l'un des coins de la patinoire et la conserver un long moment tout en cherchant des yeux ses coéquipiers. À Detroit et à Toronto, il avait des ailiers très rapides et intelligents, je pense à Floyd Smith et Paul Henderson, qui savaient se dégager et aller se placer dans l'enclave du gardien de but. Ils n'avaient plus alors qu'à faire un geste à Norm qui leur passait la rondelle. J'étais vite à bout de souffle. Je rentrais au banc des joueurs, et Toe envoyait Henri Richard devant Ullman.

Comme Dave Keon, Norm était une machine que rien ne semblait stopper. De plus, il passait facilement de la défensive à l'offensive, une manière de jouer que le «Pocket Rocket» avait pratiquement inventée. Alors Henri lui collait aux talons, sans aucun effort, et lui disputait la rondelle, jusqu'à ce qu'il perde tous ses moyens.

Vous aurez compris que Punch Imlach avait demandé de me neutraliser aux futurs membres du Temple de la Renommée qu'il comptait dans son équipe. Il forçait ainsi Toe Blake à changer régulièrement ses propres formations. Avec des joueurs comme Bob Pulford, Ron Ellis, Red Kelly et George Armstrong devant Boom Boom Geoffrion, Dickie Moore, Yvan Cournoyer et les frères Richard (tous au Temple de la Renommée), les amateurs étaient assurés de voir du grand hockey.

Je me rends compte que je n'ai pas mentionné les défenseurs de Toronto, Tim Horton, Allan Stanley et Marcel Pronovost, et que j'ai à peine parlé des nôtres : Tom Johnson, Doug Harvey, Jacques Laperrière et Serge Savard (tous au Temple, eux aussi). Si nous avons joué du si grand hockey, c'est aussi beaucoup grâce aux gardiens des diverses équipes de la ligue, dont les noms sont également inscrits au Temple : Terry Sawchuk et Johnny Bower (qui jouaient ensemble à Toronto au milieu des années 60), Glenn Hall à Chicago, Gerry Cheevers à Boston, Lorne Worsley et Eddie Giacomin à New York.

Johnny Bower était le gardien le plus difficile à déjouer de la Ligue nationale. On avait beau faire devant lui les feintes les plus subtiles, il refusait tout simplement de bouger, si bien qu'il était presque impossible de marquer en fonçant vers lui ou en lançant de loin. Il avait une façon de se placer qui attirait les joueurs vers lui, comme s'ils étaient aspirés par un entonnoir. J'ai envoyé John Ferguson contre lui à quelques reprises. Fergie avait du cœur au ventre, mais il n'était pas le grand maître de la feinte. Plutôt que d'essayer de déjouer Bower, il fonçait sur lui, le plus vite possible. Allan Stanley, Carl Brewer, Kent Douglas et Tim Horton, furieux, se portaient alors à la défense de leur gardien et se jetaient à plusieurs sur Johnny qui se relevait et filait en marmonnant : «Ça fait partie du jeu, les gars.» Ses opposants étaient bien contents de le voir réagir ainsi, parce que personne n'avait vraiment envie d'aller «corriger» John Ferguson.

Terry Sawchuk avait un style bien différent de celui de Bower. Il bougeait beaucoup plus et surveillait sans cesse ses angles. On aurait dit qu'il vous provoquait, vous forçait à lancer. Mais si vous l'obligiez à bouger, il se faisait un plaisir de le faire. Tout comme Bower, il approchait la quarantaine quand nous avons affronté les Leafs aux éliminatoires de 1967, et tous deux ont réussi des arrêts incroyables. Sawchuk fut époustouflant. Les Leafs nous ont blanchis 3 à 0 lors du deuxième match à Montréal, après que nous eûmes remporté le premier 6 à 2. Plus tard dans ces mêmes séries, à Toronto, j'ai réussi à faire une échappée et je me suis retrouvé nez à nez avec Sawchuk; je ne sais toujours pas comment il a bloqué mon lancer.

À mes débuts dans la LNH et jusqu'au milieu de ma carrière, la plupart des autres joueurs de centre étaient beaucoup plus petits que moi. Sauf George Armstrong, Alex Delvecchio et Eddie Litzenberger qui étaient assez grands, la taille d'un joueur de centre, je pense à Ullman, Mikita, Keon et Henri Richard, était d'environ 1 m 75 et son poids variait entre 77 et 82 kilos. Puis des joueurs comme Phil Esposito, Garry Unger, Walt Tkaczuk, Red Berenson, Ivan Boldirev, Peter Mahovlich et Darryl Sittler sont arrivés et ont imposé de nouveaux critères de taille et de poids.

Les joueurs ont changé autant que le hockey lui-même. Mais je continue de croire que les meilleurs joueurs de l'ancienne LNH se débrouilleraient très bien aujourd'hui, tout comme les meilleurs joueurs de la LNH que nous connaissons maintenant auraient excellé dans la ligue des six équipes.

Ayant moi-même fait carrière comme joueur de centre, je ne peux m'empêcher d'être impressionné par Wayne Gretzky et Mario Lemieux, deux joueurs au talent incontestable, quoique de style très différent.

Ce que j'ai d'abord remarqué chez Wayne Gretzky, c'est qu'il a su adapter son jeu et sa taille au genre de hockey pratiqué de nos jours. S'il avait joué pendant les mêmes années que moi, il aurait été constamment suivi, et probablement par des joueurs plus talentueux que ceux qui tentent aujourd'hui de le cerner et de l'empêcher de préparer de beaux jeux en le frappant du coude ou du bâton. Il y a des manières infiniment plus sportives et plus efficaces d'arrêter un joueur comme Gretzky. Je ne crois pas qu'il ait pu marquer deux cents points en une saison, à mon époque. Les parties se terminaient très rarement par des résultats aussi incroyables que 10 à 2 ou 9 à 4. Il s'agissait le plus souvent de 3 à 2 ou de 3 à 1. Dans l'ancienne Ligue nationale, Gretzky aurait sans doute compté moins de buts et fait beaucoup moins de passes. Mais il aurait fort probablement décroché le titre du meilleur marqueur, surtout avec le soutien de bons coéquipiers.

Ce phénomène de marque finale astronomique est aussi vérifiable dans les autres sports. Je suivais les Celtics de Boston à leur apogée dans la NBA; le tableau d'affichage indiquait, en moyenne, 85 à 80 ou 90 à 87 à la fin d'une partie. Maintenant il n'est pas rare de voir des 120 à 118 ou des 125 à 124 et de plus en plus de joutes se terminent au-dessus de 140 points. De même, depuis l'expansion dans les ligues majeures de baseball, on ne compte plus les résultats de 10 à 9, 9 à 2 ou 12 à 4.

Les amateurs de hockey aiment bien poser toutes sortes de questions à propos de Gretzky et Lemieux. Ils cherchent avidement la faiblesse, la bête noire. Parlez-leur de «La Merveille», ils vont tout de suite vous demander : «Y a-t-il quelque chose que vous n'aimez pas chez lui?» Je réponds que Gretzky fait des passes remarquablement précises, toujours au bon moment.

Je disais souvent à mes ailiers : «Si vous voyez que je ne suis pas libre, continuez de patiner. Trouvez une ouverture d'abord, trouvez de la glace; on préparera un jeu ensuite.» Gretzky fait ce genre de choses, contrairement à de trop nombreux joueurs de centre qui forcent le jeu et envoient la rondelle dans les patins de leurs ailiers ou les obligent à ralentir pour prendre une passe plus ou moins précise. Je n'ai rien contre ceux qui aiment anticiper, mais il n'est pas donné à tout le monde de prévoir avec justesse les réactions des autres joueurs. J'ai vu bien souvent des joueurs qui croyaient pouvoir le faire et qui, finalement, posaient des gestes absurdes, donnant l'avantage à l'adversaire. Gretzky a, il me semble, une vision globale de la patinoire. Je ne sais pas jusqu'à quel point il peut anticiper, mais il est évident qu'il comprend parfaitement ce qui se passe à tout moment.

Ce que je préfère chez lui, c'est sa grande générosité. Il pense à l'équipe plutôt qu'à sa fiche. On me disait dans le temps que je passais la rondelle beaucoup trop souvent. Je suis sûr qu'on fait aujourd'hui le même reproche à Gretzky, mais Wayne Gretzky est un joueur de centre et son travail consiste justement à faire ces passes.

J'aime bien aussi le peu que je connais de lui en dehors de la patinoire. Nous nous sommes rencontrés quelquefois lors de galas ou d'événements officiels, mais nous ne sommes pas aussi proches que lui et Gordie Howe peuvent l'être. C'est un vrai gentleman, qui mène sa vie avec sérieux, bien qu'il soit un peu plus flamboyant que je ne l'étais. Mais c'est tout à fait normal; il est de sa génération. J'admire beaucoup les grands efforts qu'il a déployés pour promouvoir le hockey partout à travers l'Amérique du Nord.

À ma connaissance, Mario Lemieux n'a jamais vraiment fait quoi que ce soit dans ce domaine. Par contre, il a dû supporter de grandes douleurs au dos et mener une courageuse bataille contre le cancer. Il a prouvé qu'il avait une volonté de fer.

Mario Lemieux est sans doute le joueur dont le style se rapproche le plus du mien. Je suis toujours ravi qu'on nous compare car il a un talent fantastique. Je me suis toujours efforcé d'utiliser à mon avantage ma longue portée, pour préparer des jeux sur toute la patinoire, le long de la clôture, en zone neutre ou dans les coins. Quand je faisais des montées à l'aile droite, je pouvais tenir mon adversaire à distance de la main gauche, tout en portant la rondelle de la droite. J'ai vu Mario faire la même chose à l'aile gauche. Phil Esposito et Pete Mahovlich aussi, mais les jeux qu'ils préparaient étaient différents des miens. On a reproché à Mario de ne pas faire assez de passes; c'est à mon avis complètement absurde. Vous n'avez qu'à demander à ses ailiers Kevin Stevens (55 buts et 56 passes en 1992-1993) et Rick Tocchet (48 buts et 61 passes la même saison) ce qu'ils pensent du talent de passeur de Mario. Celui-ci en a fait la preuve, bien qu'il ait dû s'absenter pendant vingt-quatre parties cette saison-là, à cause de ses blessures.

Les Canadiens ont essayé d'obtenir les services de Mario en 1984, quand il jouait avec les Nationals de Laval de la Ligue de hockey junior majeur du Québec. C'est dans ce but qu'ils ont cédé Pierre Larouche, en décembre 1981, aux Whalers de Hartford en échange de leur premier choix au repêchage, mais les Whalers ont mieux fait qu'on ne le croyait. Ils ont même terminé devant quatre autres équipes de la LNH. Lorsque les Canadiens ont pu exercer leur premier choix, Mario Lemieux n'était déjà plus disponible.

Sans doute était-ce mieux ainsi. Si Mario avait joué à Montréal, il aurait été soumis à un terrible stress. Pendant un an ou deux, on l'aurait sans cesse comparé à Richard, à Howe, à tous les grands joueurs qui l'ont précédé. Les partisans des Canadiens sont insatiables. Ils veulent tout savoir de la vie des vedettes de hockey. À Pittsburgh, Mario a pu refuser de jouer ce jeu, sans qu'on lui en tienne rigueur.

En plus, Mario a tout un caractère. Vers la fin de la saison 1993-1994, l'arbitre Kenny Fraser l'a envoyé au banc des punitions. Après avoir grommelé pendant quelques instants, Lemieux est revenu sur la patinoire et a fait un geste agressif vers l'officiel. Il a été immédiatement expulsé et s'est vu infliger une amende de 500 $, presque rien en fait, ce qui a déclenché un train de rumeurs voulant que le grand Lemieux jouisse dans la LNH d'un régime de faveur.

Je ne pense pas qu'il ait réalisé à quel point il l'avait échappé belle. À Montréal, un tel événement aurait fait scandale et déclenché de vives polémiques dans les médias et parmi les partisans. Mario a un talent extraordinaire et c'est le seul joueur de la ligue qu'on puisse comparer à Wayne Gretzky, mais il a de la chance de porter l'uniforme des Penguins plutôt que celui des Canadiens.

Il y a quelques autres grands joueurs de centre aujourd'hui qui ne peuvent éviter de m'être comparés. Eric Lindros surtout, que Maurice Richard a déjà qualifié de «méchant» Jean Béliveau. J'hésite à contredire le Rocket, mais je ne crois pas que nos styles se ressemblent à ce point. Eric joue comme un tank, et n'est pas vraiment souple. Il fonce. Son style est beaucoup plus «physique» que le mien pouvait l'être. Les nombreuses blessures dont il porte les marques en sont la preuve. Il devrait d'ailleurs être prudent s'il ne veut pas voir sa carrière se terminer prématurément comme celle de Bobby Orr et de plusieurs autres.

Je suis porté à croire que ce sont les Flyers eux-mêmes qui sont la cause de la majorité des problèmes que connaît Eric. Parce qu'ils sont mal structurés et qu'ils ne se sont pas encore rendus aux éliminatoires depuis son arrivée, j'ai l'impression qu'il se sent obligé de donner plus que le meilleur de lui-même et qu'il se dépense inutilement. Sans doute aussi veut-il justifier son salaire très élevé.

Les Flyers devront l'entourer d'autres bons talents, pour qu'il n'ait plus l'impression de devoir tout faire. Il est toujours beau de voir un centre préparer des jeux savants et spectaculaires, mais s'il n'y a personne pour le seconder, tous ses efforts sont vains.

Chacun sait qu'il a refusé de jouer avec les Nordiques et qu'il a préféré rester inactif pendant toute une saison avant de pouvoir se joindre aux Flyers. Je crois profondément qu'on doit respecter ce choix. Il a pris un risque, d'autant plus qu'il a accepté de jouer avec l'équipe Canada. Son grand talent est incontestable : malgré deux blessures qui ont raccourci deux saisons d'affilée, il a réussi à marquer quatre-vingt-cinq buts et à accumuler cent soixante-douze points. Je suis persuadé que l'avenir lui réserve encore plus.

Il y a plusieurs autres très bons joueurs de centre que j'aime observer. Entre autres, Steve Yzerman, originaire d'Ottawa, un bel athlète au jeu subtil et intelligent. Steve est un patineur magnifique et un excellent stratège, très rapide et très mobile, non seulement autour du filet mais également pour déjouer ses adversaires. Il fait de très belles passes à ses ailiers qu'il sait toujours mettre en valeur. Quand la glace est libre, il a l'art de se poster de manière à pouvoir recevoir la rondelle.

J'ai hâte de voir comment il va se débrouiller à Detroit, maintenant que Sergei Fedorov, l'une des plus sûres valeurs de la ligue, fait lui aussi partie des Wings. Fedorov ressemble beaucoup à Yzerman, mais il fait encore mieux que lui à la défensive. Yzerman et Fedorov forment probablement le meilleur tandem depuis Wayne Gretzky et Mark Messier qui ont fait les beaux jours des Oilers à l'époque où chaque équipe avait deux ou trois vedettes au centre. La question qui se pose est la suivante : les Wings peuvent-ils se permettre de garder ces deux grands joueurs ?

J'ai vu récemment à la télé Fedorov exécuter une manœuvre de toute beauté pour contourner un défenseur. Il est imprévisible et réussit des feintes tout à fait originales. Quand il peut s'approcher du filet, il parvient presque toujours à compléter ses jeux, au contraire de ces joueurs qui font des montées très spectaculaires et parviennent même à enfoncer les premières lignes ennemies, mais n'arrivent pratiquement jamais à marquer, parce qu'ils n'impliquent pas leurs coéquipiers dans leurs jeux. Fedorov a énormément de ressources et d'imagination. Je suis persuadé qu'il restera longtemps une supervedette de la LNH, tout comme ses anciens coéquipiers de l'équipe junior soviétique, Pavel Bure et Alexander Mogilny.

Trois joueurs de centre nés aux États-Unis ont démontré que le jeu s'est considérablement amélioré au sud de la frontière canadienne : Jeremy Roenick, Pat Lafontaine et Mike Modano. Roenick est un très bon joueur qui semble extrêmement dévoué. Il n'a pas peur de foncer. Si les défenseurs adverses ont le moindre moment d'inattention, s'ils lui laissent la plus petite ouverture, il sait toujours en profiter. Il patine bien et son lancer est rapide et précis.

En 1993-1994, Lafontaine a subi de multiples blessures et manqué de nombreux matchs. Mike Modano par contre a eu la saison de sa carrière. Il est grand et fort, il travaille sans relâche et a la chance d'être dirigé par Bob Gainey. C'est un joueur très polyvalent, bien qu'il soit porté d'abord sur l'offensive.

Lorsque Lafontaine est sorti de la ligue junior du Québec, la majorité des observateurs considéraient qu'il ne pourrait réussir dans la LNH. Personne ne remettait en question son grand talent, mais on le trouvait trop petit pour pouvoir s'affirmer au sein d'une équipe comme les Sabres. Il s'est pourtant adapté de façon remarquable. Il a développé une sorte d'instinct qui lui permet d'éviter les gros plaquages. Pat est intelligent, il manie bien la rondelle, et sa rapidité est une menace.

Doug Gilmour est pourtant le joueur qui m'impressionne le plus. Il n'a peut-être pas autant de talent que d'autres, mais son cœur et son intelligence compensent largement. Dans ses vêtements de ville, il donne l'impression d'un jeune homme pâle et faible. Mais quand il saute sur la glace dans l'uniforme des Leafs, il déploie une formidable énergie : il est partout, prépare et complète les jeux, stimule tous ses coéquipiers, crée des événements, du spectaculaire. On le croirait fait de caoutchouc, tellement il résiste aux plaquages et rebondit sur ses adversaires, tombe, se relève et continue comme si de rien n'était.

Je ne sais que penser de Mark Messier. Il me laisse perplexe. Est-ce un bon joueur d'équipe ? Ses coéquipiers l'aiment-ils ? Je ne sais pas vraiment, mais j'ai parfois l'impression que non. Il était l'un des leaders qui, en 1990, après le départ de Gretzky pour Los Angeles, ont conduit les Oilers d'Edmonton à la coupe Stanley. Il est très robuste, possède un formidable coup de patin et une présence physique comparable à celle d'Eric Lindros. Quand il mène le jeu, il est vraiment magnifique à voir. Malheureusement, il n'est pas régulier : il a ses bons et ses mauvais jours.

Joe Sakic, la tranquille supervedette des Nordiques, n'a pas un style spectaculaire, mais il est toujours profondément impliqué dans le match. Un profane, qui assisterait à une partie de hockey pour la première fois et ne connaîtrait aucun des joueurs, remarquerait immédiatement un joueur comme Bobby Orr, dont le style est flamboyant. Il ne verrait pas Joe Sakic avant un bon moment. Celui-ci a quand même su se rendre utile tout au long de sa carrière, bien qu'il me semble moins enthousiaste ces derniers temps.

Plusieurs se demandent si on n'a pas commis une erreur en le nommant capitaine des Nordiques. Tout dépendra évidemment de la façon dont il considère ses responsabilités et dont il entend s'acquitter de sa tâche. Le fait qu'il ne parle pas français doit compliquer les choses à Québec sur tous les plans et avec à peu près tout le monde. Je ne pense pas qu'il soit tout à fait à l'aise dans ce rôle mais sa valeur comme joueur est indéniable comme nous avons pu le constater avec l'équipe canadienne qui a remporté le Championnat mondial en avril 1994.

Je tiens à mentionner un autre joueur, surtout pour ses performances des dernières années. Il s'agit de Ron Francis, des Penguins de Pittsburgh. À Hartford, Francis était le grand joueur offensif des Whalers ; certains observateurs prétendaient alors qu'il ne se préoccupait que de sa fiche de joueur. Quand il est passé à Pittsburgh, il a confondu tous ses détracteurs et montré un extra-ordinaire sens sportif et un esprit d'équipe admirable en acceptant de se cantonner à la défensive, derrière le grand Mario Lemieux. S'il est un peu dans l'ombre, il n'en reste pas moins l'un des membres importants d'une équipe qui a déjà remporté deux coupes Stanley.

Je me souviens du septième match des éliminatoires de 1993. Les Penguins et les Islanders se disputaient âprement la coupe Stanley. En stimulant son équipe et en réussissant des jeux épous-touflants, Ron Francis a réussi à créer l'égalité à la fin de la troisième période, mais les Islanders ont gagné en prolongation. On aurait dit qu'il ressentait cette défaite beaucoup plus durement que ses coéquipiers. Une équipe a besoin de joueurs comme lui pour dé-crocher des championnats. Ils ne comptent pas nécessairement beaucoup de buts; ce qui les rend vraiment indispensables, ce sont les efforts qu'ils déploient et l'influence qu'ils exercent sur leurs coéquipiers.

Adam Oates ne semble pas aussi talentueux que certains des joueurs dont je viens de parler, mais il a toujours été très productif et utile à son club, partout où il est allé. Il s'adapte facilement au style d'une équipe. J'aimerais aussi mentionner Joe Nieuwendyk des Flames, Trevor Linden de Vancouver, Pierre Turgeon des Islanders, Michal Pivonka et Joe Juneau de Washington, Kirk Muller et Vincent Damphousse des Canadiens. Tous sont excellents et près d'être des supervedettes. Jaromir Jagr est l'un de ces jeunes Européens tout à fait remarquables. Il manie le bâton avec beaucoup de dextérité et serait encore meilleur s'il s'en servait davantage pour porter la rondelle que pour mettre en échec les adversaires. Quant aux gardiens de but, la LNH en compte d'excellents, à commencer par Patrick Roy, Félix Potvin, Mike Richter, Domenic Hasek, Martin Brodeur, Kirk McLean, Ed Belfour et Arturs Irbe. Je parlerai des défenseurs plus tard, quand il sera question de l'héritage de Bobby Orr.

Il reste aussi une autre catégorie de joueurs dont j'aimerais vous entretenir : les vedettes francophones qui ont emprunté les traces de Maurice Richard et de quelques autres grands du hockey. Ils portent un fardeau terriblement lourd. Le Québec tout entier met ses espoirs en eux, et la pression qu'ils ont à affronter ne cesse d'augmenter.

Maurice a été la première grande vedette montréalaise après Newsy Lalonde, qui jouait dans les années 20. J'ai côtoyé le Rocket pendant des années. Je peux dire qu'il supportait le stress mieux que bien d'autres, en partie à cause de ses succès qui ne lui sont pourtant jamais montés à la tête. Il avait ses points faibles, bien sûr, mais personne ne pouvait nier son immense talent. À l'extérieur de la patinoire, sa modestie naturelle et sa vie familiale exemplaire donnaient du fil à retordre aux médias qui cherchaient à le prendre en défaut.

D'autres vedettes francophones sont venues et parties : Jean-Claude Tremblay, Yvan Cournoyer, Jacques Lemaire, Guy Lapointe et Serge Savard. Mais aucun n'a créé autant d'émoi et de passion que Guy Lafleur qui est venu, comme moi, de la ville de Québec. Nous avons tous deux payé pour apprendre que lorsqu'on a trop attiré l'attention chez les juniors, les partisans deviennent terriblement exigeants et s'attendent à ce qu'on réalise des prouesses inouïes dès qu'on commence à jouer chez les professionnels. Pendant mes premières saisons, si je comptais deux buts, on disait que j'aurais dû en compter trois. Si je réussissais un tour du chapeau, on m'en demandait quatre, et ainsi de suite. L'envie me prenait parfois de me frapper la tête contre les murs du vestiaire.

Quand Guy est arrivé en 1971, il voulait porter mon numéro, le quatre, comme il l'avait fait chez les juniors. J'en étais très flatté, car j'avais fait la même chose : j'avais porté le numéro neuf de Maurice Richard quand je jouais chez les juniors et les seniors. C'était ma manière à moi de rendre hommage à ce grand joueur que j'aimais tant, mon héros. Mais le Rocket portait encore son numéro quand je suis arrivé chez les Canadiens, et j'ai dû me contenter d'un autre.

J'ai fait comprendre à Guy que le numéro quatre lui pèserait beaucoup, et que les gens feraient sans cesse des comparaisons. Je lui ai conseillé d'éviter de se donner ce défi supplémentaire : «Prends ton propre numéro, et arrange-toi pour que tous les petits garçons du Québec qui commencent à jouer au hockey aient envie de le porter.» Il a sagement suivi mon conseil.

Il est certain que d'autres joueurs francophones auraient pu déclencher des passions aussi fortes que Lafleur l'a fait : Gilbert Perrault, Denis Savard, Mario Lemieux et Pierre Turgeon. Ils se sont d'ailleurs sentis victimes des caprices de la Ligue nationale, alors en expansion et qui les a obligés à faire carrière ailleurs. Si Denis Savard a fait parler de lui plus que les autres, c'est que les Canadiens ont été en mesure de l'acquérir à sa sortie de la ligue junior. On lui a ensuite préféré Doug Wickenheiser, et Denis est allé jouer avec les Black Hawks de Chicago où il est devenu une grande vedette.

Dix saisons plus tard, quand il a été échangé aux Canadiens, il avait perdu un peu de sa vigueur, mais il lui restait encore assez de potentiel pour galvaniser la foule du Forum. De plus, il était très sympathique et aimé de tous ses coéquipiers, des médias et des partisans, si bien qu'on lui faisait toujours une fête lorsqu'il sautait sur la glace. Pour moi, il ne fait aucun doute que Denis Savard aurait pu apporter énormément aux Canadiens si sa carrière avait commencé avec le bleu-blanc-rouge.

Gilbert Perreault, lui, a été une vraie vedette à Montréal... mais chez les Canadiens juniors. Il a ensuite été repêché par les Sabres de Buffalo avec qui il a fait toute sa carrière. S'il était resté, lui aussi aurait pu marquer profondément l'histoire de l'équipe montréalaise, tout comme Pierre Turgeon d'ailleurs. Ce dernier a été également repêché par Buffalo, avant de passer aux Islanders, où il a prouvé son incontestable talent.

Stéphane Richer, Claude Lemieux et Pierre Larouche, trois autres vedettes francophones plus récentes, ont dû quitter Montréal pour poursuivre leur carrière. Lorsqu'ils jouaient pour les Canadiens, ces trois joueurs sont entrés en conflit avec leur entraîneur ou avec la direction de l'équipe. Tous trois ont eu des problèmes de comportement ou de communication. Stéphane Richer, par exemple, n'arrivait pas à s'habituer au harcèlement des médias, ce qui lui a causé quelques ennuis.

Claude Lemieux était un jeune homme à l'esprit caustique qui n'avait pas peur de dire ce qu'il pensait. Il est entré en guerre contre Pat Burns, mais ses coéquipiers ne l'ont pas appuyé. J'entends dire qu'il a des difficultés analogues au New Jersey. Pour être honnête, je dois rappeler que Claude a été l'un des principaux architectes de la victoire de la coupe Stanley des Canadiens en 1986. Il avait d'abord contribué à éliminer Hartford lors du septième match des demi-finales. Il a ensuite donné la coupe aux siens en comptant le seul but du quatrième et dernier match contre Calgary. Quant à Pierre Larouche, il continue d'éprouver des contrariétés : on dirait qu'il n'a pas acquis de maturité. Aucun de ces trois joueurs ne pouvait s'adapter aux Canadiens : il fallut les échanger.

Certaines choses ne me plaisent pas dans le hockey moderne. D'abord l'utilisation généralisée du bâton comme arme de frappe et le peu d'attention que portent les officiels à cette pratique. Autrefois, lorsqu'ils devaient sévir et infliger une pénalité, Bill Friday, John Ashley, Frank Udvari et les autres arbitres ne tenaient pas compte de la tournure du match. Peu importe si vous frappiez quelqu'un pendant la première minute de jeu, à la fin de la troisième période ou au milieu de la prolongation d'une partie des séries éliminatoires : vous alliez directement au banc des punitions, pendant deux minutes, et il n'y avait pas à redire. Aujourd'hui, les officiels laissent les joueurs aller beaucoup trop loin. À mon avis, cela dénature le jeu, et le hockey y perd. Seuls les paresseux et les maladroits utilisent leur bâton pour arrêter un joueur. Cela requiert en effet peu d'effort. Si un adversaire vous a contourné, vous vous retournez pour l'accrocher ou le faire trébucher avec votre bâton, et vous avez de bonnes chances de vous en sortir sans la moindre pénalité.

La seule manière acceptable d'arrêter l'adversaire est de continuer à patiner, de le plaquer, de le mettre en échec et de lui enlever la rondelle. Si on apprenait aux joueurs à rester sans cesse en mouvement, on reviendrait aux bons vieux plaquages d'antan, avec les hanches et les épaules. Ce serait beaucoup plus beau à voir, et on pourrait vraiment apprécier le talent des joueurs. Comprenez bien ce que je veux dire : il ne s'agit pas de laisser les vedettes faire ce qu'elles veulent. Nous n'étions certainement pas libres de faire n'importe quoi. Maurice et moi avions toujours quelqu'un qui nous suivait comme une ombre. Mais il y avait moyen de régler cela. Quand j'avais un joueur dans le dos en zone adverse, je me collais moi-même à un de leurs défenseurs. Je tenais ainsi deux joueurs occupés au lieu d'un, et mes coéquipiers pouvaient travailler plus librement.

Il y a cependant des choses qui me plaisent beaucoup dans le jeu actuel, et je suis constamment étonné par le talent qui ne cesse d'affluer de toutes parts. Le nombre de joueurs dans la LNH a quadruplé en une seule génération et pourtant on trouve assez de jeunes capables de former des équipes compétitives et de soulever les foules. Les oiseaux de malheur avaient tort : la LNH ne s'est pas appauvrie. Au contraire, le hockey ne cesse de grandir en intérêt et en importance, parce qu'il reste ce qu'il a toujours été : le jeu le plus excitant que les hommes aient jamais joué sur leurs deux jambes.

Quand j'ai commencé à prendre des notes sur les athlètes et les sportifs de mon époque et d'aujourd'hui qui m'avaient le plus touché, je me suis rapidement rendu compte que je ne pouvais pas m'en tenir uniquement au hockey. J'ai eu la chance de rencontrer plusieurs vedettes d'autres sports tout au long de ma carrière professionnelle.

Au début des années 50, la lutte était un sport presque aussi populaire que maintenant et Whipper Billy Watson, Killer Kowalski,

Jean Rougeau, Yvon Robert et Larry Moquin se produisaient devant d'immenses foules. Il y avait alors beaucoup plus de contacts entre les différents sports. On voyait, au hockey ou au baseball, les grandes figures de la boxe ou de la lutte, et vice-versa. J'ai rencontré Jack Dempsey et Joe Louis quand ils ont été invités pour promouvoir les programmes de lutte du lundi à la Tour de Québec.

Après mon arrivée à Montréal, j'ai pu rencontrer Whitey Ford, Billy Martin, Mickey Mantle et d'autres joueurs-vedettes de baseball des Yankees, à l'occasion de certains banquets sportifs. À l'époque de John Nault, à Victoriaville, je préférais les Red Sox et j'étais un admirateur inconditionnel de l'incomparable Ted Williams. Mais le baseball, comme le hockey, avait changé et moi aussi.

Pour une raison ou pour une autre, les joueurs des Canadiens ont toujours eu plus d'affinité avec les équipes de Boston. Chaque fois que nous le pouvions, nous regardions les matchs de basketball que les Celtics disputaient le dimanche après-midi au Garden où nous allions rencontrer les Bruins le soir même. Si nous arrivions à Boston pendant la saison du baseball, nous courions à Fenway Park pour assister à la rencontre. Une fois, Ted Williams m'a invité dans sa loge et nous avons discuté privément pendant une vingtaine de minutes. Quand je suis sorti, les journalistes locaux se sont massés autour de moi; ils voulaient savoir de quoi nous avions parlé. Apparemment, on m'avait fait un honneur plus grand que je ne croyais : Ted n'avait jamais adressé plus d'une phrase ou deux aux médias. Nous avions tous deux une passion pour la pêche. Williams venait souvent taquiner la truite dans les lacs et les rivières du Québec. Quant à mon ami Jacques Côté, il possédait tout un territoire de pêche et je savais que son rêve était d'inviter Williams à l'une de nos excursions.

Quelques années après que j'eus accroché mes patins, Élise et moi traversions le Maine en direction de Cape Cod, quand j'ai lu dans les journaux que les Yankees étaient en ville pour leur match traditionnel du mois de septembre contre les Red Sox. La série de trois matchs commençait le lendemain. Je me suis tourné vers Élise et je lui ai proposé de changer nos plans : «Allons passer la journée de demain à Boston.»

Le lendemain soir, je l'ai emmenée faire une promenade autour de Fenway Park, pour qu'elle ait une idée de l'atmosphère qui régnait en ce lieu. Je n'avais pas l'intention d'entrer. J'étais persuadé qu'il ne restait plus de billets disponibles et nous voulions simplement tuer le temps de manière agréable avant d'aller manger. Mais comme nous passions devant la billetterie, quelqu'un m'a interpellé :

« Jean ! qu'est-ce que tu fais ici ? » Il me connaissait de vue, parce qu'il travaillait aussi au Garden.

« Je faisais visiter les lieux à ma femme.

— Tu veux voir le match ?

— Avec plaisir ! »

Il est revenu quelques instants plus tard avec deux billets. Peu après, Élise allait constater que nous étions assis juste à côté de George Steinbrenner, le propriétaire des Yankees. Ce fut une soirée épatante. J'étais là, incognito, à regarder l'extraordinaire spectacle des meilleurs joueurs de baseball à l'œuvre. Nos sièges étaient juste derrière l'abri des Yankees et nous avons observé Reggie Jackson faire ses exercices de réchauffement en balançant ses grands bras pendant que les amateurs de Boston le couvraient d'injures. Au milieu de la partie, il a frappé un coup de circuit par-dessus la clôture en direction du champ centre, à cent trente mètres environ du marbre. Quand il est rentré vers le banc des joueurs, il avait un petit sourire narquois et a jeté un regard amusé à ceux qui l'avaient insulté.

En 1971, quand j'ai pris ma retraite, les Expos ont organisé une soirée en mon honneur au parc Jarry. J'ai posé pour les photographes en compagnie de Willie Mays, qui vivait alors ses dernières années avec les Giants de San Francisco. Mon plus beau souvenir du baseball date cependant de plus loin que cela et, au fond, il n'a strictement rien à voir avec le sport lui-même.

C'était le soir où j'ai fait mon fameux tour du chapeau et marqué mon 500e but. Élise et moi avions planifié d'aller dîner avec mon gérant d'affaires, Gerry Patterson, et sa femme. Comme j'avais dû accorder de nombreuses entrevues, nous nous sommes rejoints assez tard. J'étais mal à l'aise et je craignais d'avoir gâché la soirée de tout le monde. Je me disais en effet que tous les bons restaurants allaient être fermés, mais Gerry m'a rassuré.

« Ne t'en fais pas, Jean. Je vous emmène dans un endroit très spécial, où n'entre pas qui veut. C'est une nouvelle table. »

Nous avons traversé la rue Atwater et marché vers l'ouest jusqu'à l'une des tours du square Westmount. Puis, nous avons pris l'ascenseur vers le dernier étage. Sur l'une des portes qui donnaient sur le corridor une petite affiche écrite à la main indiquait : «Seuls sont admis ceux qui ont compté plus de 500 buts.»

À l'intérieur, nous avons été accueillis par un joueur des Expos de Montréal qui nous avait préparé un somptueux repas. Nous avons dégusté des huîtres Rockefeller et de la sole de Douvres aux petites heures du matin. Ce joueur était venu au Forum ce soir-là. Aussitôt que j'eus marqué mon 500e but, il avait quitté son siège pour venir préparer le repas. Depuis, bien sûr, nous avons souvent visité les deux restaurants qu'il possède à Manhattan et qui sont aussi célèbres que lui. Rusty Staub était un très bon joueur de baseball et un excellent cuisinier amateur qui est passé chez les professionnels quand il a pris sa retraite. C'est un homme extraordinaire et très travailleur que j'ai toujours respecté. Je crois avoir largement contribué à lancer sa seconde carrière.

Au cours des années, j'ai continué à rencontrer de nombreuses vedettes de plusieurs disciplines sportives. Je pense à Tom Seaver et Pete Rose au baseball; à Bill Russell, Bob Cousy, John Havlicek et Wilt Chamberlain, parmi les plus grands joueurs de basketball; et les jockeys Willie Shoemaker et Eddie Arcaro, membres du Temple de la Renommée. Dans les milieux montréalais de la boxe, j'ai fait la connaissance de Robert Cléroux, Yvon Durelle, Archie Moore et George Chuvalo ainsi que de deux solides poids plume qui se sont quelquefois affrontés, Armand Savoie et Dave Castilloux, récemment décédé.

C'est vers la fin des années 60 que j'ai fait la plus excitante incursion dans un autre sport que le hockey. Je tournais alors un commercial pour American Motors sur la piste de course du mont Tremblant. Al Unser participait aussi à ce tournage. Avant la pause du déjeuner, il m'a invité à faire quelques tours de piste dans une voiture compacte nord-américaine.

«Allez, viens, le grand Jean, je t'emmène faire un petit tour», m'a-t-il dit avec son accent traînant. Il ne pouvait résister au plaisir de donner la frousse à un ami. La piste était là, invitante, ainsi que des voitures qui n'étaient pas du genre qu'Al conduisait habituellement...

Nous avons filé à plus de deux cents kilomètres à l'heure. Du moins, c'est l'impression que j'ai eue, mais je n'ai pas osé ouvrir les yeux pour regarder le compteur.

«Je te remercie, Al, tu viens de confirmer ce dont je me doutais déjà. Je ne ferai jamais carrière dans la course automobile.» J'avais l'estomac qui tournait à la vitesse du son et je n'ai pas osé m'approcher de la table.

Al a finalement gagné quatre courses Indy 500, mais je ne crois pas pouvoir dire que je l'ai inspiré ou stimulé de quelque manière que ce soit.

Les entraîneurs

J'ai accepté, en 1969, de faire la publicité télévisée des conteneurs Purepak. L'agence qui m'engageait avait décidé de tourner les commerciaux à Los Angeles, ce qui n'était certainement pas pour me déplaire. Le tournage devait durer un jour et demi, au Great Western Forum où on avait fait de la glace, en plein mois de juillet. Je projetais de passer ensuite une semaine à visiter la Californie. C'est alors que l'un des cadres de l'entreprise Purepak m'a offert d'assister aux exercices du camp d'entraînement que les Rams de la Ligue nationale de football tenaient au State College de Fullerton, au sud de Los Angeles.

Je m'y suis rendu le jour même, et j'ai observé pendant des heures les footballeurs à l'entraînement. Ce fut pour moi une découverte étonnante et enrichissante. J'ai vu, sous un soleil de plomb et sous des températures de plus de 35 °C, des gars de 135 kilos répéter pendant des heures les mêmes mouvements et faire encore et encore des manœuvres défensives et offensives. Plus : une fois terminé le travail en commun, chacun reprenait des exercices personnels tout aussi exigeants.

Je regardais travailler ces hommes, et je m'émerveillais de l'énergie et du cœur qu'ils mettaient à l'ouvrage, quand l'entraîneur-chef George Allen est venu me saluer. Nous ne nous étions rencontrés qu'une seule fois lors d'un dîner sportif. À mon grand étonnement, il m'a accueilli comme si j'étais un ami très proche, et il m'a invité à dîner avec l'équipe le soir même.

J'ai appris que l'horaire quotidien des Rams à l'entraînement était très semblable à celui de la majorité des équipes de la Ligue nationale de football. Les exercices de mise en forme et la gymnastique suédoise commençaient à 7 heures, avant le petit déjeuner, qui était suivi d'une période d'une heure d'études théoriques. À partir de 9 h 30, tous les joueurs étaient sur le terrain pour le réchauffement et les exercices d'équipe. Après le déjeuner, ils avaient droit à une courte sieste, puis se réunissaient pour revoir la théorie, et retournaient travailler et suer sur le terrain de 15 heures à 18 heures. Joueurs et entraîneurs dînaient collégialement et formaient ensuite des petits groupes de discussion et de réflexion. Jusqu'à 21 heures, ils faisaient le bilan de la journée, et regardaient le programme du lendemain. À 22 heures, tout le monde était couché et dormait à poings fermés.

Nous avions aussi dans la LNH notre «Semaine d'enfer» au début de chaque saison, mais on nous épargnait le soleil de plomb, les longues heures d'études théoriques et tous ces exercices cent mille fois répétés qui, à l'époque, me semblaient terriblement fastidieux.

Je me suis assis à la table de George Allen avec son personnel d'entraînement et j'ai passé une heure très agréable à discuter de sport professionnel, à poser des questions sur le football et à répondre à celles qu'on me posait sur le hockey.

Vers la fin du repas, George m'a demandé si je voulais m'adresser aux joueurs, et leur parler du succès que les Canadiens et moi-même avions connu au cours des récentes années. Je me sentais un peu intimidé mais, au moins, j'avais amplement de quoi parler. Deux mois plus tôt, nous avions remporté notre deuxième coupe Stanley de suite, notre quatrième en cinq ans, la neuvième de ma carrière. Mais je n'étais pas sûr du tout que mon expérience professionnelle puisse intéresser des joueurs de football.

«Ça me ferait plaisir de parler à tes joueurs, ai-je dit à George, mais qu'est-ce que tu veux que je leur dise? Je ne crois pas qu'ils sachent qui je suis. C'est à peine s'ils connaissent le hockey.

— Tu serais surpris, Jean. Beaucoup de nos joueurs vivent ici hors-saison et assistent aux matchs des Kings. Tu peux être sûr qu'ils ont entendu parler de toi. Dis-leur simplement comment, chez les Canadiens, vous préparez votre saison. Je cherche à les stimuler. Mes Rams forment une vieille équipe, ils ont beaucoup d'expérience, mais je ne suis plus du tout certain qu'ils ont encore ce désir de gagner que les Canadiens de Montréal ont su conserver. Tu es un champion, toi, et j'aimerais que tu leur communiques ton goût de la victoire.»

Quand il m'a présenté à ses joueurs, George Allen a insisté sur deux aspects de ma personnalité : mon âge (j'avais trente-sept ans à l'époque) et ma longue carrière (j'allais entreprendre ma dix-septième saison avec les Canadiens).

«Jean est un gars qui joue un jeu physiquement très exigeant. Il pratique un sport aussi difficile que le vôtre. Depuis seize ans, il joue pour la même équipe, et il n'a jamais perdu le désir de gagner. Y a-t-il quelqu'un ici qui espère faire la même chose? Est-ce que quelqu'un peut me nommer une équipe de football qui a remporté quatre Super Bowl en cinq ans? Jean Béliveau a démontré que l'âge n'est pas un obstacle si on sait rester en forme, physiquement et mentalement.»

George Allen s'est mérité ce jour-là un autre admirateur, non seulement pour les gentils commentaires qu'il a faits à mon égard, mais surtout parce que j'ai pu constater qu'il avait sans cesse à l'esprit son sport, son équipe, et qu'il aurait tout fait pour motiver ses joueurs et leur donner le courage qui les mènerait de victoire en victoire jusqu'au championnat.

En d'autres mots, George Allen était un véritable entraîneur.

Pendant seize saisons, entre 1952 et 1968, trois hommes du monde du hockey ont régné sur ma vie quotidienne. Ils sont main-tenant avec moi au Temple de la Renommée. Punch Imlach est le seul des trois qui y soit entré comme entraîneur seulement et qui fasse partie de la catégorie des «Bâtisseurs». Avant de diriger des équipes de la LNH, Dick Irvin et Toe Blake ont tous deux été des joueurs-étoiles. Mais je les ai assez connus pour savoir qu'ils considéraient eux-mêmes leurs prouesses sur la glace moins im-portantes que ce qu'ils ont accompli derrière le banc des joueurs.

J'ai déjà dit que l'homme qui le premier m'a réellement branché sur le hockey était Roland Hébert, l'entraîneur des Tigres de Victoria-ville en 1948. Roland comprenait les principes fondamentaux de l'entraînement chez les juniors. Les joueurs les plus prometteurs avaient besoin de beaucoup de temps sur la glace et il s'arrangeait pour le leur donner. Il me faisait souvent jouer jusqu'à quarante minutes par match.

Quand je suis arrivé à Québec, Pete Martin des Citadelles m'a fait jouer encore plus. Dès lors, je savais que la voie m'était ouverte jusqu'à la LNH. Chaque année, on me plaçait avec des coéquipiers de plus en plus talentueux et j'affrontais des adversaires de plus en plus forts, ce qui me forçait à m'améliorer. Mes deux années avec les Citadelles ont été déterminantes dans la formation de mon caractère. Les médias de Québec critiquaient parfois sévèrement les décisions de Pete Martin et remettaient en question son leadership. L'équipe lui a même adjoint un ancien joueur de la LNH, Kilby McDonald, comme «conseiller spécial». Personnellement, je n'ai jamais eu à me plaindre de Pete, et je considère que je lui dois beaucoup.

Je dois cependant admettre que le hockey que nous pratiquions sous la direction de George «Punch» Imlach était d'un tout autre calibre. Ses méthodes d'entraînement étaient totalement différentes de tout ce que j'avais connu jusque-là, plus audacieuses, plus réfléchies, plus efficaces.

Vers la fin des années 30, Punch Imlach jouait à Toronto pour les Marlboros de Frank Selke. En 1941, il quittait Toronto pour Cornwall, à la suite d'une dispute avec Selke sur une question salariale. Ce différend allait d'ailleurs mettre du piquant dans toutes les relations professionnelles qu'ils entretiendraient par la suite.

Après avoir joué pendant une saison à Cornwall, Punch est entré dans l'armée. Il a servi pendant trois ans dans une «compagnie de hockey» dont faisaient partie Jack Riley, Tommy Ivan, Jimmy Conacher et Buzz Bastien. Punch y a obtenu le grade de lieutenant. Démobilisé, il s'est retrouvé au camp d'entraînement des Red Wings et a vite réalisé que l'entraînement militaire laissait infiniment à désirer côté hockey, et qu'il devait oublier son rêve de jouer un jour dans la LNH. Punch était un être réaliste : il allait bientôt avoir trente ans, à une époque où peu de joueurs continuaient à jouer passé cet âge. Il voulait s'assurer un avenir confortable et a sauté sur l'occasion que lui offrait l'entraîneur Lex Cook de travailler avec les As de Québec de la LHSQ. Pour arrondir ses revenus, il a même pris un petit boulot dans le service de comptabilité de l'Anglo-Canadian. Deux ans plus tard, Cook est parti pour Dallas, et Punch est devenu entraîneur des As.

Lorsque je suis arrivé à Québec et que j'ai commencé à jouer avec les Citadelles, Punch était déjà bien installé derrière le banc des joueurs de l'équipe senior, et commandait le respect du milieu du hockey. Deux ans plus tard, il allait devenir mon entraîneur.

Dans les années 50, les entraîneurs n'avaient pas leur style personnel et leurs trucs et petits secrets, comme ceux d'aujourd'hui. En fait, il y avait peu de différence entre Imlach, Irvin et Blake. Tous étaient d'anciens joueurs et connaissaient très bien les règles et la pratique du jeu. Et on n'entendait pas parler de «stratégie», de «tactique», non plus que de «gérant d'estrade».

Ces trois hommes avaient tous du succès parce qu'ils comprenaient les exigences et les responsabilités du leadership. Un entraîneur ne peut pas rendre son plan de jeu efficace s'il est incapable de convaincre son équipe de jouer pour lui. Il doit donc d'abord et avant tout gagner le respect de ses joueurs; il doit posséder ce qu'il faut pour s'attirer la sympathie et la confiance d'un groupe d'individus jeunes et ambitieux.

La LHSQ était une petite famille où tous se connaissaient, où tout se savait. La nomination de Punch Imlach au poste d'entraîneur des Indians de Springfield, en 1957, a cependant créé toute une surprise au sein de la ligue. L'équipe des Indians, dont le propriétaire était le légendaire Eddie Shore, dépendait de l'organisation des Bruins de Boston. Au printemps précédent, les As d'Imlach avaient remporté la coupe Edinburgh, et le championnat canadien du hockey mineur professionnel. À cette époque, les As étaient littéralement devenus la propriété d'Imlach. Quand l'assistance aux parties avait commencé à diminuer au milieu des années 50, Punch et deux autres investisseurs avaient racheté l'équipe de l'Anglo-Canadian, espérant pouvoir la faire entrer dans la Ligue américaine de hockey. Punch possédait 25 % des actions, mais n'avait pas assez d'argent et de pouvoir pour convaincre la LAH de s'étendre jusqu'à Québec et d'inclure les As. Il accepta donc l'offre de Boston sur-le-champ.

Mais une surprise de taille l'attendait à Springfield. On exigeait de lui, non seulement qu'il soit l'entraîneur des Indians, mais qu'il assure en plus la gérance de l'équipe. Une mésentente, qui allait durer toute la saison, s'installa entre Shore (qui contredisait tout ce que Punch faisait et téléphona même à Boston plusieurs fois pour exiger son renvoi) et Punch (qui conduisit les Indians jusqu'aux finales de la ligue, ce que personne n'avait osé espérer).

Sitôt la saison terminée, Shore mit fin au contrat de Punch, et les Bruins lui offrirent en compensation le poste de directeur général des équipes mineures de leur organisation. Au même moment, Conn Smythe fit cependant appel à Punch. Et lorsque la saison 1958-1959 commença, celui-ci occupait le poste d'assistant-directeur-gérant des Maple Leafs de Toronto que dirigeait Billy Reay. Les Leafs connurent un début de saison catastrophique. À la fin de novembre, ils étaient en dernière position dans la ligue, avec une fiche de cinq victoires et vingt défaites, du jamais vu dans leur histoire. Il était évident que les Leafs ne jouaient pas pour Reay. Punch réussit à convaincre la haute direction des Maple Leafs de le promouvoir au poste de directeur-gérant. La chose faite, il congédia Reay et entreprit de diriger l'équipe à sa manière.

Sa première décision en tant qu'entraîneur fut d'annuler une séance d'entraînement et de convoquer à la place chaque joueur à un tête-à-tête, afin de connaître ses dispositions et de savoir s'il acceptait de se conformer à sa direction. Punch fit rapidement sa marque avec cette équipe : il engagea Johnny Bower et conclut des échanges pour obtenir le défenseur Allan Stanley et les avants Larry Regan et Gerry Ehman, tous des joueurs ayant un caractère affirmé. Le dernier soir de cette saison, pendant que nous défaisions les Rangers 4 à 2 au Madison Square Garden de New York, les Leafs de Punch eurent raison des Red Wings 6 à 4 à l'Olympia de Detroit, accédant ainsi aux séries. Ils éliminèrent les Bruins en sept matchs lors des demi-finales; aux finales, nous les avons battus en cinq parties.

Punch était peut-être nouveau dans la LNH, mais il avait passé plus de dix ans dans les ligues mineures et savait exactement ce qu'il voulait. Son plan de redressement pour les Leafs était simple. Il formerait une équipe un peu mieux équilibrée : quelques jeunes joueurs d'avant talentueux et rapides appuyés par des défenseurs d'expérience et deux vétérans aguerris devant le but : exactement le genre d'équipe qui avait régné sur la LHSQ pendant tout l'après-guerre. D'ailleurs, sous le règne de Punch, de 1958 à 1968-1969, les Maple Leafs de Toronto ressemblaient à s'y méprendre aux As des années 50, tant par leur jeu que par leur style d'équipe.

Punch insistait beaucoup sur le respect mutuel et il a lui-même gagné la confiance de ses joueurs en les traitant comme des individus. Quand j'ai commencé à jouer avec les As, il me disait qu'il ne voulait pas que je change quoi que ce soit à mon jeu, mais il m'a fait travailler sur de petits détails qui allaient me permettre de m'améliorer considérablement.

«Après quelques coups de patin rapides, tu peux décoller pour de bon et commencer à faire tes grandes enjambées. Mais tu dois

améliorer ton sprint de départ.» Après chaque exercice d'entraînement, il me plaçait sur le point rouge du cercle de mise au jeu
face au joueur d'avant le plus rapide de l'équipe. Celui-ci était chargé
de me poursuivre dès que je m'étais emparé de la rondelle. Puis nous
changions de rôle; il portait la rondelle et je devais le rattraper. Nous
avons fait cela tous les jours pendant des semaines, jusqu'à ce que
Punch soit satisfait de ma vitesse et de mes réflexes.

Punch, Toe et Dick Irvin avaient un autre tour dans leur sac
qui leur permettait parfois d'agir comme des vieux sergents d'armée.
La formule était simple : «On fait ce que j'ai dit. Point.» Ils savaient
bien, et nous aussi, que dans la LNH, il n'y avait que cent postes à
combler, et que des milliers de joueurs des ligues mineures étaient
prêts à tenter leur chance. Il n'était pas question de nous asseoir sur
nos lauriers. Les entraîneurs se faisaient un malin plaisir de nous le
rappeler dès qu'ils en sentaient le besoin.

On a beaucoup parlé et écrit sur Punch Imlach, surtout lorsqu'il est passé à Buffalo en 1970 et qu'il est revenu ensuite chez
les Leafs. Certains de ces commentaires ont peut-être laissé
l'impression d'un homme en retard sur son époque, sans réelle
connaissance du jeu moderne. Ce n'est pas le Punch Imlach que j'ai
connu. Quand les Leafs ont vécu des années d'instabilité avec Harold
Ballard, j'ai pris les remarques de la brigade anti-Punch avec plus
qu'un grain de sel.

Punch disait toujours : «Environ 10 % des joueurs arrivent à
se motiver eux-mêmes. Tous les autres, il faut les prendre par le collet et les forcer à travailler. Certains d'entre eux vont peut-être même
venir vous remercier plus tard quand ils auront réalisé ce que vous
avez fait pour eux. Le travail le plus important d'un entraîneur, c'est
de motiver ses joueurs.»

Au moment où Punch se débattait avec les Leafs de Ballard,
Dick Irvin et Toe Blake avaient pris leur retraite depuis déjà une
dizaine d'années. S'ils étaient restés actifs dans les années 70, ils
auraient sans doute connu le même sort que Punch, même s'ils
étaient d'ores et déjà membres du Temple de la Renommée. Les
changements profonds dans les mentalités et les mœurs de l'époque
se faisaient sentir jusque dans les relations entre les entraîneurs et
les joueurs. Ceux-ci avaient maintenant l'habitude de répliquer, de
donner leur avis, de commenter et même de critiquer parfois vertement les décisions de leur entraîneur. Dick, Toe et Punch, qui

étaient d'une autre école, n'étaient pas du genre à tolérer ce genre d'attitude.

Les joueurs de ma génération étaient, eux aussi, perturbés par ce qui se produisait dans la LNH au cours de ces années 70. Je faisais alors partie de la direction du Canadien. Nous faisions notre possible pour inculquer des valeurs d'équipe à ces jeunes hommes nés et éduqués dans un monde qui valorisait l'individualisme et rejetait bien souvent la responsabilité personnelle. Ils ont commencé à se plaindre d'avoir à porter le complet-veston lorsqu'ils paraissaient en public. Ils étaient issus d'une société bien différente et cela se remarquait sur tous les plans.

La génération de joueurs à laquelle j'appartenais sortait tout droit de la Deuxième Guerre mondiale et avait été modelée par des valeurs et une autorité de type militaire. Vers la fin des années 70, par contre, cette mentalité semblait proprement intolérable à la majorité des jeunes. Quant à la direction, elle refusait ou semblait incapable de faire des compromis.

Mais les temps ont changé, les choses sont rentrées dans l'ordre et l'équilibre est revenu. En 1993, on m'a invité à faire un discours devant des gens d'affaires montréalais. Je leur ai dit que le hockey m'avait beaucoup appris : entre autres, la détermination, la fierté, le travail d'équipe, le respect de l'autorité et la discipline, et que je m'étais appliqué à mettre en pratique ces valeurs pendant toute ma carrière, tant sur la glace que dans mes autres activités. Ce genre de message a peut-être retrouvé la cote. Quelques jours plus tard, j'ai reçu une très gentille lettre des organisateurs du congrès, me disant que ma courte allocution avait été le clou de la soirée.

Punch Imlach, Dick Irvin et Toe Blake étaient tous trois des adeptes d'une discipline très stricte, ce qui ne veut pas dire que leurs méthodes étaient identiques. Nous n'avions pas de psychologues sportifs à cette époque et il n'y avait pas deux ou trois assistants-entraîneurs derrière le banc de chaque équipe. Il n'y avait que l'entraîneur et une vingtaine de joueurs plus ou moins disciplinés. L'entraîneur représentait donc l'autorité absolue. En même temps, il était le conseiller, le confident. À cet égard, le style de Punch était différent de celui de Toe ou de Dick, cela va de soi.

Ce dernier avait la langue plutôt bien pendue. Il savait décocher des traits qui atteignaient leurs cibles de façon inattendue. Pendant les quatre années où les Canadiens me faisaient la cour, Frank Selke avait adopté une attitude de «laisser-faire», parce qu'il était persuadé que je finirais par accepter ses offres. Dick Irvin, lui, ne se gênait pas pour envoyer des messages à travers tout le pays. Pendant ma première saison avec les As, une rumeur circulait selon laquelle il aurait dit que Boom Boom Geoffrion était la meilleure recrue de la LNH.

«Ce gars-là est encore plus fort que le Rocket quand il a commencé», clamait Irvin, tout en prenant bien soin de mentionner que lorsque j'entrerais dans la LNH, il me placerait au centre entre le Boomer et Dickie Moore.

Irvin ne pouvait supporter l'idée même de la paresse ou de la moindre défaillance physique de la part de ses hommes. Il avait même beaucoup de difficulté à croire qu'un joueur puisse être réellement blessé ou que le trac le paralyse. Pour lui, tout cela était affaire de bonne ou de mauvaise volonté. Or, à l'époque, les joueurs étaient fréquemment blessés. Maurice Richard, Gordie Howe et moi avions même failli voir nos carrières respectives se terminer avant qu'elles n'aient commencé, à cause de blessures subies au cours de nos années d'apprentissage. Le Rocket a été particulièrement malchanceux. Il eut d'abord une cheville fracturée à sa première année dans la ligue senior. La saison suivante, sa première avec les Canadiens, c'est son poignet qui écopa d'une fracture et, peu de temps après, de nouveau la cheville.

«Richard est peut-être trop fragile pour jouer dans la LNH», avait alors dit Irvin. Ce n'était évidemment pas le genre de commentaire que Maurice pouvait entendre sans serrer les dents… et les poings. On aurait dit que Dick prenait plaisir à jeter de l'huile sur le feu et les deux hommes sont restés longtemps à couteaux tirés. D'ailleurs, lors de l'émeute Richard, en 1955, Frank Selke a signifié à Dick Irvin que, dorénavant, il ne serait plus responsable de l'entraînement des Canadiens.

Ma première saison dans la LNH a été écourtée par une blessure. J'ai alors compris que Dick Irvin n'avait aucune sympathie pour le drame que je vivais. Pour lui, j'étais blessé, donc coupable. Je m'étais fêlé la cheville lors d'un match que nous avions disputé en tournée. Dans le train du retour, j'avais très mal, mais je ne savais pas que ma cheville était fracturée. Dick non plus, d'ailleurs, qui considérait tout cela comme un incident mineur. Je n'oublierai jamais le mal que j'ai eu à descendre du train, puis à traverser le quai de la gare Windsor et à parcourir en claudiquant les quelque deux cents mètres qui me séparaient de la sortie… pour découvrir que tous mes coéquipiers, las de m'attendre, étaient déjà partis. Le lendemain, les radiographies ont révélé une fêlure et on m'a mis un plâtre. J'étais déprimé, mais je me considérais tout compte fait plutôt chanceux. Gordie Howe avait connu pire. À sa première saison dans la LNH, il avait eu une fracture du crâne et une grave commotion. Je me suis toujours demandé si Dick Irvin avait pensé qu'il exagérait un peu.

Cela étant dit, je me permettrai deux petits commentaires à la décharge de Dick. Je tiens d'abord à rappeler qu'il avait formé celui qui allait devenir le meilleur entraîneur que j'ai eu, Toe Blake.

Ma deuxième remarque porte sur son départ, sur sa grande sortie. Lorsqu'il fut entendu que Dick ne serait plus l'entraîneur des Canadiens, Frank Selke, qui avait toujours été très proche de lui, lui a offert un poste dans l'administration. Dick a refusé et est devenu entraîneur à Chicago. Moins d'un an et demi plus tard, nous avons appris qu'il était décédé d'un cancer des os. Personne n'avait su qu'il était déjà malade quand il dirigeait les joueurs des Canadiens. Nous avons compris alors qu'il avait dû souffrir terriblement de cette maladie débilitante pendant la majeure partie des deux années où il avait été notre entraîneur. Il était solide et dur au mal, et exigeait que ses joueurs le soient aussi.

Toe Blake est devenu mon entraîneur pendant les treize années suivantes. Avec lui, nous avons conquis huit coupes Stanley. Il me paraît donc absolument incroyable que Kenny Reardon ait dû mettre son poste en jeu pour qu'il soit engagé. Kenny était adjoint au directeur-gérant et gendre du sénateur Donat Raymond, le propriétaire de l'équipe, ce qui ne nuisait pas à son projet. Mais Raymond et plusieurs autres auraient préféré Billy Reay comme entraîneur. Frank Selke, lui, avait pensé à un de ses anciens joueurs de Toronto, Joe Primeau. Quant aux médias, ils semblaient considérer Roger Léger comme le candidat idéal. Je comprenais les réticences de Selke. Il venait de se débarrasser d'un entraîneur, Dick Irvin en l'occurence, à qui il reprochait de n'avoir pas réussi à canaliser positivement la formidable énergie du Rocket; il craignait sans doute que Toe, un émule de Dick, n'y arrive pas non plus.

Lorsqu'ils faisaient état de la rumeur voulant que Roger Léger soit nommé au poste d'entraîneur, les médias montréalais ne manquaient pas de rappeler qu'il fallait renforcer la présence francophone au sein de l'équipe. Ils avaient souvent reproché à Dick Irvin de préférer les grands et gros joueurs de l'Ouest du pays à ceux qui sortaient des ligues juniors du Québec. Selke cependant avait compris qu'il fallait remédier à la situation. Il avait investi beaucoup de temps, d'argent et d'énergie dans les ligues mineures du Québec, afin de former de bons joueurs francophones. Depuis quelques années ils étaient d'ailleurs de plus en plus nombreux au sein de l'équipe : Plante, Geoffrion, Saint-Laurent, Talbot, Henri Richard, Provost, Goyette, Pronovost, Bonin et Béliveau.

Pour ce qui était de l'entraînement, Ken Reardon, lui-même un gars de l'Ouest qui s'entendait relativement bien avec l'équipe, savait que le meilleur candidat était Toe Blake. Celui-ci avait dû mettre brusquement fin à sa carrière de hockeyeur en 1948 après s'être fracturé une jambe. Il avait alors été nommé entraîneur de l'équipe-école que les Canadiens possédaient à Houston et qu'il a menée jusqu'au championnat de leur ligue. Au mois de septembre suivant, les Canadiens l'envoyèrent à Buffalo, mais après une querelle avec le propriétaire il alla prendre en main l'équipe des Braves de Valleyfield, dans la LHSQ. Il était très compétent et aurait pu être le premier choix idéal pour les Canadiens s'il n'avait pas tout fait pour se mettre Frank Selke à dos, à l'époque où il travaillait avec les Braves.

Quand Reardon l'a finalement emporté, Toe est arrivé à Montréal pour retrouver l'équipe qu'il avait quittée six ans plus tôt, mais où il ne restait plus que deux de ses anciens coéquipiers : le Rocket et Butch Bouchard. Ce dernier, bien que capitaine, ne jouait plus très régulièrement cette année-là. À quelques reprises, il fit part à Toe de son intention de prendre sa retraite, mais Toe voulait qu'il reste parce qu'il aimait bien s'entourer de vétérans. Lors des éliminatoires, cette année-là, nous avons battu Detroit en cinq parties. Le soir de notre grande victoire, 3 à 1, Butch était là pour recevoir la coupe Stanley.

Quant à Toe, l'homme que Frank Selke avait été réticent à engager, il a gagné cinq coupes Stanley d'affilée. Sa plus grande force aura été d'unifier une équipe qui comptait plusieurs super-vedettes. C'est sans doute l'élément le plus déterminant dans une victoire. Au printemps de 1993 par exemple, les Canadiens ont surpris bien des gens en gagnant leur vingt-quatrième coupe. Québec et Pittsburgh, deux équipes beaucoup plus talentueuses, avaient été éliminées au cours des séries. Elles disposaient toutes deux de très grands joueurs, mais manquaient de cohésion et d'esprit d'équipe. Les Nordiques n'avaient pas l'habitude du succès, et les Penguins n'étaient pas en très bons termes avec leur entraîneur. Or, il est impossible de remporter la coupe Stanley quand le bien-être des supervedettes passe avant celui de l'équipe ou quand celle-ci est en conflit avec la personne qui est derrière son banc.

Toe Blake nous a appris cela et n'a pas cessé de nous le répéter. Plus tard, lorsque je suis devenu capitaine, on comptait sur moi pour transmettre ce message : rien ne se gagne sans les efforts de tous, certainement pas une coupe Stanley qu'on ne peut aujourd'hui conquérir qu'après quatre difficiles séries de matchs éliminatoires. Il faut la contribution de chaque joueur, obscur soldat ou supervedette. Toe traitait tout le monde sur le même pied, du Rocket à la dernière recrue. Il nous avait tous convaincus que cette approche était la seule qui pouvait donner des résultats positifs. Tous pour un et un pour tous.

Toe croyait que le hockey était un jeu simple et que la plupart des équipes gagnantes étaient celles qui s'en tenaient aux principes de base. Il dessinait parfois des plans de jeux sur le tableau noir, mais il n'y faisait que très rarement référence. «Le hockey est très simple, disait-il souvent. Ça se joue sur deux V. L'un pointe vers le filet de nos adversaires; l'autre, vers le nôtre.» Et il levait les bras en forme de V pour illustrer son argument.

En tant que joueur de centre, je devais travailler sur ces deux pointes, me replier sur la défensive lorsque nous étions attaqués, initier ou appuyer l'attaque lorsque nous prenions possession de la rondelle. Toe disait aussi qu'une mobilité constante des joueurs et de la rondelle était la clé du succès. Après avoir fait une passe à un coéquipier, il fallait donc continuer à se déplacer pour qu'il puisse vous rendre la rondelle. Toe exigeait que l'on joue avec tous nos coéquipiers, et au même rythme. Aujourd'hui, la majorité des ailiers se tiennent collés le long de la clôture près de leur propre ligne bleue, en attendant une passe d'un de leurs défenseurs restés près du filet, au fond de la zone. Comme je l'ai dit plus tôt, nous faisions rarement une telle chose, parce que cela horripilait Doug Harvey et qu'il refusait carrément de faire une passe si nous n'étions pas en train de patiner.

Maintenant, bien sûr, ce genre de jeu mobile est connu sous le nom de jeu «russe» ou «européen». Cela m'a toujours fait rire, quand les soi-disant experts en hockey des années 70 et 80 n'arrêtaient pas de déprécier le jeu nord-américain et d'encenser les Européens qu'ils considéraient comme de grands innovateurs. En effet, depuis les années 50, les Canadiens avaient adopté ce style et ces méthodes (dites modernes ou européennes) qui consistent à garder le contrôle de la rondelle dans les trois zones. Toe insistait beaucoup sur ce point : il ne tolérait pas la paresse ou le manque de connaissance des principes de base :

«Comment veux-tu attraper une passe si tu patines avec ton bâton à hauteur de la taille, nous répétait-il. Si tu veux la rondelle, garde ton bâton sur la glace.»

Je dois quand même reconnaître que les défenseurs des années 90 sont infiniment plus mobiles que ceux des années 50. Ils réussissent assez souvent à enfoncer les lignes ennemies. Cependant, quand je les vois se renvoyer la rondelle dans leur propre zone et même devant leur filet, je crois entendre Toe crier : «Êtes-vous devenus fous ? Dégagez votre territoire !»

Nous suivions son plan d'attaque, match après match, et personne ne songeait à remettre en question son autorité. Nous avions tout de même nos petites manies et nos côtés excentriques. Punch, Dick et Toe le savaient et fermaient parfois les yeux (à demi) sur nos fantaisies.

Par exemple, Doug Harvey adorait contrôler la rondelle pendant de longs moments. On aurait dit qu'il mettait le monde entier au défi de la lui enlever. Un soir, à Detroit, il jouait ainsi gaiement du bâton, passant parfois un peu trop près de notre filet. Derrière le banc, Toe était en train de devenir complètement fou. Son fedora rejeté derrière la tête, il criait : «Si Harvey continue comme ça, il va se retrouver au banc des punitions d'ici trente secondes.» Et ce qui devait arriver arriva. Doug a continué son petit numéro jusqu'à ce qu'un de ses adversaires lui enlève la rondelle et oblige ensuite Doug à le faire trébucher pour l'empêcher de marquer. Doug a écopé de deux minutes, et la pression sanguine de Toe a failli lui faire éclater les veines.

Toe refusait de nous voir donner moins de 100 % de nos forces, même au creux de la saison, quand nous étions confortablement installés en première position. Son éternel chapeau vissé à l'arrière de la tête, il faisait les cent pas derrière le banc des joueurs. Il semblait souvent se parler, mais nous savions très bien que ses commentaires nous étaient directement adressés. Les seules personnes de toute la patinoire qui pouvaient vraiment entendre ce qu'il disait étaient ceux d'entre nous qui se trouvaient assis sur le banc juste devant lui et peut-être quelques spectateurs de la première rangée. Mais Toe ne nous engueulait jamais en public et n'imposait pas de désagréables face à face à ses joueurs comme l'a fait Pierre Pagé avec Mats Sundin et Martin Rucinsky, le soir où les Canadiens ont éliminé les Nordiques pendant les éliminatoires de 1993.

Toe avait confiance en ses joueurs et nous avions pleinement confiance en lui, parce qu'il nous traitait comme des hommes. Il aurait fait n'importe quoi pour les joueurs en qui il croyait, quelle que soit l'opinion que le grand public ou les médias pouvaient entretenir à leur égard. Je pense ici à des joueurs comme Jimmy Roberts, Claude Provost, André Pronovost et Terry Harper. Les partisans montréalais ont toujours aimé les joueurs flamboyants et spectaculaires et méprisé les «plombiers». Mais toute équipe a besoin de plombiers. Il faut non seulement du talent, mais aussi du cœur et de l'opiniâtreté pour gagner une coupe Stanley. Voilà une chose que les amateurs et les médias n'arrivent pas toujours à comprendre.

Un exemple classique de cela nous est donné, actuellement, en la personne de Mike Keane. Quand Pat Burns était entraîneur des Canadiens, j'ai lu plusieurs articles qui remettaient en question le rôle de Keane dans l'équipe. Et on s'étonnait de la sympathie que Burns lui portait. Puis Jacques Demers est arrivé, il a fait plusieurs échanges, mais il a gardé Keane.

Keane, tout comme Jimmy Roberts, a sans doute plus de cœur que de talent, mais il a grandement contribué au succès de l'équipe. Sur la glace, un joueur comme lui, pour qui rien n'est jamais facile, donne toujours le meilleur de lui-même. Toe sentait ces choses. Il savait évaluer et apprécier le talent de chacun et ne demandait jamais à un joueur ce qu'il ne pouvait donner. Si l'un d'eux était traîné dans la boue par les médias, Toe était le premier à le défendre et à l'aider à s'en sortir le plus rapidement.

L'équipe des Canadiens n'a pas beaucoup changé pendant les cinq premières années de Toe. Ce n'était pas nécessaire en fait : nous gagnions tout le temps. Au début des années 60, par contre, nous avons connu une première vague de changements. Après que les Maple Leafs nous eurent battus en finale à deux reprises, Frank Selke et Toe Blake ont entrepris de construire une équipe plus puissante, en ajoutant des joueurs comme Terry Harper, Jacques Laperrière, Ted Harris, Claude Larose et John Ferguson. Nous n'étions plus les *Flying Frenchmen*. Certains nous considéraient même comme des plombiers haut-de-gamme. Nous avons quand même gagné quatre coupes en cinq ans et, à trois reprises, Toe était derrière le banc des joueurs.

L'entraînement était une profession de solitaire dans les années 60. Pendant les matchs, l'entraîneur était seul derrière le banc des joueurs. Sur la route, les seules personnes avec qui il pouvait plus ou moins échanger étaient les soigneurs de l'équipe et les journalistes, beaucoup moins nombreux qu'aujourd'hui. Je vous donne un exemple de la charge de travail qu'un entraîneur comme Toe Blake devait supporter.

C'était pendant un voyage à Chicago. À l'époque, les séries finales se disputaient à un rythme infernal. Après la partie du samedi soir au Forum, nous attrapions le train de minuit, roulions toute la nuit et le jour suivant vers Chicago, pour arriver environ une heure avant le match à une gare de banlieue. Nous sautions alors dans un autobus qui nous conduisait au centre-ville sous escorte policière. Le responsable de l'équipement, Eddie Palchak, nous avait précédés, heureusement. Les seules choses que nous apportions avec nous étaient nos patins.

Toe, à la fois entraîneur et secrétaire de route, s'occupait de nos billets de train, de notre argent de poche, de nos repas, etc. Un soir, donc, nous sommes arrivés à Chicago à 18 h 35, moins d'une heure avant le match. Eddie Palchak était là qui nous attendait, mais il n'y avait pas d'autobus et la ville était paralysée par une tempête de neige qui durait depuis plus de douze heures.

Toe est venu me voir et m'a dit qu'il avait oublié de réserver l'autobus.

« As-tu une idée de ce qu'on peut faire ?

— Il n'y a qu'à demander aux policiers de faire un appel radio pour voir s'il n'y aurait pas d'autres voitures de police disponibles ou des taxis qui nous emmèneraient au Stade. »

Évidemment, à cause de la tempête, les taxis étaient introuvables. Alors, le capitaine de police a réclamé un panier à salade.

Je suis monté à bord d'une voiture de police avec trois joueurs. Tous les autres, y compris Sam Pollock, se sont entassés dans le panier à salade, et nous sommes entrés en ville en trombe avec les gyrophares et les sirènes en marche.

On avait déjà annoncé que le match serait retardé. Quand nous sommes arrivés devant le Chicago Stadium, la foule nous attendait dehors et nous a servi une véritable ovation. Les portières de la voiture de police et du panier à salade se sont ouvertes et un flot de jeunes athlètes portant complet-veston et pardessus en sont sortis, patins à la main et le visage marqué par la fatigue d'un long voyage.

Comme nous entrions dans l'amphithéâtre, j'ai entendu quelqu'un crier avec admiration : «La voici, cette fameuse organisation des Canadiens de Montréal.» Je n'ai jamais pu savoir si les policiers avaient reçu des billets de faveur pour le match, mais je peux vous assurer qu'ils le méritaient.

Toe n'était pas d'un naturel aussi acerbe et caustique que Dick Irvin, mais il avait tout un caractère. C'était un bagarreur acharné, infatigable, et le plus farouche entraîneur que j'aie connu. Je crois d'ailleurs que cela a précipité sa retraite.

Notre série de cinq coupes consécutives a pris fin à Chicago au printemps de 1961. Nous avions terminé la saison avec dix-sept points de plus que les Hawks, qui se trouvaient en troisième position. Le Boomer avait enregistré cinquante buts mais, à cause d'une grave blessure à un genou, il n'a pu prendre part au troisième match, le 26 mars, alors que la série était 1 à 1. Feu Danny Gallivan a dit que ce match était le meilleur qu'il ait commenté de toute sa carrière. Il faisait très chaud. La foule était en chemise. Plus la soirée avançait, plus l'atmosphère devenait survoltée. La marque était de 1 à 1 après trois périodes de jeu très enlevant. Nous avons marqué deux buts en prolongation qui ont été refusés par l'arbitre Dalton McArthur, qui s'était disputé avec Toe pendant tout le match.

Vers la moitié de la troisième prolongation, Dickie Moore a été puni pour avoir fait trébucher. Murray Balfour, qui avait commencé sa carrière dans l'organisation des Canadiens, avant de passer aux Hawks, vers la fin des années 50, a réussi son deuxième but de la soirée tout de suite après la mise au jeu suivante. Toe, le visage cramoisi, tremblant de rage, s'est rué sur McArthur et a tenté de le frapper. Clarence Campbell lui a immédiatement infligé une amende de 2 000 $, ce qui représentait une fortune à l'époque. Nous avons pris notre revanche lors de la quatrième partie que nous avons remportée 5 à 2, mais Glenn Hall nous a par la suite imposé deux blanchissages de 3 à 0. Pour la première fois en douze ans, les séries finales allaient se dérouler sans nous et la coupe Stanley ne passerait pas l'été à Montréal.

Il nous fallut cinq ans avant de la reconquérir, en 1965. Pendant ce temps, il devenait chaque jour plus évident que Toe supportait mal la pression qui ne cessait d'augmenter sur ses épaules. Quand il avait commencé sa carrière d'entraîneur, la télévision n'avait pas grand-chose à voir avec le sport. Vers le milieu des années 60, par contre, les matchs étaient télévisés au moins deux fois par semaine. Les journalistes de la presse voyaient tout, imprimaient davantage. Toe, comme ses joueurs-vedettes, était sans cesse sous les feux des projecteurs. Le public, de mieux en mieux informé, était devenu terriblement exigeant et critique.

Bien sûr, ce n'était rien en comparaison d'aujourd'hui. En mai 1994, par exemple, après que les Canadiens eurent été éliminés par Boston lors du septième match de quart de finales de la division, Guy Carbonneau, Patrick Roy et Vincent Damphousse ont décidé de se changer les idées en allant jouer au golf. C'était un matin de printemps frisquet et humide. Les trois joueurs faisaient une petite promenade avant d'entreprendre leur circuit, quand ils se sont retrouvés face à face (et ce n'était sans doute pas une coïncidence) avec un photographe de presse. Guy n'était pas d'humeur à se faire photographier ou interviewer et il a fait au journaliste le doigt d'honneur, geste qui fut dûment enchâssé à la une du *Journal de Montréal* le lendemain et créa une véritable commotion. Deux jours plus tard, le bruit fait autour de ce geste malheureux s'était pratiquement dissipé. Dans les années 50 ou 60, on en aurait parlé pendant des semaines.

Quoi qu'il en soit, les incessantes critiques des médias et les huées de la foule ont fini par miner la confiance de Toe Blake, surtout après l'arrivée, en 1963, de l'extraordinaire Yvan Cournoyer. Toe a eu le malheur de reléguer le bien-aimé *Roadrunner* aux jeux de puissance seulement, ce qui a eu l'heur de frustrer le public qui ne s'est pas gêné pour manifester sa désapprobation. Un soir, après la première période, nous avons dû retenir Toe qui voulait aller faire son compte à un admirateur de Cournoyer qui n'arrêtait pas de le huer.

Une autre fois, Toe a répliqué vertement à un spectateur un peu trop exalté à son goût, ce qui a failli lui coûter fort cher. Pendant des années, les deux premiers sièges de la seconde rangée derrière le banc des Canadiens furent la propriété du Canadien National. Ils étaient habituellement occupés par un monsieur très distingué toujours en complet trois-pièces qui passait sans cesse des commentaires sur notre jeu et sur les manœuvres de Toe. Je n'ai jamais entendu clairement ce qu'il disait, mais Toe, qui passait tout près de lui quand il faisait les cent pas derrière notre banc, pouvait saisir ses paroles assez bien.

Un soir, après la première période, je me dirigeais vers le vestiaire, quand Toe m'a pris à part et m'a poussé dans la cabine de l'entraîneur.

«Peux-tu me dire qui est ce gars dans la deuxième rangée qui n'arrête pas de marmonner?

— Deuxième rangée, chapeau mou, complet bleu, lunettes rondes?

— C'est ça, oui.

— C'est Donald Gordon, le président du Canadien National.»

Je n'ai pas élaboré davantage, mais Donald Gordon n'était pas simplement le président du CN, c'était aussi une véritable institution canadienne. Pendant la Deuxième Guerre mondiale, il avait occupé d'importantes fonctions administratives au gouvernement. On lui avait ensuite confié un poste de direction à la Banque du Canada, puis il était entré au CN en 1950. Il avait pour mission de moderniser les chemins de fer et de favoriser l'intégration des Canadiens français à l'entreprise. Un jour où l'on avait remis en question les progrès plutôt lents qu'il faisait dans ce domaine, Gordon avait rétorqué de manière très cinglante qu'il «faisait de son mieux avec les effectifs dont il disposait», une remarque qui déclencha un tollé de protestations parmi les médias québécois. On brûla Gordon en effigie sur le boulevard Dorchester, en face des bureaux du CN. Pour les historiens et les observateurs politiques, cette remarque fut plus tard identifiée comme l'un des premiers incidents à avoir attisé le sentiment nationaliste québécois, en particulier chez les étudiants.

«Es-tu sûr de ce que tu dis? me demanda Toe.

— Mais oui, je suis sûr, je connais Donald Gordon, je l'ai rencontré à quelques reprises au *Beaver Club* de l'hôtel Reine-Elizabeth. Pourquoi veux-tu savoir cela?

— Parce que je viens de l'envoyer promener.»

Il paraissait réellement inquiet. Il imaginait déjà la conversation qu'auraient le lendemain le sénateur Hartland Molson et Donald

Gordon, deux grands capitaines de l'industrie canadienne. Et il pensait sans doute que les deux hommes, s'ils le voulaient, pouvaient facilement avoir sa tête.

J'ai fait de mon mieux pour le rassurer. «Calme-toi, Toe. Contrairement à ce que tu penses, tu lui as peut-être fait plaisir. Il va pouvoir téléphoner à ses amis à travers tout le pays et se vanter que le fameux Toe Blake l'a envoyé promener.»

En avril 1968, Toe était réellement arrivé au bout de son rouleau. Comme chaque année, pendant les éliminatoires, l'équipe avait été isolée dans les Laurentides. Nous étions installés, cette année-là, à *La Sapinière* de Val-David, à une heure environ du Forum. Nous descendions en ville pour les matchs ou pour les exercices du matin et, vers 14 heures, l'autobus nous ramenait dans le nord. Toe aimait s'asseoir dans le dernier banc du côté gauche; je me trouvais le plus souvent juste à côté de lui. Quand l'autobus est arrivé dans le stationnement de *La Sapinière*, Toe m'a tapé sur l'épaule. «Viens me voir dans dix minutes.»

Quand je suis entré dans sa chambre, il tournait en rond comme un ours en cage.

«Je ne sais pas ce que j'ai, Jean, mais on dirait que quelque chose va éclater là-dedans.» Il se tenait la tête à deux mains en ré-pétant sans cesse : «Ça va éclater, ça va éclater, je le sens.»

J'ai alors réalisé que j'étais sans doute la seule personne, à part sa femme Betty, à qui il pouvait parler, et qu'il était en train de payer pour treize années de dur labeur, de solitude et d'effort. Nous nous sommes assis et nous avons parlé pendant des heures, jusqu'à ce qu'il se calme.

Depuis plusieurs années il avait été le principal artisan de nos plus grandes victoires. Beaucoup d'observateurs, de journalistes et de partisans considéraient peut-être que la personne la plus influente et la plus importante de l'équipe était Plante ou Harvey, Richard, Geoffrion, Moore ou Béliveau, mais tous les joueurs savaient que Toe Blake était vraiment le socle sur lequel s'était édifiée la dynastie des Canadiens. Nous ne faisions que suivre ses ordres.

Le samedi 11 mai 1968, nous avons battu les Blues de Saint Louis et remporté la coupe Stanley après quatre parties très serrées. C'était notre dernier match dans le «vieux» Forum. Le lundi suivant, les équipes de démolition allaient commencer leur travail et on pro-céderait pendant l'été à de grandes rénovations. On relèverait le toit et on enlèverait les piliers qui depuis toujours obstruaient la vue. L'ouverture du nouveau Forum était prévue pour le 2 novembre.

Le soir de cette victoire, Denis Brodeur, le vétéran des photographes de sports, était resté à flâner au Forum longtemps après le départ de la foule en liesse. Son instinct lui disait qu'il trouverait quelque chose d'inusité. Et voilà qu'un peu avant minuit, Toe est sorti de son bureau, sans chapeau, bizarrement, son pardessus sur le bras gauche et une grosse valise à la main droite. Il marchait lentement, tête baissée. Denis a attendu qu'il soit rendu à la sortie nord-ouest du Forum pour prendre la photo qui allait paraître le lendemain dans tous les journaux nord-américains, en même temps qu'était annoncée la démission de Toe Blake comme entraîneur des Canadiens de Montréal. Nous avions eu deux entraîneurs en vingt-huit ans.

Un mois plus tard, Sam Pollock demanda à Claude Ruel de succéder à Toe. «Piton», comme on l'appelait, était aimé de tous. Il savait reconnaître le talent et le faire fructifier. Il avait été un entraîneur fort apprécié à divers niveaux dans l'organisation de Montréal, particulièrement auprès des jeunes joueurs.

Il était pourtant perdu dans l'ombre immense que lui faisait Toe Blake, même si personne ne s'en serait douté en voyant les premiers résultats qu'il a obtenus. Nous avons terminé la saison en tête de la division est et nous sommes allés chercher notre quatrième coupe Stanley en cinq ans après avoir blanchi une fois de plus les Blues de Saint Louis.

Claude avait de sérieux problèmes de communication. Nous formions une équipe d'expérience et savions qu'il connaissait bien le jeu, mais quand il s'adressait à nous en utilisant un tableau noir, le contact ne se faisait tout simplement pas.

Il nous a fallu un certain temps avant de comprendre qu'il souffrait de cette situation. Il était conscient de ses faiblesses et cherchait désespérément des solutions. Une nuit de janvier, le téléphone a sonné chez moi. C'était Jacques Beauchamp du *Journal de Montréal* qui me demandait si je serais au Forum le lendemain matin. Il savait très bien que j'y serais. Nous avions un exercice à 10 heures chaque matin, même quand un match s'était terminé très tard la veille. J'avais pris l'habitude d'arriver au Forum beaucoup plus tôt, vers 8 h 30 et de prendre un café à la cafétéria. C'est ce que j'ai rappelé à Jacques en lui demandant pourquoi, exactement, il m'appelait ainsi à 2 h 30.

«Parce que Claude Ruel va donner sa démission à Sam Pollock demain matin, voilà pourquoi!»

Piton avait l'habitude d'arriver au Forum quinze minutes à peine avant la séance d'entraînement. Quand je l'ai vu pousser la porte d'entrée ce matin-là, un peu après neuf heures, j'ai su que Beauchamp avait dit vrai.

Je suis allé l'accueillir, en m'efforçant de sourire. «Mon Dieu, Claude, comme tu arrives tôt ce matin! Qu'est-ce qui se passe?» Pendant un instant on aurait dit qu'il hésitait à me répondre. Claude Ruel a de grands yeux bruns et, quand il est déprimé, il peut avoir l'air encore plus triste qu'un basset.

En quelques secondes, j'étais devenu son confesseur.

«Je ne suis plus capable de supporter la pression, me dit-il. Je veux retourner au recrutement et à la formation, c'est là que je suis heureux.»

Quand il avait accepté le poste d'entraîneur des Canadiens, Claude savait sûrement qu'il allait devenir le point de mire des médias québécois. Mais il n'avait probablement pas réalisé tout ce qu'on attendait de lui, en plus de ses fonctions comme telles.

«Mais voyons, Claude, tu es le premier Canadien français entraîneur des Canadiens depuis je ne sais pas combien de temps. Tu ne peux pas lâcher ainsi; trop de gens comptent sur toi. Cesse de t'inquiéter. Je vais parler aux autres vétérans de l'équipe et nous allons te soutenir.»

Pour vous dire la vérité, je ne pensais pas pouvoir le convaincre. Mais, à ma grande surprise, il a accepté, non sans quelques réticences, de suivre ma suggestion et de me laisser consulter les joueurs avant de prendre sa décision. Tout de suite après la pratique, j'ai réuni Henri Richard, Jacques Laperrière, Jean-Claude et Gilles Tremblay et Claude Provost et je les ai mis au courant de la situation.

«Nous devons faire quelque chose pour Piton, leur ai-je dit. Il faut le garder ici, au moins jusqu'au printemps. C'est le premier Canadien français que nous avons comme entraîneur. Nous n'avons pas le droit de le laisser partir comme ça au milieu de la saison.» Je n'ai pas eu besoin d'insister longuement. Tout le monde adorait Ruel.

Mais Claude détestait les tâches publiques et sociales qu'exigeait son métier. Lorsque le *Times* de Los Angeles lui demanda une entrevue, il vint me voir, complètement affolé.

«Il faut que tu viennes avec moi, Jean. Je ne peux pas y aller tout seul.

— Mais c'est toi l'entraîneur des Canadiens, lui ai-je répondu. C'est à toi qu'ils veulent parler. Ils n'ont probablement pas envie de voir un joueur à tes côtés, car ils souhaitent que tu parles librement des joueurs de ton équipe.»

Il n'y avait rien à faire. J'ai fini par participer à l'entrevue.

Un soir, au Minnesota, il nous a donné un autre signal de détresse. Il restait environ trois ou quatre minutes de jeu dans un match très serré. Je revenais vers le banc des joueurs pour souffler un peu, quand je me suis rendu compte que Claude n'était pas à son poste. Je me suis retourné vers Yvan Cournoyer à qui j'ai demandé où il était passé.

«Il est parti en nous disant que tu dirigerais la fin du match à sa place», m'a répondu le *Roadrunner*.

C'est ce que j'ai fait, de mon mieux, que ce soit sur la glace ou au banc.

À la saison suivante, 1969-1970, nous avons été écartés des séries pour la première fois depuis 1947-1948, l'année où Toe Blake s'était fracturé une jambe. Nous avions participé aux séries vingt-deux années de suite. Pas mal du tout, il me semble. Claude s'est senti responsable de cette défaite, même si nous avions terminé avec la même marque que les Rangers de New York, en quatrième position de la division est. Nous avions 92 points, sept de moins que les Bruins et les Hawks, qui avaient eux aussi une fiche identique. (Saint Louis avait dominé la division ouest avec 86 points. En quatrième position dans cette division, les Seals d'Oakland en avaient trente-quatre de moins que nous. Ils ont pourtant participé aux séries.)

Claude a tenté de démissionner une fois de plus, mais Sam Pollock l'a déchargé de certaines responsabilités et l'a convaincu de rester. Il a engagé Al MacNeil comme assistant-entraîneur en espérant qu'il prenne sur ses épaules une part du fardeau de Ruel, au cours de la saison suivante.

Sam n'avait pas que Claude à convaincre. Moi-même, je ne trouvais plus ma contribution bien nécessaire et j'avais décidé de prendre ma retraite. Sam m'a demandé de rester un an de plus.

«L'équipe est en pleine transition, m'a-t-il dit. Reste encore au moins un an. Et ne t'en fais pas avec ta fiche. Moi, je te le dis, ça ne m'inquiète pas du tout. Je me sentirais plus en confiance si tu restais un moment avec nous. Tu sais aussi bien que moi que ce n'est jamais facile de traverser une saison sans connaître quelques temps morts. Je veux que tu sois là pour aider les jeunes et leur redonner confiance dans ces moments difficiles. » Je ne savais pas qu'il avait déjà parlé avec Claude et qu'il voulait avoir un capitaine d'expérience au cas où celui-ci abandonne pendant la saison.

Je me suis laissé toucher par ses arguments. « D'accord, je reste, lui ai-je dit. Mais c'est vraiment ma dernière saison. Je vais avoir quarante ans l'année prochaine. Et pour moi, c'est l'âge de la retraite. »

En fin de compte, cette saison 1970-1971 allait être à bien des égards mémorable, tant pour moi que pour les Canadiens, et pour plusieurs raisons. J'ai marqué mon 500e but, Ken Dryden est arrivé vers la fin de la saison et nous avons remporté la coupe Stanley, bien que Piton ait démissionné au milieu de la saison. Sam Pollock a finalement compris que Claude ne pouvait supporter autant de stress et lui a offert un poste plus discret au sein de l'organisation.

Al MacNeil, qui a remplacé Ruel, a fait du très bon travail, avant de se retrouver pris dans la même tornade médiatique que son prédécesseur. Nous avions terminé la saison en troisième position de notre division, avec 97 points, très loin derrière les Bruins qui en avaient amassé 121. Nous avons quand même réussi à battre Esposito, Orr et compagnie en sept parties de quart de finales, puis nous avons affronté les North Stars du Minnesota que nous avons défaits en six matchs, pour nous retrouver en finale contre les Black Hawks. Nous étions secondés par de jeunes joueurs dont Phil Roberto, Marc Tardif, Chuck Lefley, Pete Mahovlich et Réjean Houle. Mais notre mission était difficile et le devenait de plus en plus. John Ferguson avait littéralement explosé après un match contre les North Stars, tant il était tendu et nerveux, et il est resté de très mauvaise humeur tout le temps des séries, ce qui n'a pas arrangé les choses. Nous avons perdu 2 à 0 le cinquième match de cette série que les Hawks menaient désormais 3 à 2.

Ce soir-là, Henri Richard avait réchauffé le banc pendant presque toute la partie. Quand les journalistes ont envahi le vestiaire, il était blanc de rage et a laissé éclater sa colère contre MacNeil, disant qu'il était le pire entraîneur qu'il ait jamais connu. Je prenais ma douche quand tout cela a commencé. Lorsque j'en suis sorti, Henri était entouré de micros et il parlait vraiment très fort. Il avait le tempérament bouillant de son frère aîné. Comme lui, il ne pouvait supporter l'idée de la défaite, et il en voulait terriblement à MacNeil de l'avoir laissé sur le banc. Je l'ai tout de suite entraîné vers les douches et je l'ai gardé là jusqu'à ce que les journalistes soient partis, mais le mal était fait.

Le coup de grâce de la presse se préparait. Lorsque nous sommes revenus à Montréal le lendemain, nous avons pu lire dans les quotidiens francophones qu'une controverse linguistique faisait rage au sein de notre équipe. Personne n'était plus malheureux de cette situation que le pauvre Henri. Il regrettait d'avoir déclenché cette polémique, et aurait souhaité pouvoir étouffer l'affaire. Mais les médias s'en étaient emparé, et le grand public aussi.

Henri est quand même allé chercher la coupe Stanley pour Al MacNeil en enregistrant deux buts lors du septième match à Chicago, un match que nous avons remporté de justesse 3 à 2, après avoir donné aux Hawks une avance de deux points. C'est Henri qui, par son attitude et son énergie, nous a forcés à revenir de l'arrière et à arracher la victoire.

Al MacNeil, un gars originaire des Maritimes, a été «promu» entraîneur et directeur général des Voyageurs d'Halifax à la saison suivante. Scotty Bowman, qui avait amené les Blues de Saint Louis aux éliminatoires trois ans de suite, est devenu notre nouvel entraîneur.

Des changements encore plus importants se préparaient. Scotty allait rester derrière le banc des Canadiens pendant huit ans, jusqu'en 1978, et remporter cinq coupes Stanley. Le départ de Toe Blake, dix ans plus tôt, avait été un grand choc. Avec Dick Irvin, Toe avait dirigé les destinées de l'équipe pendant presque trois décennies. Le choc fut tout aussi grand en 1978, quand Sam Pollock décida de prendre sa retraite, après avoir désigné Irving Grundman pour lui succéder. Il mettait fin à trente-deux années de collaboration avec Selke. Nous avons quand même réussi à remporter la coupe Stanley, la dernière de Scotty, qui est ensuite parti pour Buffalo où il est devenu directeur général des Sabres.

Pour je ne sais quelle raison, Irving Grundman mit beaucoup de temps à trouver un remplaçant à Scotty Bowman. Pour la première fois de leur histoire, les Canadiens n'avaient pas d'entraîneur à leur table lors de la séance de repêchage.

En juillet, j'ai rappelé à Irving que nous étions toujours sans entraîneur et qu'il fallait en engager un le plus rapidement possible.

Il m'a laissé entendre qu'il s'en occuperait. Mais le temps passait. En août, il n'avait encore nommé personne. Je suis retourné le voir. Cette fois, j'étais réellement inquiet.

«Irving, il faut que tu nommes un entraîneur dès maintenant si tu veux lui laisser le temps de s'habituer à l'organisation des Canadiens et préparer la saison.» Je voyais bien qu'il avait une idée derrière la tête et qu'il pensait à quelqu'un en particulier. Je l'ai donc pressé de questions, et il a fini par m'avouer que son homme était Bernard Geoffrion.

Boom Boom avait accroché ses patins en 1964. Il avait les genoux en très mauvais état et il était devenu nettement moins productif. Frank Selke lui avait alors demandé ce qu'il voulait faire.

«Je veux être entraîneur des Canadiens» avait répondu le Boomer. Papa Frank lui avait sèchement rappelé que le poste n'était pas vacant, qu'il était même occupé par un certain Hector Blake dont tout le monde était très satisfait. Le Boomer était donc parti remplacer Floyd Curry derrière le banc des As de Québec. Curry ne parlait pas un mot de français, ce qui rendait sa tâche dans la Vieille Capitale pratiquement impossible. Le Boomer avait mené les As au premier rang à deux reprises, avant d'être limogé. Il s'était vanté un peu trop fort, semble-t-il, qu'on lui avait fait la promesse de le nommer entraîneur des Canadiens dès que le poste serait libre.

Quand il était rentré à Montréal, David Molson lui avait offert les Canadiens juniors. Le Boomer avait refusé, évidemment. «Je ne vais pas m'abaisser à diriger des juniors après avoir été entraîneur dans la ligue senior, avait-il déclaré publiquement. J'ai répondu à David Molson que j'allais sortir de ma retraite et que je reviendrais au Forum pour planter son équipe.» Il avait effectivement entamé des négociations avec les Leafs de Ballard. Mais la ligue était intervenue et les Rangers, qui occupaient la dernière position, avaient obtenu que Boom Boom joue pour eux. Lors de son premier match au Forum, il avait marqué deux buts contre nous.

Par la suite, il avait été entraîneur des Rangers, puis des Flames d'Atlanta. Mais il avait dû quitter les deux postes pour des raisons de santé. Et voilà maintenant qu'Irving Grundman songeait à lui confier le poste très convoité, mais excessivement exigeant, d'entraîneur des Canadiens.

À l'issue d'une autre rencontre à la fin de l'été, j'ai confié mes doutes à Irving : «Écoute, je ne pense pas que le Boomer puisse faire ce travail-là. Pour trois bonnes raisons. D'abord, je considère, et je ne suis pas le seul, que les souliers de Scotty sont un peu trop grands pour lui. Deuxièmement, à New York et à Atlanta, le poste d'entraîneur lui a donné des ulcères et il a dû démissionner. Troisièmement, n'oublie pas que son fils Danny fait maintenant partie de l'équipe. Tu sais aussi bien que moi qu'il est toujours très difficile pour un entraîneur d'avoir un proche, fils, frère ou ami, dans son équipe. Il a déjà assez de chats à fouetter, il faudrait éviter, il me semble, de lui compliquer la vie davantage.»

Grundman m'écoutait, mais je sentais que son idée était arrêtée, et que mon intervention était vaine. «C'est à toi qu'appartient la décision finale, lui ai-je dit, en terminant. C'est toi le directeur général de cette équipe. Je t'ai donné mon opinion. Tu en fais ce que tu veux.»

Le 4 septembre, dix jours avant l'ouverture du camp d'entraînement, les médias étaient réunis à *La Mise au Jeu*, au Forum pour une conférence de presse. J'étais assis au fond de la salle, près de Toe Blake, quand Irving a fait son entrée en compagnie de Bernard Geoffrion.

Mon ancien compagnon de chambre portait un habit Armani, des lunettes noires, et il avait une permanente. Toe et moi nous sommes regardés sans rien dire.

Boom Boom a fait sa première déclaration officielle. J'ai pensé et je pense encore qu'il aurait mieux fait de se taire.

«J'ai l'habitude du stress, a-t-il dit aux journalistes avant même qu'ils n'abordent le sujet. Ça ne me dérange vraiment pas.» Après ce qu'il avait vécu à New York et à Atlanta, il devait penser qu'il était préférable pour lui de parer immédiatement à cette question.

Environ six semaines plus tard, un matin de novembre, juste avant la séance d'entraînement, il est venu me voir. L'équipe jouait vraiment très mal. Depuis un mois, les hommes n'arrivaient plus à faire quoi que ce soit correctement. Et quand les Canadiens jouent ainsi, on en entend parler partout et tout le temps. Leurs mauvaises performances ne passent jamais inaperçues à Montréal. Le grand public et les médias en cherchent les causes, et se font un plaisir de dénoncer les responsables.

Geoffrion s'est approché de moi. Il faisait peine à voir : «Je n'en peux plus, me dit-il. Le stress va finir par me tuer.

— C'est toujours mauvais pour un entraîneur de démissionner au milieu de la saison, lui répondis-je. Tout dépend de ce que tu as en tête pour l'avenir. Si tu pars au bout d'un mois et demi, tu peux considérer que ta carrière d'entraîneur dans la LNH est terminée. Tâche au moins de finir la saison, et cesse de te torturer. Nous allons te soutenir totalement, les gars et moi, peu importe ce qui arrive.»

Deux semaines plus tard, il est revenu me voir.

«Cette fois, c'est vraiment fini, Jean. Je donne ma démission à Irving aujourd'hui même.»

C'était le 12 décembre 1979, le centième jour de son mandat d'entraîneur des Canadiens. Il venait de passer, j'en suis sûr, les cent jours les plus pénibles de toute sa vie.

Alors que je parlais avec Boom Boom, je ne pouvais m'empêcher de penser à cette autre conversation que j'avais eue, en 1969, avec Claude Ruel, qui avait finalement démissionné, le 3 décembre 1970. Or, neuf ans et neuf jours plus tard, Irving Grundman me présentait le nouvel entraîneur en chef des Canadiens. Son nom? Claude Ruel...

Depuis, les Canadiens ont été dirigés par Bob Berry, Jacques Lemaire, Jean Perron, Pat Burns et Jacques Demers. De tous ces hommes, seuls Perron et Demers ont dit qu'ils pouvaient composer avec le stress du poste d'entraîneur et avoir des rapports quotidiens avec la presse, à Montréal.

Quand j'ai pris ma retraite en 1971, j'ai parlé très librement aux journalistes de mes projets, de ce que j'espérais faire alors, et de ce que je ne voulais surtout pas faire.

«Je veux rester proche du hockey, si possible. Mais il y a deux postes que je n'occuperai jamais : entraîneur et directeur général.»

On a dû me croire, parce que je n'ai jamais reçu d'offre sérieuse. Pourtant, comme entraîneur, j'avais une fiche impeccable.

Un soir, en 1968, les Canadiens jouaient à Boston. Comme je m'étais blessé à un genou la veille à New York, Toe Blake avait jugé prudent de ne pas me faire jouer et j'assistais au match depuis la galerie de la presse. Entre deux périodes, un des instructeurs m'a fait signe de descendre vers le banc des joueurs.

Larry Aubut m'y attendait : «Toe vient de se faire expulser par l'arbitre. Tu vas prendre sa place.» Les Bruins menaient 1 à 0, et ils enregistrèrent de nouveau un but au début de la deuxième période, avant de récolter une punition.

Je m'étais toujours demandé pourquoi Toe ne plaçait jamais Jacques Lemaire à la pointe. Lemaire avait le meilleur lancer de l'équipe, un lancer puissant, lourd et précis.

J'avais enfin l'occasion de vérifier ma théorie. J'ai envoyé Lemaire jouer à la pointe. Quelques minutes plus tard, il marquait. Je lui ai redonné la même position à chaque jeu de puissance, et nous avons finalement gagné 5 à 2 ou 5 à 3.

Après le match, Toe était assis à sa place habituelle au fond de l'autobus. Quand je suis monté à bord, tous les joueurs se sont levés pour m'accueillir : «Coach, où veux-tu t'asseoir? En avant, au milieu, au fond? Tu veux boire quelque chose, coach?» Ils ont continué longtemps, et en ont mis énormément, plus qu'il n'en fallait, en s'assurant que Toe entendait bien ce qu'ils disaient.

Pourquoi devenir entraîneur?

J'ai une fiche parfaite : une victoire, aucune défaite. Et je suis d'avis qu'il est toujours sage de partir alors qu'on est au sommet.

L'héritage de Bobby Orr

Nous nous étions réunis à Oshawa un soir de printemps, en 1964, pour rendre hommage à deux des meilleurs patineurs que le hockey ait jamais connus.

Figure légendaire du hockey senior amateur, Jo-Jo Graboski avait joué pour les As longtemps avant moi. Il jouissait déjà d'une enviable réputation quand je suis arrivé à Québec. Malgré son âge, Punch Imlach lui demandait parfois de venir nous donner des cours de patinage, car il avait beaucoup à nous apprendre. Un jour, il m'a pris à part et m'a parlé longuement de ses théories. Il répétait sans cesse que le patinage était la clé du hockey moderne. «Souviens-toi bien de ce que je te dis là, mon garçon. Le hockey est d'abord et avant tout une affaire de patinage.»

Plus de dix ans après, quand nous nous sommes retrouvés à Oshawa, nous avons parlé du bon vieux temps des As et de Punch Imlach. Jo-Jo m'a demandé si je me souvenais de sa prédiction.

«Bien sûr que je m'en souviens, lui ai-je répondu. Et vous aviez raison. Le jeu des Canadiens est aujourd'hui entièrement basé sur le patinage.»

Jo-Jo acquiesça avec satisfaction. Puis, il m'indiqua de la tête un tout jeune garçon aux cheveux blonds très courts, l'air timide, très *Canadian*, qui était assis un peu plus loin.

«C'est lui, là-bas, qui va faire la preuve la plus éclatante de ce que j'ai dit.»

Je ne me rappelle plus du tout qui étaient les autres invités à ce banquet, mais je n'oublierai jamais les paroles de Jo-Jo et ce premier contact que j'ai eu avec Robert Gordon Orr. Ce soir-là, nous étions à une époque-charnière du hockey, et je me sentis drôlement privilégié d'être témoin de cet instant.

Le temps passe vite dans le hockey et les gens ont peu de mémoire. C'est pourquoi je tiens à rappeler aux jeunes que Bobby Orr était aussi remarquable que Lindros, si ce n'est davantage. On a commencé à parler de ses exploits chez les juniors ontariens, alors qu'il n'avait que quatorze ans. Il jouait déjà contre des garçons qui avaient quatre ou cinq ans de plus que lui. Contrairement à Lindros dont la taille et le poids offrent des avantages indéniables sur la glace, Bobby Orr était beaucoup plus petit que la majorité de ses adversaires. Il mesurait à peine 1 m 75 et pesait environ 65 kilos. Pourtant, il s'était fait remarquer dans tous les matchs qu'il avait disputés et chacun, tant chez les joueurs que parmi les éclaireurs des équipes professionnelles, était convaincu qu'il avait un passeport assuré pour la LNH.

Ceux d'entre nous qui avaient bénéficié de ce genre de «passeport» étaient impressionnés, mais retenaient leur jugement. Nous avions déjà entendu parler de semblables prodiges qui finissaient, après de fulgurants débuts, par rentrer dans l'ombre.

C'est presque par hasard que les dépisteurs des Bruins de Boston découvrirent Bobby Orr, en 1960, lors du championnat bantam de l'Association mineure de hockey de l'Ontario, qui se tenait cette année-là à Gananoque. À l'époque, Bobby n'avait même pas fini de grandir. Il était tout petit, 1 m 67, à peine 50 kilos. Il avait tellement dominé les pee wee de Parry Sound, sa ville natale, que malgré son jeune âge on avait décidé de le faire jouer dans les rangs des bantams.

Lynn Patrick, directeur général des Bruins, et Wren Blair, entraîneur et directeur général des Frontenacs de Kingston de la Ligue professionnelle de l'Est du Canada, étaient venus assister aux qualifications bantams. Ils espéraient repêcher deux défenseurs locaux, Rick Eaton et Doug Higgins, qui devaient affronter Parry Sound lors du premier match du tournoi.

Personne n'a su ce qui est advenu d'Eaton et de Higgins ce jour-là, parce que toute l'attention des experts des Bruins fut attirée par une espèce de dynamo miniature qui refusait de laisser qui que ce soit s'emparer de la rondelle. Après un «Qui est-ce?» de son patron et un «Je ne sais pas, mais je vais le savoir» de sa part, Wren Blair partit aux nouvelles et revint avec de précieux renseignements. «Il vient de Parry Sound. Il a quatorze ans et s'appelle Bobby Orr.»

Une question cruciale se posait : «Est-ce que ce jeune prodige est parrainé?» Avant que le système du repêchage universel soit mis en place, les équipes de la LNH avaient des territoires, des sortes de fiefs en fait, qui empiétaient parfois l'un sur l'autre, mais qui couvraient littéralement tout le Canada et le nord des États-Unis. L'organisation de chaque équipe parrainait les joueurs sur son territoire. Par exemple, les Royaux de Montréal et les Pats de Regina qui s'affrontèrent en finale pour la coupe Memorial en 1949, étaient deux équipes affiliées aux Canadiens de Montréal. Deux ans plus tard, aux mêmes finales, les Citadelles, dont je faisais partie, rencontraient les Flyers de Barrie, parmi lesquels se trouvaient cinq ou six futurs Bruins de Boston.

Quoi qu'il en soit, Blair s'empressa de trouver une réponse à cette deuxième question. À son grand soulagement, elle était négative. Le jeune Orr était libre. À partir de ce jour-là, d'abord à l'insu de la famille Orr et du reste de la communauté du hockey, les dirigeants des Bruins commencèrent à mettre au point la stratégie qu'ils utiliseraient pour acquérir les services du talentueux jeune homme. Ils devaient d'abord lui faire signer un contrat junior A. Ils manifestèrent donc leur bonne volonté en encourageant financièrement la formation de l'Association de hockey mineur de Parry Sound, et Blair y amena régulièrement son équipe de Kingston pour des parties hors concours. Peu à peu, il entretint une véritable relation d'amitié avec les parents de Bobby, Doug et Arva.

Le secret ne put évidemment rester bien longtemps gardé. Un éclaireur des Canadiens avait assisté au championnat bantam et avait fait un rapport détaillé à Frank Selke. Scotty Bowman fut envoyé à Parry Sound pour voir le miracle de plus près. De Detroit, de Chicago, on fit au jeune Orr des avances, par téléphone. Ironiquement, les Maple Leafs de Toronto furent les derniers à prêter attention à cette mine d'or qui se trouvait pratiquement dans leur cour.

En août 1962, la stratégie de Blair commença à porter des fruits. Les Orr permirent à leur fils de participer à un camp d'essai junior parrainé par les Bruins, à Niagara Falls. Doug Orr avait cependant quelques réticences. Il s'inquiétait pour son fils qui devait se mesurer à des gars plus vieux et mieux bâtis que lui, mais réalisa vite qu'il n'avait pas à se faire de souci. Bobby fut la révélation du camp, même si plusieurs joueurs lui en voulurent d'attirer autant l'attention. À la fin de l'été, les Bruins convainquirent finalement leur protégé de signer le fameux contrat junior A et l'envoyèrent jouer pour les Generals d'Oshawa.

Pendant sa première année, il marqua treize buts et fit partie de la deuxième équipe des étoiles de la Ligue de hockey de l'Ontario. La saison suivante, il enregistra trente buts, battant le record de Jacques Laperrière. Son nom apparaissait régulièrement dans tous les journaux canadiens. À seize ans, il était déjà connu aux États-Unis, où les Bruins vivaient l'une des périodes les plus lamentables de leur histoire. En 1959-1960, cinquièmes au classement, ils furent écartés des séries. Ensuite, ils terminèrent en dernière place cinq ans de suite. Lynn Patrick fut remplacé par Hap Emms au poste de directeur général des Bruins et on ne pensa plus qu'à faire signer un contrat au jeune sauveur le plus tôt possible.

Les gens de l'organisation de Boston croyaient que Orr était assez talentueux pour entrer dans la LNH, même s'il n'avait que seize ans. Ils croyaient que ses talents seraient mieux utilisés et se développeraient plus rapidement si on lui permettait d'évoluer parmi l'élite à laquelle, de toute évidence, il appartenait déjà. Il était en effet trop bon pour jouer dans les ligues mineures et risquait dangereusement de s'enliser s'il y restait, parce que personne à ce niveau n'était en mesure de le stimuler. J'ai toujours été sensible à cet argument : pour avancer, il faut jouer avec de meilleurs joueurs que soi, sinon, on arrête de progresser. Sans défi, on ne peut s'améliorer.

Mais les Orr considéraient — avec justesse — que leur garçon, à seize ans, était beaucoup trop jeune pour se retrouver parmi les joueurs de hockey les plus expérimentés et les plus aguerris du monde (dont aucun, soit dit en passant, ne faisait partie de l'équipe de Boston). Les Bruins ont donc dû prendre leur mal en patience et survivre à deux autres saisons épouvantables qu'ils ont terminées en dernière position. Leurs supporters regardaient vers le nord, vers cette petite ville canadienne où le sauveur parachevait sa formation. Pendant ces deux saisons, Bobby Orr marqua 71 buts et fit 119 passes. Bien que blessé, il mena les Generals à la grande finale de la coupe Memorial contre Edmonton. Les Generals se défendirent bien mais ils succombèrent au bout de six matchs.

Le premier legs de Bobby à la LNH reste précieux pour tout joueur qui commence. Il s'agit en fait de l'entêtement de son père qui, comme le mien, voulait que son fils ait de l'argent, du respect et la liberté de choisir.

Au printemps de 1966, Hap Emms réussit à s'aliéner les Orr. D'abord, il tenta d'interdire à Bobby de participer à la finale de la coupe Memorial contre Edmonton, sous prétexte qu'il était blessé à l'aine. Bobby lui tint tête et joua quand même. Puis Emms s'enlisa dans son erreur en proposant à sa vedette un contrat humiliant et ridiculement bas.

Pendant la dernière saison de Bobby à Oshawa, les médias n'avaient pas cessé de parler de la future supervedette des Bruins «qui décrocherait un contrat d'un million». Or quand Doug Orr et Bobby rencontrèrent Emms pour discuter du fameux contrat, ils furent époustouflés : un salaire annuel de 8 000 $ et un bonus de 5 000 $ à la signature. Emms les froissa plus encore en leur faisant remarquer quelque peu hautainement que Gilles Marotte, une découverte de mon ami Roland Mercier, avait accepté l'offre que lui proposaient les Bruins et que Bobby devrait faire de même tant et aussi longtemps qu'il n'avait pas fait ses preuves chez les professionnels.

Les Orr ont clos la discussion et revinrent avec Alan Eagleson. Cet avocat de Toronto avait commencé à se faire connaître en représentant des joueurs des Maple Leafs comme Carl Brewer, Mike Walton et Bob Pulford. Quand Emms comprit que les négociations seraient désormais menées par Eagleson, il se retira et on ne le revit pas de tout l'été à Parry Sound.

Eagleson connaissait le pouvoir des médias et de la publicité. Il laissa savoir qu'il négociait les services de Orr avec l'équipe nationale canadienne du père David Bauer. (Tout cela était dans le domaine du possible. Ce même automne, quand Carl Brewer avait réalisé qu'il ne pourrait s'entendre avec Punch Imlach, il avait quitté les Leafs pour rejoindre le hockey «amateur».) Lorsque les journaux de Boston publièrent cette histoire, Emms se retrouva en butte aux commentaires hostiles de tous les partisans de hockey. C'était exactement ce qu'avait voulu Eagleson. Pendant la fin de semaine de la fête du Travail, en 1966, Emms arriva à Parry Sound. Après une nuit de féroces négociations entre Emms et Eagleson, Bobby Orr signa un contrat avec les Bruins de Boston. On peut dire qu'il s'en est sorti beaucoup mieux que s'il avait accepté la première offre d'Emms qui était de 13 000 $. En effet, il conclut une entente de deux ans pour environ 70 000 $, bonus et cadeau de signature compris. Ce contrat permit à plusieurs vedettes de la ligue, dont moi-même, d'obtenir de substantielles augmentations de salaire au cours des deux années qui suivirent. Cet arrangement lança aussi Alan

Eagleson qui, plus tard, cette même année, posa les fondations de ce qui allait devenir l'Association des joueurs de la LNH.

Bobby avait à peine dix-huit ans quand il commença à jouer pour Boston et je peux dire en toute honnêteté que je n'ai jamais vu un joueur de cet âge posséder autant de maturité et un sens du hockey aussi développé. Il a marqué son premier but dans la LNH contre les Canadiens, lors de son deuxième match. Il s'agissait d'un lancer frappé depuis la ligne bleue qui fit se soulever tous les sourcils et aussi le toit du Boston Gardens. C'était un soir tranquille, un jeudi, au début du mois d'octobre, mais le Gardens a explosé en une longue ovation. J'ai entendu Toe Blake qui disait : «Je n'ai jamais rien vu de semblable...»

Je me suis demandé s'il parlait de la réaction de la foule ou de la performance de Bobby, qui allait gagner cette année-là le trophée Calder décerné à la meilleure recrue. Bobby ne pouvait cependant pas sauver les Bruins à lui seul. À la fin de la saison, ils se retrouvèrent en sixième position, une fois de plus. L'année suivante, ce fut une tout autre histoire. Et trois ans plus tard, nous rencontrions les Bruins aux éliminatoires. Ils étaient enfin sortis de leur léthargie. En plus de Bobby Orr, ils alignaient Phil Esposito, Ken Hodge, Wayne Cashman, Johnny McKenzie, Dallas Smith, Gerry Cheevers et Don Awrey.

Comme n'importe quel joueur, Bobby avait ses hauts et ses bas. Il était le meilleur joueur de son époque, mais il pouvait parfois faire des erreurs et même de très mauvais jeux, dont savaient profiter ses adversaires, qui n'étaient peut-être pas aussi bons que lui, mais qui figuraient quand même parmi les meilleurs joueurs de hockey au monde. Tout cela nous rappelait que Bobby était humain. À ses débuts, beaucoup de ses adversaires ou de ses détracteurs, sur la glace ou dans les estrades, cherchaient à remettre en question tout ce qu'il faisait. Certains trouvaient qu'il prenait trop de risques, d'autres prétendaient qu'il n'arrivait pas toujours à bien dégager sa zone, ou qu'il gardait trop longtemps la rondelle, que ses passes n'étaient pas toujours justes, etc. Toutes ces critiques, parfois contradictoires, étaient sans cesse répétées comme paroles d'évangile.

En le regardant jouer et en jouant contre lui, j'ai compris à quel point il était exceptionnel. En plus, comme j'avais aussi connu à mes débuts le même genre d'attaques et vécu sous l'œil implacable des caméras, je pouvais comprendre ce qu'il ressentait et sympathiser avec lui.

J'ai dit plus tôt dans ce livre, et je maintiens toujours, que Doug Harvey était le meilleur défenseur que j'ai jamais vu. Il était capable d'imposer son rythme à chacune des parties auxquelles il participait. Orr était bon à la défensive, mais pas autant que Doug. (En fait, quelqu'un d'autre est aussi en lice. À Boston, il y a longtemps, des partisans avaient misé sur Eddie Shore.)

Pour résumer les choses, disons simplement que c'est Bobby Orr qui a le plus marqué la LNH pendant toutes les années où j'y ai fait carrière. Il a bien mérité sa place dans l'histoire du hockey en réinventant le jeu à lui seul. Il a opéré la grande transition entre le sport que l'on jouait à mon époque et celui que l'on voit de nos jours.

Pour moi, il ne peut pas y avoir de plus grand héritage. Ce qui rend la chose proprement incroyable, c'est qu'il a accompli tout cela en moins de dix saisons complètes, car il avait les genoux brisés, broyés. Il a subi pas moins de six opérations chirurgicales avant d'être forcé d'abandonner, miné par l'effort et le stress. La retraite prématurée de Bobby à l'âge de trente ans reste l'un des épisodes les plus tristes de l'histoire moderne de la LNH.

Voyons comment Orr a changé le hockey. D'abord, il a redéfini le rôle du défenseur, en proposant une stratégie plus agressive, plus offensive, qui mêlait au jeu défensif des incursions expéditives, des sortes de raids éclair en territoire ennemi. Il était tellement rapide qu'il déroutait complètement l'adversaire. Lui, un défenseur, filait parfois sur la ligne de front, devançant même ses propres joueurs d'avant, ce qui prenait totalement au dépourvu les défenseurs de l'autre équipe. Ou encore, il surgissait brusquement, dissimulé derrière ses coéquipiers, il coupait à gauche ou à droite à toute vitesse, attirant vers lui les joueurs adverses, avant de faire une passe impeccable à l'un de ses coéquipiers qui avait eu l'intelligence de se dégager et d'occuper une position stratégique.

Avant son arrivée, les défenseurs n'entraient pas souvent dans le jeu. Ils se contentaient d'intercepter la rondelle et de la renvoyer le plus rapidement possible à un joueur d'avant. Ils suivaient le jeu mais ne le menaient pas.

Le plus grand changement qu'a connu le hockey depuis un quart de siècle est cette mobilité des défenseurs. La fonction a changé; les joueurs aussi. Autrefois, ils étaient grands, trapus et rarement de bons patineurs; leurs passes étaient généralement lourdes et prévisibles. Ils remettaient simplement la rondelle en jeu.

Les patineurs lents sont toujours désavantagés, peu importe leur position. Ils ralentissent le jeu s'ils s'y mêlent le moindrement. Leurs passes sont lentes, leurs lancers sont mous. Mais chez Bobby Orr, tous les gestes étaient rapides, tous les lancers, qu'ils soient du poignet ou du revers, étaient vifs, dangereux. Ainsi, Orr a changé le rythme du jeu; après lui, tout s'est mis à se faire plus rapidement, les montées, les dégagements, les passes...

Non seulement avait-il une vitesse incroyable, mais il était bon dans tous les domaines. C'est sans doute Harry Sinden qui a donné la meilleure définition de Bobby Orr, de Gordie Howe et de Bobby Hull : «Howe pouvait tout faire, mais lentement. Hull était extrêmement rapide, mais ne pouvait tout faire. Orr, par contre, pouvait tout faire à toute vitesse.» C'est ainsi qu'il a changé les règles du hockey.

Orr a posé à ses adversaires des problèmes auxquels ils n'avaient jamais eu à faire face. Jusque-là, lorsqu'on faisait une mise au jeu, l'ailier droit ou gauche (dépendant du côté où se faisait la mise au jeu) se rendait directement à la pointe. Mais lorsque Orr était sur la glace, les ailiers devaient se mettre en mouvement encore plus rapidement, ce qui brisait la stratégie de l'équipe et mettait beaucoup de pression sur les joueurs. C'est d'ailleurs une chose que les amateurs de hockey mirent du temps à comprendre. Quand les Bruins faisaient la mise au jeu dans notre zone, nous ne nous occupions pas vraiment de couvrir leurs joueurs d'avant (Esposito, Hodge, Bucyk ou McKenzie). Notre alignement était déterminé par la position qu'occupait Bobby Orr. Dès que la rondelle touchait la glace, l'attention de chacun était partagée entre les jeux à faire et des regards nerveux dans la direction de Bobby Orr. Il mobilisait ainsi, au profit de son équipe, toutes nos énergies.

Don Cherry raconte souvent une histoire amusante qui illustre bien ce que les autres joueurs pensaient de Bobby et le formidable ascendant qu'il exerçait sur eux : «Les Bruins jouaient ce soir-là contre les Capitals de Washington et Bobby faisait la mise au jeu. Le joueur de centre des Capitals avait disposé ses joueurs autour de la zone de mise au jeu et a fait un geste vers un défenseur recrue pour lui signifier de se tenir plus à droite. À ce moment-là, le jeune a croisé le regard de Bobby. Celui-ci hocha la tête et dit au jeune défenseur qu'il ferait mieux de retourner là où il était. Et le gars l'a fait. Je ne pouvais pas croire ce que je voyais. Il avait une si haute opinion de Bobby Orr qu'il ne pouvait pas croire que celui-ci puisse lui mentir ou même se tromper. Et il avait raison. Dès la mise au jeu, c'est lui qui a reçu la rondelle.»

Bobby a amené d'autres changements dans la LNH. Pendant plusieurs années, la stratégie à la mode était de «jouer l'homme». Ce qui voulait dire qu'il fallait se coller à un joueur dès qu'il sortait de sa zone et ne plus le lâcher. Il était plus difficile de couvrir les défenseurs, parce qu'ils se tenaient toujours loin derrière. La plupart du temps, il fallait revenir à notre ligne bleue le plus rapidement possible pour faire face aux attaquants. Si l'autre équipe parvenait à franchir notre ligne bleue, nos ailiers devaient autant que possible neutraliser le joueur qui se trouvait à la pointe.

Un plan de jeu offensif très conventionnel consistait à enfoncer rapidement les lignes ennemies de manière à ce que deux des joueurs d'avant puissent se rendre très loin dans la zone adverse, le troisième restant en retrait à la ligne bleue où il pouvait recevoir une passe. Avec des défenseurs lents, ce genre de jeu fonctionnait très bien. Quand Orr est arrivé, il a fallu oublier tout cela. Orr savait mieux que personne briser les attaques. Toe Blake nous répétait sans cesse qu'il ne fallait jamais le laisser seul dans sa zone, parce qu'il pouvait alors foncer vers notre filet. Notre ailier devait s'attacher à lui, ce qui donnait occasionnellement plus d'espace et de liberté aux joueurs d'avant des Bruins. Orr était surveillé de très près, mais personne ne pouvait le suivre sans arrêt comme Claude Provost faisait avec Bobby Hull, pour la simple raison que Orr était un défenseur et qu'on ne pouvait le suivre quand il se réfugiait dans sa zone. Il mettait facilement en échec les joueurs d'avant trop téméraires qui tentaient de lui enlever la rondelle. Il la passait alors à un ailier. Pour un défenseur, Bobby préparait des jeux magnifiques : la rondelle allait toujours sur la palette de son coéquipier, jamais dans ses patins ou trop loin devant lui.

À cause de Bobby, jouer contre Boston en infériorité numérique était un véritable cauchemar. D'habitude, dans un jeu de puissance défensif, les joueurs d'avant se placent entre le joueur qui se trouve à la pointe et les ailiers. Mais si Orr était sur la glace, nous avions plutôt tendance à nous diriger vers lui, ce qui laissait les avants sans surveillance et créait une dangereuse ouverture jusqu'au fond de notre zone. Même quand nous étions débordés et que les Bruins marquaient, nous ne changions pas notre plan de match. Personnellement, si j'avais été entraîneur, j'aurais demandé à quelqu'un de suivre Orr plutôt qu'un ailier, peu importe si cet ailier d'avant était bon, parce que Orr pouvait envoyer plusieurs excellents lancers.

Aux demi-finales de 1969, nous nous sommes retrouvés à égalité avec les Bruins après quatre parties. Nous étions en chemin pour *La Sapinière*, quelques jours avant le cinquième match qui devait se disputer à Montréal, quand je me suis mis à lire les résumés des matchs. J'ai alors découvert que Orr avait fait la plupart de ses lancers depuis la pointe.

«Orr est très dangereux quand il se trouve à la pointe, ai-je dit. Il faudrait le surveiller de plus près.» Personne ne me contredit. Bobby avait en effet réussi le but gagnant du quatrième match, après que Gerry Cheevers eut miraculeusement réussi à intercepter un lancer très puissant d'Yvan Cournoyer. Bobby s'était emparé du retour, avait traversé la patinoire à toute vitesse et mis fin au match.

«L'ailier devrait le suivre encore davantage, dis-je. Il fait six, sept, huit ou même neuf lancers par partie. C'est trop.» Bobby avait tout juste vingt ans à ce moment-là et presque tous nos plans de jeu avaient entre autres buts de le neutraliser. Au cours des rencontres suivantes, nous avons intercepté plusieurs des lancers qu'il faisait depuis la pointe. Mais, comprenez-moi bien, il excellait à toutes les positions.

Malgré tout cela, nous avons quand même connu plusieurs victoires face aux Bruins. L'équipe de Orr et d'Esposito ne nous a jamais battus lors des éliminatoires, mais elle a remporté la coupe en 1970 et 1972 quand nous n'étions pas là pour les défier. J'ai toujours pensé que nous patinions mieux que les Bruins. Avec des joueurs comme Yvan Cournoyer, Jacques Lemaire, Frank Mahovlich, Claude Provost, Henri Richard, Ralph Backstrom, Mickey Redmond, Chuck Lefley, Bobby Rousseau, Réjean Houle et Marc Tardif à l'avant, et Guy Lapointe, Serge Savard, Terry Harper et Jacques Laperrière à l'arrière, nous parvenions à suivre le jeu même au rythme infernal qu'imposait Bobby. Notre stratégie consistait à jouer très serré et très prudemment pendant la première période. Si l'écart n'était que d'un but, nous pouvions par la suite accélérer notre plan de match et revenir de l'arrière.

Les journalistes adoraient (et adorent toujours) citer les critiques que les joueurs de la LNH font les uns des autres : «Quelles sont les faiblesses de Orr? Quelles sont les failles dans son jeu que les

Canadiens pourraient exploiter?» Personnellement, j'ai toujours refusé catégoriquement de mordre à cet hameçon.

Je savais pour l'avoir observé que Bobby Orr était capable de faire sa propre critique. Plusieurs fois, je l'ai vu retourner à son banc en rageant contre lui-même, parce qu'il avait commis une erreur. J'ai aussi remarqué que, comme tous les bons joueurs, il corrigeait lui-même ses fautes et ne les répétait jamais. Orr savait qu'un joueur parfait n'existe pas, mais il s'en est approché comme personne ne l'avait fait auparavant.

Quand il a commencé à avoir de sérieux problèmes aux genoux, il a perdu un peu de sa vitesse, ce qui a certainement affaibli son jeu. Bobby Orr était un défenseur, mais il avait l'âme d'un attaquant. Il était certainement très difficile pour lui de renoncer à profiter d'une ouverture qui se présentait. Mais, même ralenti par ses blessures, il est resté nettement supérieur aux autres joueurs. Il a reçu huit fois de suite le trophée Norris décerné au meilleur défenseur de la LNH. Cela veut tout dire.

Tous ses coéquipiers le tenaient en haute estime, tous l'admiraient et l'aimaient. Il était considéré comme un bon homme d'équipe par ceux qui ont eu la chance de jouer avec lui. En tant que capitaine des Canadiens, cela m'impressionnait aussi.

Bien sûr, il n'a pas fallu attendre longtemps avant que d'autres défenseurs commencent à l'imiter. Je pense entre autres à mes jeunes coéquipiers, Serge Savard, Guy Lapointe et Brad Park. En quelques années, un flot de joueurs talentueux qui avaient été influencés par Bobby Orr s'est déversé dans la LNH : Denis Potvin, Larry Robinson, Ray Bourque, Doug Wilson, Paul Coffey, Randy Carlyle et Borje Salming.

Rares sont les défenseurs venus dans la ligue depuis ce temps qui peuvent se vanter d'arriver à la cheville de Bobby. Mais il y a des joueurs fort talentueux, je pense à Chris Chelios, Phil Housley, Al MacInnis, Brian Leetch, Scott Stevens, Jeff Brown, Gary Suter, Steve Duchesne, Larry Murphy, Al Iafrate, Kevin Hatcher, Zarley Zalapski, Rob Blake, Rob Niedermayer et Bryan Fogarty.

Quelques-uns d'entre eux, comme Housley, Brown, Fogarty et Leetch, ont cette puissance d'accélération qu'avait Bobby et des capacités offensives comparables aux siennes mais, dans l'ensemble, si l'on fait la somme de leurs qualités morales, mentales et physiques, ils ne font pas le poids.

Le seul défenseur qui, selon moi, peut égaler Orr au chapitre de la vitesse serait Coffey. Mais son style est tout à fait différent. Coffey patine les genoux fléchis, presque en position assise. Orr avait un style plus esthétique ou classique. Il restait plus droit, même quand il avait atteint sa pleine vitesse. Des joueurs comme Denis Potvin et Larry Robinson furent de grands défenseurs, très physiques et solides. Ils pouvaient contrôler le jeu, bien sûr, mais ils n'eurent jamais la rapidité de Bobby Orr.

Je comparerais plutôt Potvin à Ray Bourque qu'à Orr, surtout si l'on parle d'endurance et de lancer. Tous deux lancent fort et ont beaucoup d'énergie. Bourque, surtout, remet la rondelle très rapidement. Ils arrivent néanmoins juste en dessous de Orr et, bien sûr, de Doug Harvey.

Cet hommage à Bobby Orr ne serait pas complet sans un petit coup d'œil du côté des statistiques.

En dix-neuf saisons, Doug Harvey a participé à 1 113 parties ; il a compté 88 buts, et obtenu 540 points. J'ai dû vérifier. Si vous m'aviez demandé il y a un mois s'il avait compté plus ou moins de 100 buts dans sa carrière, j'aurais dit plus, beaucoup plus. En fait, il n'a jamais compté plus de neuf buts et accumulé plus de 50 points en une saison. Mais, à l'époque, ces chiffres étaient très raisonnables. Tom Johnson, un autre excellent défenseur, a totalisé seulement 51 buts en 16 saisons.

Bobby Orr a bouleversé les statistiques. En seulement 657 matchs de saison régulière, il a accumulé 915 points, ce qui lui donne la moyenne phénoménale de 1,39 point par match. Il terminait ses saisons avec 139, 135, 122, 120, 117 ou 101 points, faisant jusqu'à 102, 90, 89, 87 ou 80 passes en une seule saison, et battant évidemment tous les records établis par des défenseurs. Il a accompli un exploit sans précédent : lui, un défenseur, a remporté le championnat des marqueurs deux fois. En 1970, il a gagné le Norris (meilleur défenseur), le Art Ross (meilleur marqueur), le Hart (joueur le plus utile à son équipe) et le Conn Smythe (joueur le plus utile dans les séries) et a été nommé le sportif par excellence de l'année. Il avait vingt et un ans.

Pendant la saison 1993-1994, Paul Coffey devint le premier défenseur à surpasser le total de 1 219 points que j'avais accumulés pendant toute ma carrière. Au début de cette saison-là, j'étais quinzième sur la liste des marqueurs et tous ceux qui me précédaient étaient aussi des joueurs d'avant. En 1985-1986, Paul compta

48 buts; il en avait amassé 40, deux saisons plus tôt. En d'autres mots, il avait réussi en deux saisons autant de buts que Doug Harvey pendant toute sa carrière.

En fait, trois autres joueurs m'ont dépassé en 1993-1994 : Dale Hawerchuk, Denis Savard et Jari Kurri. Ray Bourque sera le prochain défenseur à me laisser dans son sillage, à un moment ou un autre de la saison 1994-1995, comme sans doute, Mario Lemieux et Mike Gartner dans un proche avenir.

Tous ces changements dans le jeu de hockey des années 90 se reflètent dans les moyennes des gardiens de but. Celle de Ken Dryden était de 2,24, celle de Jacques Plante 2,38, Glenn Hall 2,51, Terry Sawchuk et Johnny Bowers 2,52; Bernie Parent se rendit à 2,55.

Comparons maintenant avec les moyennes enregistrées en 1993-1994. Ed Belfour a une moyenne de 2,70, Patrick Roy 2,79, Curtis Joseph 3,06, Mike Richter 3,27, Ron Hextall 3,30, Andy Moog 3,32, Kirk McLean 3,35, Bill Ranford 3,43, John Vanbiesbrouck 3,45, Kelly Hrudey 3,48 et Grant Fuhr 3,64. En gros, on peut dire que l'écart moyen varie entre un but et un but et demi. Je pense que cela en dit long sur ce qui se passe dans la LNH actuelle depuis le passage d'un jeune défenseur de Parry Sound qui aimait patiner vite et transporter la rondelle...

Il y a, dans l'héritage de Bobby, une chose extrêmemement importante, dont les effets ne furent pas longs à se faire sentir et dont profitèrent surtout les joueurs arrivés après lui dans la LNH. Comme je l'ai dit plus haut, ses parents avaient engagé Alan Eagleson pour négocier son contrat avec les Bruins. Les joueurs de la LNH comprirent qu'ils avaient avantage à être représentés par des agents professionnels qui voyaient à leurs intérêts. C'est donc en bonne partie grâce à Bobby Orr que les salaires ont augmenté à ce point dans la LNH.

En décembre 1966, les Bruins jouaient à Montréal. Bobby dînait avec Eagleson au Reine-Elizabeth, lorsque deux de ses coéquipiers se pointèrent à leur table et leur demandèrent de bien vouloir les suivre dans une petite salle de réunion qu'ils avaient réservée.

Eagleson fut surpris d'y trouver toute l'équipe des Bruins... Les joueurs lui demandèrent ce soir-là de former une association des joueurs. Un an plus tard, presque tous les joueurs de la Ligue nationale s'étaient joints à eux. Mais Eagleson resta prudent. Il rencontra les Canadiens en dernier, parce qu'il craignait nos réactions, la mienne en particulier. L'organisation des Canadiens nous avait toujours bien traités. Dans toute la ligue, on nous considérait comme très conservateurs, parce que nous étions satisfaits de notre condition. Eagleson s'était dit qu'il aurait beaucoup de difficulté à nous convaincre d'adhérer à son association.

Je me souviens très clairement de notre première rencontre. Mes coéquipiers écoutaient Eagleson qui n'arrêtait pas de parler et de vanter les avantages d'une association. Il semblait d'ailleurs confondre succès et suffisance. En tant que capitaine, je devais être le plus objectif possible, et penser avant tout au bien de l'équipe, que je sois d'accord ou non en tant qu'individu. Eagleson parlait depuis déjà une heure, quand je me suis finalement levé pour dire que j'étais favorable à l'entrée des Canadiens dans l'Association des joueurs de la Ligue nationale de hockey.

«Ce sera bon pour les plus jeunes,» ai-je dit. Alan Eagleson ignorait que l'une des raisons de notre succès tenait au fait que, dans notre équipe, chacun était libre de dire ce qu'il pensait. Tout compte fait, je crois que l'AJLNH a aidé les joueurs, surtout à ses débuts. Et, à un moment donné, Alan Eagleson fut bénéfique pour le hockey.

On a beaucoup écrit à propos de John Ziegler et d'Alan Eagleson. On a beaucoup parlé du rôle qu'ils ont joué dans le développement de la LNH et du hockey professionnel en général au cours des années 70 et 80. Je n'ai pas l'intention de ressasser cela ou de commenter les allégations et les critiques de toutes sortes qui leur ont récemment été faites aux États-Unis. Tout cela relève maintenant des cours de justice.

Je peux cependant dire, parce que j'en ai été témoin, à quel point Alan Eagleson est devenu objet de mépris et combien sa relation avec Orr s'est détériorée. J'étais assis aux côtés de Bobby un soir, lors d'un dîner officiel, lorsque est entré Eagleson; le doux et calme Bobby Orr voulut alors le tuer sur-le-champ.

L'American Grand Jury a institué une enquête sur les activités d'Eagleson après qu'un journaliste de la région de Boston eut prétendu qu'il avait découvert certaines «irrégularités» dans les opérations menées par Eagleson au nom de l'AJLNH et de Hockey Canada. Plusieurs personnes croient que c'est Orr qui a informé ce journaliste, bien qu'on ne l'ait jamais prouvé. Si c'est le cas, le dernier héritage de Bobby Orr aura été d'aider à renverser John Ziegler et Alan Eagleson.

On a reproché beaucoup de choses à ces deux hommes. Je suis pour ma part assez outré de voir ce qu'ils ont fait de la pension de retraite des joueurs de la LNH. J'ai commencé à m'interroger à ce sujet en 1991, alors que Stan Mikita et moi avions été nommés capitaines d'honneur du match des étoiles, à Chicago. Je ne devais pas participer au match des Légendes qui se disputait le vendredi soir mais, dans la matinée, je décidai d'aller m'amuser avec les Anciens sur la patinoire du Stadium. Dans l'autobus qui nous y emmenait, je me retrouvai assis aux côtés de Carl Brewer et de l'avocat Mark Zigler. Ils commencèrent à me parler de la pension de retraite des joueurs et d'un mystérieux «surplus» que personne ne semblait pouvoir évaluer et au sujet duquel plusieurs commençaient à se poser de sérieuses questions. Des joueurs comme Bobby Baun par exemple se demandaient comment, après une carrière de seize ans dans la LNH, ils ne touchaient pas plus de 7 600 $ de pension par année. Après vingt-six ans dans la LNH, Gordie Howe recevait, quant à lui, 13 000 $ par année. On me dit que Baun avait dépensé une grande partie de cet argent pour trouver une réponse à cette question, sans jamais y parvenir.

Ironiquement, quelques-uns des premiers clients d'Eagleson, des joueurs des Maple Leafs de Toronto pour la plupart, furent ceux qui déclenchèrent la première enquête sérieuse sur ces fameuses pensions de retraite. Ce groupe était composé de Carl Brewer, Eddie Shack, Andy Bathgate, Gordie Howe et Bobby Hull. Ils engagèrent finalement des poursuites contre Eagleson et les propriétaires de la LNH. L'Association des joueurs elle-même était sympathique à cette cause, bien qu'elle ait toujours gardé ses distances.

Norma Shack, la femme d'Eddie, s'impliqua beaucoup dans cette affaire. Elle m'appela pour me demander si je donnais mon appui au groupe de Toronto. Je lui dis que je voulais d'abord poser quelques questions à leurs avocats.

«Premièrement, est-ce qu'il y a vraiment des surplus? Jamais personne n'a répondu de façon précise à cette question. S'il n'y en a pas, nous devons laisser tomber. S'il y en a, nous devons savoir combien. Et où se trouve cet argent? Qu'est-ce qu'on en a fait? Est-il placé? Est-il dépensé? J'aimerais, avant de m'engager plus avant, avoir des réponses à toutes ces questions.»

J'ai toujours préparé des relevés financiers à la fin de chaque année. La seule chose qui me parut toujours vague était la valeur de ma pension de retraite. Au début des années 80, quand les taux d'intérêt atteignirent 18 ou 20 %, on nous permit de convertir cette pension en REER, ce que je fis. Il me semblait que l'intérêt payé sur une pension de retraite était trop faible, bien que, comme je l'ai dit, je n'aie jamais eu de chiffres clairs et précis pour justifier mon opinion.

Personne parmi les joueurs n'en savait plus que moi. Il s'agissait pourtant de notre argent et de notre avenir, de notre héritage. La pension de retraite avait été instituée en 1948 et depuis ce temps tous les joueurs et la ligue elle-même avaient contribué à ce fonds. Chaque joueur avait payé pendant ses années actives. Ainsi, en 1953, ma contribution fut de 900 $ par année. Plus tard, elle augmenta jusqu'à 1 500 $. Le fonds constitué était administré par la ligue, mais l'Association des joueurs avait deux représentants au conseil d'administration.

En 1969, Eagleson négocia un arrangement selon lequel la ligue devait seule contribuer au fonds. Les propriétaires dirent que, dans ces conditions, les joueurs n'avaient plus besoin d'être représentés au conseil. Eagleson accepta cette proposition.

Je crois qu'il a eu tort. Nous aurions dû conserver un droit de regard sur cette masse d'argent qui nous appartenait. Eagleson a fait une erreur mais je ne suis pas convaincu pour autant, comme plusieurs joueurs, que c'est intentionnellement qu'il nous a menés en bateau.

En 1990, un groupe d'anciens joueurs de Toronto engagea Mark Zigler, un avocat spécialisé dans les pensions de retraite. Il découvrit un surplus de 25 millions de dollars, de même que la preuve que les propriétaires de la ligue en avaient utilisé une bonne partie (quelque 13 millions, je crois) comme contribution, c'est-à-dire qu'au lieu d'investir de nouvelles sommes d'argent, ils réinvestissaient simplement les surplus réalisés.

La situation était très complexe. Je voulais, comme les autres joueurs, que les choses soient mises au clair. J'ai donc envoyé un chèque pour aider le groupe de Toronto à payer les avocats.

Le temps passa. Le matin du match des étoiles de 1993, qui avait lieu à Montréal, avec quelques autres Anciens Canadiens, je déjeunai avec Zigler, Eddie Shack et Billy Harris. Ils nous firent une sorte de bilan de leurs recherches. Puis Réjean Houle proposa que les Anciens du Canadien versent 10 000 $ pour défrayer les coûts légaux. Je fis alors une intervention.

«Les Anciens du Canadien ont toujours été reconnus comme des leaders dans le milieu. Tous les autres groupes de joueurs vont regarder ce qu'on fait avant d'agir. Si notre contribution est de 10 000 $, ils ne se sentiront pas obligés de donner plus de 3 000 $ ou 4 000 $. Je propose qu'on verse 25 000 $: ils vont ainsi se sentir obligés d'ajouter eux-mêmes quelque 10 000 $. Cela coûte cher, des avocats.»

Après une courte discussion, nous fûmes d'accord pour que les Anciens versent 25 000 $. Le plus difficile me restait à faire : je devais exposer le problème au président de l'équipe, Ronald Corey. C'était une situation délicate à tous points de vue. À cette époque, je faisais partie de l'équipe de direction. Les Canadiens avaient toujours bien traité les Anciens. Par exemple, on nous avait prêté le Forum pour organiser des matchs hors concours ou des «patine-o-thons» destinés à amasser des fonds. Je devais maintenant dire à Ronald que nous voulions prendre une partie de ces fonds pour financer une poursuite contre la direction de l'équipe et ses partenaires de la LNH.

«J'ai proposé aux Anciens que nous prenions le leadership de cette campagne, lui dis-je. Je veux que tu le saches tout de suite, parce que cela va bouleverser beaucoup de gens.

— Oui, en effet, répondit Ronald. J'entends déjà les commentaires des autres propriétaires.

— Je comprends ta réaction, Ronald, mais tu m'as toujours dit que l'argent des Anciens devait être utilisé pour le bien des joueurs. Or il n'y a rien qui touche plus les anciens joueurs que cette histoire de pensions de retraite. Il n'y a pas de meilleure manière d'utiliser cet argent.»

Ronald donna son accord. «Je respecte votre droit d'utiliser cet argent comme bon vous semble», me dit-il.

C'est donc à cet effet que servit une petite partie du compte en banque des Anciens Canadiens.

Comme vous avez sans doute pu le lire dans les journaux, les vétérans qui avaient entrepris des poursuites judiciaires contre la LNH eurent gain de cause. Mais la ligue et les équipes sont allées en appel devant la Cour suprême du Canada.

Ronald Corey savait bien que les joueurs avaient leurs raisons et leurs droits, mais il devait rester solidaire des autres directeurs de la Ligue nationale. Pendant que je préparais ce livre, l'organisation des Canadiens s'est en effet unie aux autres équipes pour aller en appel. Cette décision fut très mal perçue par les médias montréalais, mais elle avait été prise pour une raison bien précise. Persuadés que la Cour suprême allait maintenir le jugement rendu, les avocats de la Ligue nationale proposèrent au Conseil des gouverneurs de poursuivre une firme légale américaine qui, au début de cette affaire, avait conseillé aux propriétaires de ne pas accéder aux demandes des joueurs.

«Je n'aime pas du tout cela, me dit Corey. C'est une situation sans issue pour nous tous. Si nous voulons poursuivre la firme américaine parce qu'elle nous a mal avisés, nous devons préalablement porter la cause devant les plus hautes instances, même si nous n'avons aucune chance d'obtenir gain de cause.»

Pendant ce temps, dans l'éventualité où la Cour suprême se prononce contre la ligue, l'organisation des Canadiens a commencé à constituer un fonds spécial qui lui servira à rencontrer ses obligations. Par obligations, je veux parler de l'argent que l'organisation devra rembourser aux anciens joueurs. De ce point de vue, les six équipes des débuts auront à porter un fardeau beaucoup plus lourd que les autres. Les joueurs membres de ces organisations ont eu, en effet, les carrières les plus longues… et jusque-là les pensions les plus faibles. Ces joueurs des anciennes équipes sont donc ceux qui ont le plus à gagner, si le jugement rendu demeure en faveur des joueurs. Les équipes pour lesquelles ils ont joué auront alors une véritable fortune à débourser.

Ce qui m'inquiète dans cela, c'est qu'un jugement indéfiniment reporté finit souvent par n'être jamais rendu. On a pu suivre récemment dans les journaux une bataille similaire. Les deux cent vingt employés d'une manufacture de Saint-Jean se sont retrouvés dans la rue après que l'entreprise eut fermé ses portes au début des années 70. Ils ont poursuivi et réclamé quatre millions de dollars en pensions de retraite. Des appels ont été portés jusqu'aux plus hautes cours. Quand finalement on en est venu à un arrangement, les travailleurs survivants ne représentaient plus que le tiers du groupe original. Tous les autres étaient décédés pendant que l'affaire traînait devant les tribunaux.

En 1991 et 1992, je laissai savoir à qui voulait bien l'entendre que la ligue faisait face à un véritable désastre et qu'elle avait un sérieux problème de relations publiques.

«Certains joueurs font aujourd'hui des millions et des millions. Mais les anciens joueurs, les arbitres ou les juges de ligne (et leurs veuves) reçoivent des pensions qui bien souvent ne dépassent pas 100 $ par mois. Il me semble que la Ligue nationale devrait remédier à cette situation avant d'entamer des poursuites judiciaires. Sinon, la réputation de la LNH va en pâtir davantage.»

Personne ne fit attention à mes paroles, parce que les médias sportifs et le grand public étaient intéressés par une autre histoire : la première grève des joueurs de la LNH se préparait. John Ziegler avait réussi à convaincre le Conseil des gouverneurs en septembre 1991 que cette menace n'était pas sérieuse. Les événements se détériorèrent rapidement et l'AJLNH lui donna tort en déclenchant une grève générale des joueurs un mois avant les séries finales de 1992.

Ziegler croyait honnêtement que les joueurs ne débrayeraient pas; alors sa stratégie fut on ne peut plus mauvaise. S'il voulait briser toute velléité de grève, il aurait dû agir en septembre, alors que les joueurs se présentaient au travail et n'avaient pas encore été payés pour la saison à venir. En avril, les joueurs avaient déjà reçu leur salaire pour l'année. Ils ne s'inquiétaient donc plus et étaient prêts à risquer le tout pour le tout.

Juste avant la grève, Ziegler demanda aux joueurs de se prononcer par un vote secret. Il croyait encore qu'il avait de bonnes chances d'éviter la grève et le dit aux propriétaires des équipes. Le vote fut de 500 contre 4 en faveur de la grève, ce qui mina considérablement la crédibilité de Ziegler.

John Ziegler reçut deux millions de dollars et une pension de 250 000 $ par année quand il quitta la LNH en 1992, après en avoir été président pendant quinze années.

Gordie Howe, Maurice Richard, Bobby Orr et moi-même reçumes aussi une pension lors de notre départ de la LNH, après avoir joué pendant soixante-seize saisons au total. Nos quatre pensions additionnées atteignent à peine 45 000 $ par année.

Le «deuxième étage»

D'habitude, les joueurs qui acceptent de rester au sein de l'organisation du Canadien après avoir accroché leurs patins ont leurs premiers contacts avec l'administration, ou ce qu'on appelle entre nous le «deuxième étage» au moment de la conférence de presse au cours de laquelle ils annoncent leur retraite.

Dans mon cas, ces premiers contacts remontent à l'époque où je jouais pour les As de Québec, fin 1951, début 1952. Zotique Lespérance vint me voir un soir après un match. À cette époque, Zotique cumulait plusieurs fonctions. Il était journaliste à *La Patrie*, animateur à CKAC, et vice-président aux Affaires publiques de la brasserie Molson. Ce qui nous apparaît aujourd'hui comme un ramassis de contradictions et de conflits d'intérêt était relativement commun dans les années 50. Les journalistes étaient très mal payés et plusieurs arrondissaient leurs revenus en travaillant au noir dans divers domaines. Plusieurs occupaient un poste de conseiller en relations publiques pour des équipes sportives ou de gros commanditaires.

«Ce n'est pas le journaliste ni l'animateur de radio qui te parle, me dit Zotique. Je suis ici en tant que délégué de la brasserie Molson, pour te dire que si jamais tu décides de venir à Montréal, nous aurons un poste pour toi.»

Cette offre m'avait plutôt dérouté, parce que je ne m'y connaissais absolument pas en bière. Mais je ne l'ai pas oubliée. Comme chaque année, j'allai passer l'été à Victoriaville. Je suis allé rencontrer le propriétaire de l'hôtel, M. Garon, un bon ami de la famille, qui devint plus tard président de l'Association des propriétaires d'hôtel du Québec.

Je le mis au courant de la proposition que m'avait faite Zotique Lespérance.

« Étant donné ma situation, je ne devrais pas favoriser qui que ce soit, me répondit-il. Je fais affaire avec toutes les brasseries. Mais si tu me demandes ça en tant qu'ami, je te conseillerais d'aller chez Molson. C'est une compagnie dirigée par une famille qui a bonne réputation. »

Ce que j'ignorais, bien sûr, c'est que Molson s'intéressait à moi pour une raison bien précise. J'étais le bon athlète (une vedette francophone en plein essor), à la bonne place (Québec, mais lié à Montréal, ce qui était encore mieux), au bon moment (la télévision commençait à faire son entrée dans le monde des sports et un peu partout au Québec).

En 1952, le service des ventes et des relations publiques de Molson avait décidé justement d'utiliser massivement la télé pour faire la promotion de ses nouveaux produits. Molson et Esso Imperial co-commanditaient les matchs radiodiffusés des Canadiens. Si la compagnie Esso, qui avait la part du lion de cet espace publicitaire, hésitait à se lancer dans l'aventure de la télévision, Molson était prêt à s'y embarquer. Par contre, si Esso maintenait sa position et gardait le contrôle de l'espace publicitaire, la brasserie resterait le commanditaire secondaire des parties des Canadiens. Dans ce cas, elle se proposait de devenir le commanditaire numéro un des matchs télévisés du dimanche après-midi de la Ligue senior de hockey du Québec.

Tout dépendait de Frank Selke. Si Molson acceptait de l'aider, il serait évidemment disposé à favoriser son projet.

Zotique Lespérance le rencontra pendant l'été de 1953 et proposa un arrangement qui serait très avantageux pour les deux parties.

« Je vais me rendre à Québec pour offrir à Jean Béliveau un poste permanent chez Molson. Nous avons l'intention de l'intégrer à notre service de promotion. S'il se débrouille bien avec le Tricolore, ou même si ça ne marche pas, il va rester notre employé, parce que nous avons la réputation de garder nos employés ! »

Zotique n'exagérait pas. Molson était l'une des rares grandes entreprises de Montréal à suivre une politique d'emploi « du berceau au tombeau », comme on dit. Parmi les autres, il y avait les deux compagnies de chemin de fer, et aussi la Cie de téléphone Bell, Northern Electric et Canadian Marconi.

Frank Selke fut tout à fait convaincu quand Zotique ajouta cette touche finale à son argument :

«Bien sûr, Béliveau va travailler pour nous à Montréal pendant sa période de formation. En échange de la faveur qu'on vous fait en le faisant venir ici, nous voudrions que vous nous cédiez les droits de télévision pour les matchs que les équipes de la ligue senior disputent au Forum le dimanche après-midi.

— Accordé, conclut immédiatement Selke. Tu peux compter sur moi.»

De retour dans la capitale, le 9 août, Zotique m'informa du résultat de ses démarches. «Ce poste que t'offre Molson est un gage de sécurité pour toi. Tu commenceras à 10 000 $ par année. Tu profiteras d'avantages sociaux et d'un plan de pension. C'est beaucoup plus que ce que reçoivent les autres stagiaires.» Il avait raison : en 1953, un salaire de 10 000 $ était environ le double ou même le triple du revenu moyen d'une famille de quatre personnes.

Quatre jours plus tard, j'étais à Montréal, dans les bureaux de Hartland de Montarville Molson. Nous avons scellé notre entente en nous serrant la main. Ce fut le début d'une belle relation qui dure encore.

Plus tard cette après-midi-là, Zotique entra en trombe dans les bureaux du Forum et se dirigea droit vers Selke. «Voilà, Frank! C'est fait. Jean Béliveau commence à travailler pour Molson, à Montréal, dès cet automne.

— Et toi, Zotique, tu as les droits télé de la ligue senior.»

Six semaines plus tard, je signais avec les Canadiens de Montréal un contrat de cinq ans qui m'apporta 105 000 $ en salaire et en bonis. En octobre de la même année, j'ai commencé à travailler chez Molson. J'allais passer les dix-huit années suivantes à travailler sur la glace pour les Canadiens et dans les bureaux de Molson. Là, on me considérait, on me traitait et on me payait comme un employé à temps plein, mais je jouissais d'un traitement de faveur; on me laissait tout le temps dont j'avais besoin pour m'entraîner et jouer au hockey avec les Canadiens. (J'imagine que cet arrangement à l'amiable fut encore facilité, en 1957, quand la famille Molson consolida ses liens avec les Canadiens en achetant l'équipe du sénateur Donat Raymond.)

Bien que j'aie été l'un des joueurs les mieux payés de la LNH pendant toute ma carrière, je n'eus jamais à dépendre uniquement de mon salaire de joueur de hockey. Aucun autre joueur de mon époque n'a eu cette chance que m'offrit Molson de mener une carrière parallèle à mes activités de joueur de hockey sans avoir à attendre la retraite. Je sautai donc sur l'occasion.

Quand nous étions à domicile, nous avions une séance d'entraînement qui commençait à dix heures du matin et se terminait vers midi. Je prenais ma douche, enfilais mon complet et me rendais ensuite au bureau. C'est ainsi que se passèrent mes premières années à ce que j'appelle l'École des études commerciales Molson. Chaque année, je me spécialisais dans un nouveau domaine : marketing, production, distribution ou relations publiques.

Avec le temps, mes responsabilités grandirent, si bien qu'en 1962, je devins directeur des promotions sportives chez Molson. Nous avons passé quelques étés à Québec, une ville et un monde que nous adorions, Élise et moi. Nous avons acheté une autre maison à Sainte-Foy, où nous habitions de la mi-avril à la mi-septembre, au moment où je me présentais au camp d'entraînement des Canadiens.

Je fis la connaissance de plusieurs personnes très influentes chez Molson, dont le sénateur lui-même, Campbell Smart et Edgar Genest. À Québec, j'ai travaillé avec Paul Falardeau, Jean-Jacques Côté et Jean-Luc Doyon.

À la mi-mai 1964, Molson (Québec) Limitée annonça la nomination de Charles L. Dumais au poste de président du conseil d'administration. Paul Falardeau fut promu vice-président exécutif et directeur général. On me nomma vice-président.

Il y a quelque temps, j'ai retrouvé une photo de nous trois prise lors de la conférence de presse à Montréal, assis à la table de David Molson, président de la Canadian Arena Company. Nous étions jeunes, sérieux et compétents, prêts à faire de grandes choses pour la compagnie. J'ai tourné la page de mon album-photos et le souvenir d'une tragédie m'est revenu en apercevant le visage de Charles Dumais. À peine trois semaines après sa promotion, il dormait sur son bateau amarré dans le Saint-Laurent, près de Sorel. Il fut asphyxié dans son sommeil par les émanations qui s'échappaient du réchaud à gaz. Ce fut une grande perte pour la compagnie et pour la ville de Québec : Charles était très respecté dans la région et aurait laissé sa marque, s'il avait vécu.

Voilà donc pourquoi, quand j'ai accroché mes patins en 1971, j'avais l'expérience de deux carrières. Ma première idée fut de retourner chez Molson, mais David Molson me persuada du contraire.

«Écoute Jean, me dit-il, le hockey est en train de changer : il va y avoir un gros travail de relations publiques dans tous les sports professionnels. Tu seras notre porte-parole.»

L'offre me sembla intéressante et je résolus de m'essayer aux relations publiques. En fait, en tant que capitaine de l'équipe, j'avais été pendant dix ans le porte-parole des Canadiens. Je fis transférer ma pension de retraite, consolider mes placements et, en juin 1971, j'emménageai au Forum dans un bureau qui faisait face à celui de Sam Pollock.

Je n'avais pas hésité longtemps avant d'accepter ce poste dans les bureaux montréalais. J'avais toujours eu beaucoup de sympathie pour David et une grande admiration pour Sam Pollock, qui est sans doute le meilleur homme que le hockey ait jamais connu (et je dis cela sachant que Frank Selke l'a précédé). Quand les gens me demandent comment les Canadiens ont pu demeurer si forts aussi longtemps, deux noms me viennent à l'esprit : Frank Selke et Sam Pollock, qui veillèrent sur les destinées de l'équipe pendant trente-trois saisons, de 1946 à 1978.

J'avais rencontré Sam Pollock pour la première fois chez les juniors, alors que je jouais contre l'équipe qu'il dirigeait. En 1950, ses Canadiens juniors gagnèrent la coupe Memorial. Au début des années 60, il accéda à la ligue professionnelle de l'Est, chez les Canadiens de Hull-Ottawa. Je n'admire pas seulement son incroyable connaissance du hockey, mais aussi son extraordinaire capacité de travail. Lorsqu'il voyait le signe d'une bonne affaire à l'horizon, il pouvait travailler jour et nuit, jusqu'à ce qu'il obtienne le résultat espéré. Il refusait de laisser le moindre élément au hasard et n'acceptait aucune trouille de dernière minute de la part des autres personnes impliquées.

Il recrutait des joueurs et des collaborateurs qui étaient comme lui, qui avaient du talent et du cœur à l'ouvrage, qui étaient, autrement dit, de vrais gagnants. Sam était un motivateur-né, bien avant que le mot ne devienne à la mode. Il prêchait par l'exemple. Le voir travailler si fort nous donnait des ailes.

Pendant toute sa longue carrière, il mérita à juste titre tout ce qu'il acquit, et cela représente quand même beaucoup. Il commença comme éclaireur au plus bas niveau de l'organisation du Canadien, et fut ensuite entraîneur des équipes juniors. Promu chez les seniors et enfin dans le hockey mineur professionnel, il devint adjoint au directeur général, puis directeur-gérant des joueurs, avant de remplacer Frank Selke en 1964.

Quand je suis entré chez Molson comme stagiaire au service des ventes et de la promotion, je rêvais déjà de travailler un jour aux côtés de David Molson et de Sam Pollock, parce que je savais qu'ils étaient à l'époque les champions de l'administration sportive. La liste des entraîneurs et des directeurs généraux qui furent formés à l'université Pollock est longue; elle comprend entre autres Cliff Fletcher (Saint Louis, Atlanta, Calgary, Toronto), John Ferguson (New York, Winnipeg, Ottawa), le «professeur» Ron Caron (Saint Louis), Scotty Bowman (Saint Louis, Buffalo, Pittsburgh, Detroit), Bob Gainey (Minnesota, Dallas) et Jacques Lemaire (New Jersey).

Non seulement Sam créa-t-il les Canadiens, mais il aida aussi à bâtir la LNH. En 1964-1965, quand on commença à parler sérieusement d'expansion, la ligue forma un comité de directeurs-gérants présidé par Sam et chargé d'étudier la viabilité de ce projet. Le comité Pollock conclut que la LNH devait doubler ses effectifs et créer des équipes dans les principaux marchés américains : en Californie (Los Angeles et Oakland), dans le Midwest (Minnesota et Saint Louis) et dans la zone industrielle de l'Est (Pittsburgh et Philadelphie), si elle voulait avoir le moindre espoir d'intéresser un réseau de télévision à ses activités. De même, pour éviter que les nouvelles équipes ne forment une division de second ordre quelques années après l'expansion, chacune devait être dotée de joueurs de qualité et commencer tout de suite à jouer dans sa propre division contre des équipes établies. C'est ainsi que les Blues de Saint Louis de Scotty Bowman, une équipe de vétérans, affrontèrent les Canadiens lors des finales de 1968 et celles de 1969.

C'est aussi Sam qui créa le système de repêchage que l'on connaît aujourd'hui. Chacune des six équipes de la ligue originale avait le privilège de garder onze patineurs et un gardien de but. On lui permettait également d'ajouter un joueur à sa liste pour chaque joueur repêché par une autre équipe. Le président de la LNH, Clarence Campbell, avait demandé que les anciennes équipes ne gardent que neuf joueurs, mais les «Six» ne furent pas généreuses à ce point.

Garder neuf ou onze joueurs pouvait affaiblir la plupart des autres équipes, mais pas celle de Montréal. Nous avions plus de filiales et plus de joueurs de réserve que toute autre équipe, et notre système de recrutement était le plus sophistiqué et le plus efficace jamais vu. Comme je l'ai déjà mentionné, Sam fit en sorte que l'expansion tourne à l'avantage des Canadiens car il fallait bâtir les nouvelles équipes à même nos effectifs. Sam commença par dresser un inventaire exhaustif de ces effectifs, ce qui explique que plus de cent dix joueurs participèrent à notre camp d'entraînement de 1966. Cette année-là, nos éclaireurs travaillèrent encore plus fort que d'habitude. Cela nous permit, lors du grand repêchage, en 1967, de garder intactes nos structures, tout en fournissant aux nouvelles équipes plus de bons joueurs que n'importe quelle autre des six équipes d'origine.

Vers la fin des années 40, Frank Selke avait commencé à mettre en place le premier réseau d'équipes-écoles des Canadiens. Il continua à s'en occuper avec passion et intelligence, jusqu'à ce qu'il laisse son poste à Sam Pollock, qui devint directeur-gérant. Ces joueurs que nous «faisions pousser dans nos jardins» mais que nous ne pouvions garder, étaient vendus à fort prix lors du grand marché annuel, et les profits étaient directement réinjectés dans le réseau. D'autres équipes tentèrent tant bien que mal de copier notre système, mais Sam garda toujours deux ou trois longueurs d'avance. Quand le comité évalua le potentiel que représentait la nouvelle ligue sur le marché publicitaire, Sam comprit tout de suite que les ligues mineures, auxquelles la télévision était évidemment moins intéressée, auraient la vie dure ; il fut le premier directeur-gérant à se dépouiller de plusieurs filiales.

L'expansion offrait enfin à l'organisation des Canadiens l'occasion de rentabiliser ses opérations et de faire des profits avec les joueurs de réserve qu'elle avait mis des années à former. Elle pouvait utiliser les profits pour consolider l'équipe à moyen et à long terme. Deux ans plus tard, quand la LNH adopta le repêchage universel, Sam céda un grand nombre de joueurs en échange de premiers choix au repêchage. C'est ainsi qu'il put obtenir les deux meilleures recrues francophones du pays à l'époque, Réjean Houle et Marc Tardif.

Les Canadiens de Montréal gagnèrent sur tous les plans. En tant que joueur et capitaine de l'équipe, j'étais bien placé pour savoir que les talents de Sam faisaient l'admiration de tous. On comprendra que l'idée de monter au «deuxième étage» pour travailler près de cet homme m'ait semblé un grand privilège. C'était mon rêve, en fait.

Cet automne-là, je me joignis donc à Sam et à son équipe de relations publiques (Camil Des Roches et Claude Mouton, que j'embauchai deux ans plus tard). Notre première tâche fut d'impliquer davantage l'équipe dans la communauté en mettant au point des campagnes de financement pour des œuvres de charité, en organisant des cliniques de sang et en participant à diverses manifestations culturelles. Ce type d'activités fait aujourd'hui partie du quotidien de toutes les équipes sportives professionnelles; mais à l'époque, nous innovions. C'était l'aube d'une ère nouvelle; nous avions compris que des fonctions autrefois méprisées, comme les relations publiques et les communications, allaient prendre davantage d'importance au cours des années à venir. Sam me chargea de surveiller tous ces développements.

Quelques mois après mon entrée en fonction, la filière Molson fut brisée. En effet, afin de profiter de divers avantages fiscaux, la famille vendit l'équipe à un consortium dirigé par Edward et Peter Bronfman et par John Bassett de Toronto, qui se retira après un an, laissant les frères Bronfman seuls maîtres à bord. Sept ans plus tard, l'équipe fut revendue à la brasserie Molson du Canada pour vingt millions de dollars, après une guerre d'enchères avec la brasserie Labatt du Canada. Je fus très heureux d'accueillir mes amis et anciens compagnons de travail de chez Molson, mais je dus en même temps faire mes adieux à Sam Pollock. Après sept ans passés chez les Bronfman, Sam avait acquis un nombre important d'actions dans les entreprises familiales, dont Edper Ivestments et la Canadian Arena Company (qui resta propriétaire du Forum, même après que la brasserie Molson eut acheté les Canadiens). À l'aube de la cinquantaine, Sam Pollock se trouvait à un tournant important. Sous sa gouverne, les Canadiens s'étaient établis de nouveau comme une équipe très puissante et venaient de remporter trois coupes Stanley d'affilée (ils en gagnèrent d'ailleurs une autre la saison suivante).

Sam vint me voir, quelque temps avant son départ. «J'ai été dans le monde du hockey depuis que je suis sorti de l'école, me dit-il. Le temps est venu pour moi d'aller tenter ma chance ailleurs. J'ai une occasion extraordinaire de continuer chez les Bronfman et je vais en profiter.» Il est inutile de préciser que le milieu des affaires appréciait autant que celui du hockey les talents de Sam pour la gérance et l'administration. Il ne les déçut pas. Au moment où j'écris ces lignes, il est président du conseil d'administration de la compagnie John Labatt à Toronto.

Une seule chose inquiétait Sam quand il a quitté les Canadiens. Qui le remplacerait au poste de directeur-gérant? Il n'était pas dans sa nature de laisser les choses en plan et la responsabilité de trouver le meilleur successeur pour l'équipe le tourmentait.

Morgan McCammon, que Molson avait choisi pour être président de l'équipe, nous rencontra, Sam et moi, pour discuter de ce sujet délicat. Il y eut en fait deux réunions, l'une au Forum et l'autre à la brasserie Molson. Le candidat favori (je veux dire par là celui à qui les médias pensèrent en premier lieu et qui avait mené la campagne la plus active pour obtenir le poste) n'était nul autre que l'entraîneur Scotty Bowman.

Scotty avait été formé par Frank Selke et Sam Pollock. Il avait travaillé au sein de l'organisation des Canadiens comme entraîneur et éclaireur, après qu'un malencontreux coup de bâton de Jean-Guy Talbot lui eut fracturé le crâne, ce qui avait mis fin à sa carrière avec les Canadiens juniors (entraînés par Sam Pollock à l'époque, au début des années 50). Quand l'expansion commença, en 1967, il quitta son poste d'assistant de Sam pour aller entraîner les Blues de Saint Louis, où il fit un travail extraordinaire. Puis il revint à Montréal après notre victoire de la coupe Stanley en 1971. En six saisons, de 1971-1972 à 1976-1977, il remporta quatre coupes Stanley. Bowman était considéré, avec Al Arbour des Islanders de New York et Freddie Shero de Philadelphie, comme l'un des entraîneurs les plus talentueux de la ligue. Scotty avait peut-être ses petites manies, mais il avait fait ses preuves derrière le banc des joueurs.

L'ennui était que ses performances dans les coulisses n'étaient pas aussi reluisantes. Dès qu'il avait une confrontation avec un de ses hommes, peu importe la raison, il courait au bureau de Sam pour lui demander d'échanger le joueur en question. Avec toute son expérience et toute la compréhension dont il était capable, Sam devait alors le calmer et lui faire comprendre qu'aucun joueur au monde ne pouvait donner le meilleur de lui-même pendant quatre-vingts matchs d'affilée.

À plusieurs reprises, Scotty entra en trombe dans le bureau de Sam alors que nous étions en réunion. J'avais donc été témoin de discussions qui dégénéraient parfois en disputes. J'étais convaincu que si jamais Scotty occupait le poste de directeur-gérant, ou tout autre poste dans l'organisation de l'équipe où il aurait le dernier mot sur des questions personnelles, toute l'équipe souffrirait de ses sautes d'humeur. Il se disputait occasionnellement avec quelques-uns de ses joueurs les plus fringants comme Peter Mahovlich; mais en plus, chaque fois qu'un de ses hommes avait mal joué, il rappliquait au «deuxième étage» pour s'en plaindre. Il n'était pas question que je vote pour lui, si jamais il briguait le poste de directeur général. Je ne voulais pas voir les effectifs de l'équipe changer d'une année à l'autre, pour ne pas dire d'une heure à l'autre.

Il y avait un hic, bien sûr. Scotty avait mené une campagne médiatique très efficace, la liste des candidats était vraiment très courte. En fait, selon plusieurs observateurs, elle ne comprenait qu'un seul nom. Comme tout directeur-gérant se préparant à quitter son poste, Sam Pollock avait pris soin de ne pas se prononcer sur les candidats, mais je suis certain que son idée sur Scotty était faite depuis longtemps.

Quand les Bronfman avaient acheté les Canadiens en 1971, ils avaient amené avec eux un conseiller financier du nom d'Irving Grundman. Pendant les sept années qu'il passa sous la direction de Sam Pollock, Irving apprit énormément sur le hockey et l'administration d'une équipe. C'était un homme tranquille et réfléchi, qui pesait toujours le pour et le contre avant de formuler une opinion. Sam et moi étions d'accord pour dire que le poste lui revenait. Morgan McCammon également.

Il faut avoir plusieurs bonnes raisons pour voter contre un homme quand tout le monde est persuadé qu'il deviendra le prochain directeur-gérant. Le nouveau président et les membres du conseil d'administration voudront savoir ce qui se passe et connaître les raisons qui ont motivé votre choix. Mes opinions et celles de Sam étaient connues, mais uniquement d'un très petit cercle de collaborateurs. Nous ne voulions pas faire connaître notre décision, parce que, d'après son contrat, il restait encore un an à Scotty derrière le banc des Canadiens. Il demeura en effet à Montréal pour une autre saison et une autre coupe Stanley (la première d'Irving Grundman), avant de partir pour Buffalo où il devint entraîneur et directeur-gérant des Sabres.

On m'a demandé déjà si je croyais que la performance de Scotty comme directeur-gérant de l'équipe de Buffalo confirmait l'opinion que Sam et moi avions de lui. Il m'est difficile de répondre à cette question. D'un côté, ce n'était pas un succès absolu. Je considère qu'il était un entraîneur fantastique, mais un directeur-gérant trop impatient et impulsif. D'un autre côté, Irving Grundman n'était pas parfait non plus. Il était bien sûr respecté de tous; c'était un vrai gentleman et un très bon homme d'affaires. Il ne prétendit jamais connaître le hockey autant que Sam Pollock, mais il fit de grands efforts en ce sens, durant sa période comme directeur-gérant.

En y repensant, je ne crois pas que Sam et moi avons fait une erreur en préférant Irving Grundman à Scotty Bowman, ne serait-ce que pour la raison suivante : je doute que les choses aient pu mieux se passer avec qui que ce soit d'autre.

Je sais que notre décision a blessé Scotty. Il ne cacha d'ailleurs pas sa déception au cours de la saison suivante. Je sentis qu'il était profondément malheureux, même si l'équipe termina la saison en tête et remporta la coupe Stanley.

L'équipe des années 70, qui remporta cinq coupes Stanley, avait été formée par Sam Pollock. Elle était son chef-d'œuvre et fut aussi son testament. Après le départ de Frank Selke, il prit seul la responsabilité de cette équipe. J'étais bien placé pour le voir travailler.

J'ai raconté plus haut comment l'acquisition de Frank Mahovlich permit aux Canadiens de décrocher la coupe Stanley en 1971, l'année où je pris ma retraite. Et encore en 1973, alors que John Ferguson et moi avions accroché nos patins, et que Ralph Backstrom avait été échangé. La présence de Frank stimula grandement son frère Peter. Frank, un vétéran solide et expérimenté, joua également un rôle de premier ordre dans le vestiaire des joueurs aux côtés de Henri Richard, qui m'avait succédé comme capitaine, Jean-Claude Tremblay, Terry Harper et Jacques Laperrière. Les Canadiens étaient alors une équipe relativement jeune possédant un bon noyau de joueurs déjà expérimentés, Serge Savard, Guy Lapointe, Yvan Cournoyer, Jacques Lemaire et Claude Larose, et plusieurs jeunes joueurs : Yvon Lambert, Steve Shutt, Guy Lafleur, Marc Tardif, Réjean Houle, Murray Wilson, Larry Robinson et Ken Dryden.

Après que Frank, Tremblay, Houle et Tardif se furent enrôlés dans l'Association mondiale de hockey et que Jacques Laperrière eut pris sa retraite après la coupe de 1973, et Henri Richard en 1975, Lemaire, Cournoyer, Savard, Jim Roberts et Lapointe assumèrent le leadership de l'équipe. Le système mis en place par Sam continua à produire de nouveaux joueurs : Bob Gainey, Doug Jarvis, Doug Risebrough, Mario Tremblay, Bill Nyrop, John Van Boxmeer, Michel Plasse et Michel (Bunny) Larocque. Pendant ce temps, des équipes comme les Bruins, les Hawks et les Leafs, furent littéralement dévastées par les défections de leurs joueurs vers l'AMH.

Sam ne connut qu'un seul revers au cours des années 70. Ken Dryden, qui avait interrompu ses études de droit à l'université McGill pour aider les Canadiens à décrocher deux coupes Stanley, exigea pour continuer un salaire que Sam jugea exorbitant. Ce qui n'arrangeait pas les choses, l'AMH offrait aux gardiens de but d'expérience jusqu'à 100 000 $ par année et le frère aîné de Ken, Dave, venait d'entrer dans la nouvelle ligue.

Dryden considérait qu'il méritait amplement le salaire qu'il demandait, mais Sam resta inflexible, refusant de changer quoi que ce soit à l'échelle des salaires qu'il avait établie en tenant compte de l'ancienneté et de l'expérience. Voyant qu'il n'obtiendrait pas gain de cause, Dryden quitta l'équipe pour travailler dans une étude d'avocats de Toronto à 135 $ par semaine.

En affaires, Sam était très attaché aux valeurs traditionnelles. Il considérait que les joueurs devaient être payés pour les services rendus et les championnats qu'ils remportaient. Je n'ai jamais eu de difficultés à négocier mon salaire avec lui et nous étions toujours sur la même longueur d'onde quand il était question d'argent. Mais comme j'avais accroché mes patins avant que l'entrée en scène de l'AMH ne fasse augmenter les salaires de façon démesurée, je n'ai jamais reçu de sommes comparables à celles que touchent les joueurs d'aujourd'hui. Sam ne discuta jamais vraiment du cas Dryden avec qui que ce soit, surtout pas pendant la saison de 1973-1974 pendant laquelle ce dernier fut absent, mais je sentais, moi qui le côtoyais quotidiennement, qu'il y pensait beaucoup. Un joueur venait de renoncer à une jolie somme d'argent pour ne pas perdre la face. Cela ne s'était jamais vu. En plus, ce joueur était un athlète que Sam admirait grandement.

Cependant, pas plus que les joueurs, Sam n'avait réussi à comprendre la personnalité de Ken qui restait pour nous tous une énigme. Nous savions que c'était un homme instruit et cultivé, ce qui, il faut bien l'avouer, ne s'était pas vu souvent dans notre vestiaire. J'avais toujours dit à mes coéquipiers de respecter le tempérament de chacun, parce qu'il faut de tout pour faire une bonne équipe. En tout cas, Ken montra rapidement de quoi il était capable et continua à impressionner tous et chacun pendant toute la saison suivante à l'issue de laquelle il mérita le trophée Calder décerné à la meilleure recrue de la ligue.

Je fus son capitaine pendant deux mois, et j'eus l'occasion par la suite de l'observer depuis le «deuxième étage». Il me sembla que Ken était un être plutôt distant qui ne se mêlait pas vraiment à l'équipe. Ce n'était pas par égoïsme ou par manque de solidarité, loin de là. Ken était à la fois un participant et un observateur et j'imagine que Sam éprouva quelques difficultés à négocier avec lui, surtout au début. Après ce stage à Toronto, Ken réintégra les rangs des Canadiens qui allèrent chercher une autre coupe Stanley. Sam fut le premier à reconnaître l'importance de Dryden dans le retour en force de l'équipe.

J'eus moi-même la possibilité de jouer dans la nouvelle ligue et d'y faire énormément d'argent. Il allait de soi en effet que les Nordiques de Québec, qui faisaient partie de la première vague de l'AMH, tentent d'engager les deux joueurs qui avaient été les plus importants aux yeux du public de Québec, Guy Lafleur et Jean Béliveau. Dans le cas de Guy la chose était impossible, car il avait signé avec les Canadiens un contrat de trois ans dont il restait encore deux ans et une année d'option.

En 1971, Jacques Plante était le directeur-gérant des Nordiques et son principal assistant était Paul Racine, un propriétaire de centres commerciaux qui avait fait un bon bout de chemin avec moi. Ils m'offrirent des millions, et ce n'était pas que des mots de leur part. Ils connaissaient l'argent, ils connaissaient le hockey, ils me connaissaient bien. Plante avait été mon coéquipier pendant plusieurs années; Racine était un vieil ami chez qui, du temps des juniors, je passais occasionnellement prendre une bière en fin de soirée. Avec eux, je me retrouvais un peu comme en famille.

Paul était ambitieux et déterminé. C'est lui qui entreprit la construction de l'immense centre commercial Laurier à Sainte-Foy et de plusieurs autres centres aux États-Unis. Il avait des associés, mais il menait lui-même les négociations, si bien qu'il était très riche lorsqu'il devint le premier président des Nordiques.

Je rencontrai Jacques Plante et Paul Racine au Hilton de Dorval. Ils me firent une offre pour quatre ans, qui me serait payée en totalité même si je ne pouvais jouer qu'une seule saison avec les Nordiques.

«Quelle que soit votre offre, je ne peux pas accepter, leur dis-je d'entrée de jeu. Dix millions, vingt millions, peu importe. J'ai quarante ans, presque quarante et un. Je ne peux plus jouer comme autrefois. Si je le pouvais et si cela m'intéressait encore, c'est pour les Canadiens que j'irais jouer. Mais ce serait malhonnête de ma part, et pour tous, de prétendre que je peux encore donner un haut rendement. Ce n'est plus possible, et je suis le premier à le reconnaître.»

Mais le simple fait que nous parlions de millions de dollars donnait à réfléchir. Je ne me faisais pas d'illusions. Je savais bien au fond qu'ils ne cherchaient pas à m'associer à leur aventure pour mes possibilités en tant que joueur. Ils voulaient pouvoir afficher le nom de Béliveau sur la marquise du Colisée et sur leurs programmes. Cela les aurait aidés à vendre leurs billets de saison. Tous deux étaient persuadés qu'ils y gagneraient. Mais, en tant qu'ancien joueur (qui peu de temps après rompit sa retraite et retourna au jeu), Jacques Plante comprit immédiatement mon attitude.

Je sais que beaucoup de hockeyeurs professionnels revinrent au jeu après quelques années d'absence. Il m'a toujours semblé que c'était une erreur. Jacques Plante fit exception à la règle, mais il était gardien de but, pas joueur d'avant, et ses réflexes étaient toujours bien aiguisés. On ne peut pas revenir en arrière, et on ne devrait pas s'accrocher au passé. Chacun doit se demander : «Serai-je utile à mes coéquipiers? Serai-je productif? Ou vais-je simplement rendre service aux propriétaires de l'équipe qui se servent de mon nom pour remplir leur amphithéâtre?» Si un joueur est satisfait de jouer ce type de hockey — marquer quinze buts et se faire croire qu'il réussit son retour au jeu —, tant mieux pour lui. Tout ce que je puis dire, c'est qu'après que ma décision fut connue, j'ai reçu un abondant courrier de Québec. La plupart des gens me félicitaient d'être resté honnête et d'avoir refusé l'offre des Nordiques.

Les Canadiens des années 1970 furent une équipe de vedettes, dont plusieurs sont aujourd'hui au Temple de la Renommée : Yvan Cournoyer, Ken Dryden, Guy Lafleur, Larry Robinson, Serge Savard, Guy Lapointe, Steve Shutt et Bob Gainey. Tous participèrent quatre années de suite à la parade de la coupe Stanley sur la rue Sainte-Catherine. À maints égards cependant, Jacques Lemaire fut le plus important de tous. Son surnom était Coco. Mais «Homme Tranquille» aurait été plus approprié. Il n'était peut-être pas très haut en couleur, mais il fut un leader très précieux qui mettait en pratique sur la glace les conseils qu'il donnait à ses coéquipiers au vestiaire.

Pour tous les joueurs de l'équipe, pour le personnel du «deuxiè-me étage», comme pour le grand public, Ken Dryden était un intel-lectuel. Jacques Lemaire, lui, était un intellectuel du hockey, mais la plupart des gens le réalisèrent après qu'il eut accroché ses patins. Il enregistra les buts gagnants lors des matchs décisifs des séries de la coupe Stanley, en 1978 et en 1979. Il sut également tirer le meilleur parti du talent de Guy Lafleur. Néanmoins, je pense qu'il marqua le hockey encore plus dans sa seconde carrière.

Après avoir pris sa retraite en tant que joueur, il fut entraîneur en Europe, dans les ligues collégiales américaines et dans la Ligue de hockey junior majeure du Québec, avant de revenir chez les Canadiens. Il y remplit le rôle d'assistant de Bob Berry qu'il remplaça à la fin de la saison 1984-1985. Les Canadiens jouaient alors sous la cote .500 pour la première fois en vingt-cinq ans. Lemaire les mena presque à la finale de la coupe Stanley. Puis il quitta ce poste et devint le bras droit de Serge Savard.

Savard et Ronald Corey étaient tous deux impressionnés par le travail de Lemaire et les résultats qu'il avait obtenus. Il étudiait chaque joueur de la ligue, un peu comme Sam Pollock faisait. Quand arrivait le temps des échanges et du repêchage, il avait un fichier complet sur chacun des joueurs en lice.

Lemaire fut l'un des principaux artisans des victoires de la coupe Stanley de 1986 et de 1993. En pointant à Savard les talents disponibles et en aidant à mettre au point des stratégies d'acquisition, il amena à l'équipe des joueurs comme Bobby Smith, Gaston Gingras, Brian Skrudland, Mike Lalor, Kirk Muller, Vincent Damphousse et Brian Bellows. Il ne fait aucun doute que c'est l'un des connaisseurs les plus éclairés du hockey. Son départ fut une perte pour les Canadiens, mais je pense qu'il a bien fait d'accepter l'offre des Devils du New Jersey. Il avait très envie de retourner derrière le banc; et il savait qu'il ne pouvait le faire à Montréal où les médias rendent cette mission terriblement périlleuse. Avec à ses côtés Larry Robinson, qui s'occupe de l'entraînement des défenseurs, il montra de quel bois il se chauffait dès sa première saison avec les Devils.

Je sais que Scott Stevens, capitaine des Devils et vénérable vétéran de la ligue, servit un vibrant hommage au tandem Lemaire-Robinson (et à travers eux aux Canadiens de Montréal) lors des séries de 1994. Ses paroles ont été rapportées par le journaliste Réjean Tremblay de *La Presse* :

«Je ne pouvais imaginer à quel point j'avais encore à apprendre. Larry m'a montré comment mieux tenir ma position, mais aussi à être patient. J'avais tendance à m'impliquer trop rapidement dans le jeu et ensuite à être pris en défaut. Il m'a aussi enseigné plusieurs petits trucs qu'il avait appris du temps qu'il jouait avec les Canadiens : comment tenir mon bâton quand un adversaire fonce sur moi ; comment ne pas répondre à ses feintes, etc. Larry et Lemaire sont des instructeurs-nés. Ils ont eux-mêmes appris des meilleurs. Chez les Canadiens, on apprend aux jeunes joueurs quoi faire. C'est pourquoi, bon an mal an, et depuis très longtemps, l'équipe de Montréal est si forte.»

Lorsque cette interview est parue, Scott Stevens était, de l'avis de tous, le grand favori pour le trophée Norris décerné au meilleur défenseur.

Au moment de ma seconde retraite des Canadiens, Frank Selke et Sam Pollock avaient depuis longtemps quitté les bureaux du «deuxième étage». Toe Blake et Scotty Bowman n'étaient plus derrière le banc des joueurs depuis belle lurette. Mais l'esprit de tous ces hommes habite toujours l'équipe, leurs leçons ont été et seront reprises de génération en génération, tant sur la glace qu'au «deuxième étage», et non seulement à Montréal, mais dans tout le monde du hockey.

Question d'argent

Quand l'intense débat relatif à l'entrée des Mighty Ducks d'Anaheim de Disney dans la Ligue nationale éclata, un événement qui s'était produit à Pittsburgh en octobre 1967 me revint en mémoire.

À l'annonce de l'acquisition d'une équipe par l'empire Disney, beaucoup d'esprits conservateurs s'offusquèrent. On parla même de «stratégie de marketing honteuse» et des «excès» que Disney ne manquerait pas de commettre pour imposer l'image des Ducks. La clameur s'intensifia quand Gary Bettman, président de la LNH, Michael Eisner, président de Disney, et Bruce McNall, propriétaire des Kings de Los Angeles, crurent bon de lancer quelques coin-coin le jour où les Ducks de Disney furent présentés à la presse. Tout le monde ne sembla pas apprécier. On semblait même plutôt agacé à l'idée qu'une équipe de hockey porte le nom d'un personnage de dessins animés pour enfants. En fait, la réaction fut si forte que la pression qui pesait sur les Panthers de Floride, propriété de Blockbuster Video, fut d'autant atténuée.

Cela n'est pas nouveau. Ce soir d'octobre 1967, à Pittsburgh, vingt-six ans avant que ne retentissent les coin-coin de ces gentlemen de la LNH, je faisais face au capitaine des Penguins, Andy Bathgate, avec qui je devais faire la mise au jeu inaugurale marquant l'entrée de cette équipe dans la Ligue nationale. Et voilà qu'au beau milieu des discours, on fit venir sur la patinoire un personnage plutôt étonnant, un véritable pingouin. Il semblait complètement traumatisé par les applaudissements et les cris des 14 000 personnes qui remplissaient les gradins. Je n'avais jamais vu une chose pareille. Andy non plus, évidemment, qui comme moi regardait le pingouin plutôt que la rondelle.

Il se pourrait bien que cet incident ait signifié l'entrée de la LNH dans l'univers du marketing. Ce soir-là, à Pittsburgh, j'ai commencé à comprendre qu'on pouvait désormais s'attendre à tout, mais quand même pas au point d'imaginer que, vingt-cinq ans plus tard, Mickey Mouse et Goofy allaient se joindre à nous !

Cet été-là, la Ligue nationale avait doublé ses effectifs. Pour la première fois depuis la saison 1941-1942, plus de six équipes se lançaient à la conquête de la coupe Stanley. La ligue allait étendre son circuit de nouveau en 1970 (avec Vancouver et Buffalo), en 1972 (avec Atlanta et les Islanders de New York), puis en 1974 (avec Washington et Kansas City). En plus, on allait assister pendant cette période à l'émergence et à la chute de l'Association mondiale de hockey. Beaucoup d'action et de changements en perspective. En 1979, quatre nouvelles équipes issues de l'AMH vinrent encore s'ajouter à la Ligue nationale.

Pendant ce temps, le baseball, le football et le basketball conquéraient de nouveaux marchés en s'associant à de puissants diffuseurs, qui proposaient aux joueurs-vedettes des contrats de publicité extrêmement lucratifs. Tout cela créa une fulgurante croissance du capital, et de nouveaux personnages apparurent dans la hiérarchie des sports professionnels : les agents et les gérants d'athlètes, les créatifs des agences de publicité et de marketing, les administrateurs des réseaux de sports télévisés, de câblodistribution, de la télé payante. Du même coup, les joueurs commencèrent à recevoir des salaires faramineux, certains signèrent des contrats personnels et des contrats de publicité leur rapportant plusieurs millions de dollars.

En principe, je suis en faveur de l'expansion, quelle qu'elle soit. Je me dis que si on ne cherche pas à s'améliorer et à progresser, on se retrouve tôt ou tard en difficulté. Lorsque l'AMH est née, en 1972, elle réunissait douze équipes ; la LNH en comptait quatorze. Imaginons un instant ce qui se serait produit si l'Association mondiale avait été créée avant la grande expansion de la LNH. Dix-huit organisations se seraient arraché les joueurs de six équipes. D'ailleurs, dès le début, l'AMH est venue marauder du côté de la LNH et fit pression auprès des meilleurs joueurs des anciennes équipes qui, ayant été mal payés pendant des années, se laissèrent parfois séduire.

J'ai plusieurs fois entendu des amateurs exprimer des doutes au sujet des trois plus récentes équipes. Certains se demandent en effet si la LNH n'a pas agi trop rapidement, sans tenir compte du talent disponible. Je ne pense pas que ce soit le cas ; la ligue a décidé de constituer les nouvelles équipes avec les meilleurs joueurs disponibles.

On a d'ailleurs pu en voir les résultats dès la saison 1993-1994. Dans la conférence de l'Ouest, l'équipe de San José, qui n'a que trois ans d'existence, se rendit aux éliminatoires, et Anaheim faillit y arriver également. À l'Est, les Panthers tinrent bon jusqu'à la dernière semaine de la saison régulière avant d'être éliminés in extremis par les Capitals de Washington et les Islanders de New York. Voilà, il me semble, des preuves irréfutables que le talent est là et que la décision de la LNH de s'offrir de nouveaux marchés n'avait rien de vraiment téméraire.

Ce chapitre est intitulé «Question d'argent» parce qu'il traite de l'aspect financier dans les sports professionnels. Bien des joueurs de ma génération sont troublés et médusés par ce qui s'est produit au cours des récentes années. Je vois les choses différemment, parce que j'ai assisté aux débuts de l'escalade financière et j'en ai suivi au jour le jour les péripéties. Je peux donc un peu mieux comprendre ce qui s'est passé. Je m'adresse ici à deux catégories de personnes : à l'amateur des années 90, qui ne connaît que le monde hyper-commercial des énormes salaires, des «athlètes porte-parole» et des vedettes de la publicité ; et au joueur de hockey du temps où la LNH ne comptait que six équipes qui a du mal à comprendre pourquoi et comment ses petits-enfants peuvent exiger et recevoir de telles compensations.

Suis-je étonné ou même un peu envieux quand je considère les changements que l'argent a opérés partout, dans le sport professionnel ? Non, je ne suis pas surpris, parce que depuis vingt ans je participe à la gestion du hockey et que j'ai moi-même contribué à créer et à imposer ces changements. Je ne suis pas envieux non plus, car ce n'est pas dans ma nature de me laisser miner par la jalousie, ni de m'accrocher au passé. Dans le peu de temps qui lui est accordé, un athlète doit faire de son mieux pour amasser tout ce qu'il peut. Il doit savoir composer avec un marché sans cesse changeant.

Voici quelques comparaisons tirées de l'histoire des Canadiens qui permettent d'illustrer les formidables disparités entre les salaires des joueurs d'autrefois et ceux d'aujourd'hui.

• Le 3 octobre 1953, Frank Selke «ouvrait le coffre-fort du Forum» et je signais mon premier contrat dans la LNH : 105 000 $ pour cinq ans, tout compris, salaires et bonis.

• En 1970-1971, à ma dernière saison comme joueur, la masse salariale de toute l'équipe gagnante de la coupe Stanley se chiffrait à exactement 1 110 687,73 $. Ce montant comprenait les salaires et les bonis de chacun des joueurs des Canadiens pour tous les matchs de la saison régulière et des séries éliminatoires.

• Durant ses dix-huit années dans la LNH, Maurice Richard a reçu en tout et pour tout moins de 500 000 $.

En 1994, Patrick Roy signait avec le directeur-gérant Serge Savard un contrat lui accordant 4 millions de dollars par saison. Je suis convaincu que Patrick, le meilleur gardien de la ligue, mérite amplement cette somme. Si je parle de son nouveau salaire, c'est simplement pour démontrer l'envergure des changements survenus :

• Patrick fait plus d'argent en deux parties que j'ai ai fait durant mes cinq premières saisons, séries éliminatoires exclues.

• Le contrat de Patrick lui rapportera trois fois et demi plus que ce que l'équipe entière des Canadiens a reçu en salaires et bonis pour la saison 1970-1971.

• En deux mois, Patrick va toucher plus d'argent que Maurice Richard n'en a gagné durant toute sa carrière.

Bien sûr la valeur du dollar n'était pas la même en 1953, 1971 et 1994. Cependant, même en tenant compte de l'inflation et des fluctuations monétaires, les joueurs d'aujourd'hui sont nettement mieux payés que ceux d'autrefois. Si l'argent gagné durant leur carrière professionnelle est bien placé et géré, ils pourront en vivre jusqu'à la fin de leurs jours. Par contre, aucun des joueurs-vedettes de ma génération (Gordie Howe, Maurice Richard, Stan Mikita, Bobby Hull ou Frank Mahovlich) n'avait un avenir assuré lorsqu'il accrocha ses patins.

Je pourrais peut-être mieux illustrer mon propos en rappelant l'affaire Lindros qui a causé tant de bruit et de fureur, il y a quelques années. En fait, avec cette affaire, les joueurs et les administrateurs de la LNH, de même que tous les amateurs de hockey, ont pu réaliser que nous étions bel et bien entrés dans une ère nouvelle où la fameuse question d'argent était absolument omniprésente. Le refus d'Eric de s'aligner avec les Nordiques procédait d'une logique implacable et s'inscrivait dans ce mouvement qu'avait enclenché Wayne Gretzky en déménageant à Los Angeles et en projetant, par le fait même, le hockey sur les grands marchés américains.

Eric Lindros ne refusa pas de jouer à Québec pour des raisons idéologiques ou linguistiques, comme bien des gens ont cru. Afin de mieux comprendre la situation, il faut voir Lindros et son entourage comme une corporation de hockey (la superstar PDG et son conseil d'administration). Ils considérèrent placidement l'impact qu'aurait éventuellement sur le sport la construction de nouveaux stades de baseball à Cleveland, à Baltimore, à Chicago et au Texas; celle de nouveaux amphithéâtres de hockey à Montréal, Boston, Ottawa, San José, Vancouver et Tampa; et l'octroi de permis d'exploitation pour de nouvelles équipes dans le hockey, le basket-ball et le football, un peu partout en Amérique du Nord, mais en particulier dans le sud des États-Unis. Aujourd'hui, tous les sports sont intimement liés. Le hockey n'est plus, comme autrefois, dans un monde isolé. Quand il est question de gros sous, il n'y a pas de frontières qui tiennent, et nombre de jeunes joueurs canadiens espèrent être recrutés par des équipes américaines.

Malheureusement, l'affaire Lindros fut chargée d'émotions contradictoires et devint l'objet d'une véritable guerre idéologique dans laquelle s'affrontèrent le «camp Lindros» et les Nordiques, les médias de Toronto et ceux de Québec. Le débat fut orageux. Je serais tenté de croire que, d'un côté comme de l'autre, plusieurs individus regrettèrent par la suite leurs paroles. En tant que Québécois, j'aurais aimé voir ce jeune joueur surdoué mener les Nordiques de Québec à de grandes victoires, mais je ne crois pas que ceux-ci auraient pu ou voulu lui payer ce que les Flyers lui proposaient.

La poussière finit par retomber. Lindros, qui n'avait jamais joué dans la Ligue nationale, signa un contrat de 3,5 millions de dollars par année pour quatre ou cinq ans. Ce fut une affaire en or pour les Flyers; ils sont en train de construire un nouvel amphithéâtre et possèdent leur propre réseau de télévision. Avec un peu de chance, Eric sera leur pilier, leur grande vedette, pendant douze ou quinze ans. C'est pour cela qu'ils se battirent si fort et payèrent si cher pour l'obtenir. Ils avaient besoin de lui, ou de quelqu'un comme lui, pour tirer profit de leurs investissements et pour rentabiliser leurs opérations.

Marcel Aubut avait la même chose en tête. Il mettait sur pied, à ce moment-là, une vaste campagne de financement en vue d'un nouveau Colisée, nécessaire à la ville de Québec pour rester dans la course. Certainement cherchait-il aussi un joueur avec des qualités de star (un autre Jean Béliveau, disaient certains), dont la présence aurait convaincu les actionnaires de bâtir ce nouvel amphithéâtre et d'en remplir les gradins. Néanmoins, même si Marcel avait pu payer Lindros aussi cher que les Flyers, il n'est pas dit que ce dernier aurait accepté de jouer à Québec. Il s'offrait à Eric de bien meilleures chances d'avoir des revenus supplémentaires sur le marché de Philadelphie que dans la Vieille Capitale. Son choix fut donc tout à fait logique.

Il s'en est trouvé plusieurs pour reprocher à la LNH de ne pas être intervenue dans cette affaire. Certains croient qu'on aurait dû forcer Lindros à jouer avec les Nordiques. S'il avait persisté dans son refus, on aurait dû le condamner à une amende ou le bannir du jeu. Selon moi, Eric Lindros était dans son droit le plus légitime, un droit garanti par la loi anti-trust américaine et le Sherman Act qui stipule qu'aucun patron, réel ou potentiel, ne peut empêcher quelqu'un de gagner sa vie dans le domaine de son choix. Si la LNH était intervenue, elle aurait probablement été traînée en cour où sa position était difficilement défendable. Je suis persuadé, comme beaucoup d'observateurs éclairés, que le repêchage universel ne survivrait pas à un procès. Les ligues de baseball et de football en firent déjà l'expérience et payèrent fort cher pour l'apprendre.

«Pourquoi blâmer la LNH?» demandais-je alors. On me répondait que ces règlements existaient depuis plusieurs années et que tout le monde les respectait. Peut-être, mais n'importe quelle tentative de la part de la LNH pour forcer Lindros aurait amené la cour à déclarer qu'il était autonome et libre de son choix. L'équipe de Québec se serait alors retrouvée sans recours et sans compensation d'aucune sorte.

Cela étant dit, je suis assez certain que la famille Lindros espérait qu'Eric joue à New York. C'est en tout cas ce que j'aurais souhaité, si j'avais été à sa place. Philadelphie est une grosse ville, dynamique et sympathique. Mais ce n'est pas la *Big Apple*, ce n'est pas la métropole médiatique d'Amérique. (Quoique cela ne semble pas être aussi important qu'autrefois. Shaquille O'Neal se débrouille très bien à Orlando, comme Larry Bird l'a fait à Boston). Mais si Eric espérait se tailler une place dans les domaines de la publicité et de la promotion, New York était la destination rêvée.

De toute manière, Eric choisit les Flyers. Il était, le jour où il signa son contrat, le joueur le mieux payé de la Ligue nationale, jusqu'à ce que Gretzky et Lemieux le rattrapent. Cela me rappelle que j'étais, moi aussi, le joueur le mieux payé le jour où j'ai signé mon premier contrat avec les Canadiens, jusqu'à ce que Gordie Howe et Maurice Richard fassent réévaluer leur salaire. Il y avait cependant, entre le salaire de Lindros et celui que je touchais à l'époque, une petite différence de quelque 3 479 000 $ par année.

Voyons maintenant commment la LNH et les Canadiens de Montréal firent la transition entre mon époque et celle de Lindros.

À partir de 1977, l'AMH se retrouva en difficulté. Très rapidement, ses dirigeants commencèrent à parler de fusion. Cela aurait été la solution la plus simple pour tout le monde. En quatre ans, la guerre des enchères entre les deux ligues avait entraîné une augmentation phénoménale des salaires des joueurs (et provoqué conséquemment la ruine de plusieurs entrepreneurs du hockey). Lorsque je pris ma retraite, un an avant la fondation de l'AMH, les meilleurs joueurs de la LNH recevaient un salaire annuel d'environ 150 000 $ US. À partir du moment où des joueurs comme Bobby Hull, Derek Sanderson et Bernie Parent se virent accorder un salaire de 1 000 000 $ US par l'AMH, les vedettes de la LNH exigèrent, avec raison, que leur propre salaire soit doublé, voire triplé. La LNH n'avait d'autre choix que d'accéder à leur demande.

Avant de quitter le «deuxième étage», Sam Pollock prédit ce qui allait se produire au cours des années à venir. Les sports professionnels deviendraient de plus en plus des «affaires» et une équipe de baseball, de football ou de hockey serait désormais administrée comme n'importe quelle entreprise commerciale, déclara-t-il. À cause de la compétition féroce, et qui grandissait de jour en jour, les bureaux auraient besoin des services des meilleurs gérants professionnels, fiscalistes, spécialistes en investissements et en placements, en marketing et en communications.

Autrefois, la plupart des décisions étaient prises par le directeur-gérant ou le président de l'équipe. Ces deux postes étaient généralement confiés à des individus qui connaissaient bien le jeu. Dans certaines filiales, le poste de président était pratiquement honoraire ; mais des hommes comme David Molson et Jacques Courtois furent de grands administrateurs qui savaient allier leur sens des affaires et leur connaissance du sport.

Courtois renonça à la présidence lorsque l'équipe fut vendue à Molson. On me proposa de le remplacer, mais j'étais déjà fort occupé avec ma fondation et diverses activités communautaires. Je connaissais aussi mes capacités ; ce poste exigeait beaucoup plus d'expérience en administration que je n'en possédais. Je préférai donc rester où j'étais et, au besoin, servir de conseiller au nouveau président. C'est ainsi que Morgan McCammon entra en fonction.

La prédiction de Sam Pollock se réalisa dans les moindres détails : le sport professionnel devint de plus en plus une question d'argent. En mai 1977, lorsque les Canadiens remportèrent la coupe Stanley et que les Nordiques battirent les Jets de Winnipeg pour remporter la coupe Avco de l'AMH, les gens et les médias commencèrent à parler d'une supersérie entre les deux équipes victorieuses. Cette idée n'alla pas bien loin, mais elle rappela à tout le monde, en particulier aux gens du «deuxième étage» du Forum, à quel point la rivalité entre Québec et Montréal soulevait les passions des amateurs de sport.

En 1977, lorsque les plus importantes filiales de l'AMH présentèrent des offres en vue d'une fusion possible avec la LNH, Sam Pollock se montra réticent à tout accord avec les Nordiques. Le Québec avait été jusque-là le territoire exclusif des Canadiens de Montréal, et Sam souhaitait que cela le demeure. Quand il partit, l'année suivante, les Canadiens avaient une raison supplémentaire de s'opposer à l'entrée des Nordiques dans la LNH : les deux équipes appartenaient à des brasseries rivales. À la suite de pressions exercées par le premier ministre Jean Lesage, Carling O'Keefe était en effet devenu l'actionnaire principal des Nordiques en 1976.

Le fait que Molson soit propriétaire des Canadiens signifiait que l'organisation risquait d'être en butte à des contraintes de toutes sortes. Lorsqu'il devint évident que Montréal avait l'intention d'empêcher l'entrée de Québec dans la LNH, un sentiment anti-Canadiens commença à se manifester dans la Vieille Capitale. Les représentants des ventes et les distributeurs de Molson informèrent les dirigeants qu'il y avait une menace de boycott. Pendant un certain temps, on crut même que le mouvement s'étendrait jusque dans l'Ouest, du côté d'Edmonton et de Winnipeg, là où des équipes désiraient également se joindre à la LNH.

Le 22 juin 1979, la menace de boycott fut écartée quand les Nordiques et trois autres équipes de l'AMH (les Whalers, les Oilers et les Jets) firent leur entrée dans la LNH. À partir de ce jour, les Canadiens ne furent plus l'équipe exclusive du Québec. Ils entrèrent en compétition avec une jeune équipe agressive et bien déterminée à ne pas s'en laisser imposer par le géant de la rue Atwater. Cette saison-là, les Nordiques consituaient encore une équipe mal structurée, mais il y avait des noms très connus dans leur alignement, dont plusieurs étaient français; il y avait également des Québécois francophones parmi les gérants des Nordiques.

Un membre important de l'organisation des Nordiques était le président des brasseries O'Keefe, brillant spécialiste du marketing, un travailleur infatigable du nom de Ronald Corey. Il y avait aussi Marcel Aubut, trente ans, qui avait assumé la présidence et dirigé les négociations ayant abouti à la fusion. Ces deux hommes firent preuve d'imagination et d'audace et, en moins de trois ans, les Nordiques devinrent très compétitifs. Malheureusement pour eux, un des éléments de leur stratégie de marketing consistait à s'afficher comme étant l'équipe francophone du Québec et, par conséquent, à laisser subtilement entendre que les Canadiens de Montréal représentaient l'establishment anglophone.

Quinze ans plus tard, longtemps après que cette stratégie discutable eut été abandonnée par les Nordiques, on trouve encore des gens qui ont gardé la nostalgie de cette vision pure et dure d'une équipe ethnique — et d'autres qui ne l'ont jamais digérée. Cette tactique avait alors bien sûr dérangé les joueurs et le personnel des Canadiens, de même que les amateurs montréalais. À mon avis, on était allé trop loin; cette rivalité était devenue malsaine. La meilleure façon de le démontrer est peut-être la suivante : Jamais deux équipes de hockey n'ont-elles manifesté autant de pugnacité et d'acharnement l'une face à l'autre que les Bruins et les Canadiens. Pourtant, ces deux équipes se respectent toujours, de sorte qu'il existe entre elles une saine rivalité depuis des décennies. Ce n'est pas le cas entre les Canadiens et les Nordiques. Beaucoup d'amateurs montréalais sont fort heureux que l'équipe de Québec ait été écartée six fois des séries au cours des sept dernières années.

Pourtant, les Nordiques continuèrent leurs attaques entre 1979 et 1982. Cette année-là, un but de Dale Hunter en prolongation nous élimina lors du cinquième match de la demi-finale de la conférence; dès lors, la pression pour qu'un changement ait lieu au «deuxième étage» devint intolérable. On disait que les Canadiens devaient être plus intelligents, plus modernes, plus branchés sur les besoins et les tendances du marché. Il n'était plus suffisant de distribuer des horaires et des dépliants dans les stations-service. Il fallait réinventer les méthodes de marketing.

J'étais en faveur d'un changement. J'ai toujours cru que la compétition rend chacun meilleur, plus fort, que ce soit sur la glace ou en affaires. Mais l'argent dont disposent les Montréalais pour se divertir est limité. Nous nous retrouvions en compétition avec les Expos, avec des festivals de toutes sortes, des séries de concerts, la câblovision, la danse et le théâtre, mille divertissements. Pour rester dans la course, nous devions être plus créateurs, faire de la promotion intelligente et sympathique et, bien sûr, donner un bon spectacle, jouer et gagner.

Molson devait trouver un expert en marketing, un homme capable de diriger et de motiver l'équipe et tout le personnel cadre. En novembre 1982, Ronald Corey devint président des Canadiens; c'était l'homme dont nous avions besoin.

J'avais connu Ronald dans les années 60 avant qu'il n'entre chez Carling O'Keefe; il était alors producteur d'émissions sportives à Radio-Canada. Je savais qu'il avait l'expérience et le talent pour relancer l'équipe. Une fois arrivé au «deuxième étage» du Forum, il me rappela l'époque où il était un adolescent passionné de hockey:

«Je ne manquais pas les matchs du dimanche après-midi au Forum, me raconta-t-il. J'achetais des billets debout pour te voir jouer avec les As contre les Royaux. Plus tard, quand tu as commencé à jouer pour les Canadiens, je faisais la même chose pour les matchs du samedi soir.

«Dans mes fonctions, je vais utiliser tes connaissances du hockey. J'ai l'impression que l'équipe s'est éloignée de ses partisans et qu'elle s'est désintéressée de son histoire, de sa légende, de tout ce qui fait qu'elle est la plus grande équipe de hockey de tous les temps. Or, l'histoire de cette équipe et celle de ce vieux Forum — qui est un lieu mythique et symbolique — sont des éléments de marketing très forts sur lesquels je tiens à miser. C'est en vendant ce succès qu'on va connaître de plus grands succès, qu'on va remplir le Forum, qu'on va construire une bonne équipe. C'est à cela que je veux m'attaquer d'abord et avant tout. »

Ronald Corey commença par ramener les Anciens Canadiens au Forum. Louise Richer et moi l'avons aidé dans cette entreprise qui nous a tous enthousiasmés. Des billets de faveur furent réservés pour les Anciens. Je me souviens du plaisir que nous avons eu, Ronald et moi, à trouver dans les gradins du Forum des fauteuils qui leur seraient réservés en permanence. Les anciens joueurs, qui se sentaient écartés et oubliés depuis quelque temps, avaient de nouveau une place au sein de l'équipe. Bientôt, une grande et chaleureuse complicité s'établit entre les partisans et l'équipe. Toute l'atmosphère du Forum fut changée. En tant que vice-président senior aux Affaires sociales, la décision de Ronald me parut astucieuse et efficace. Il était évident que notre nouveau président était plus engagé que ses prédécesseurs et qu'il serait peut-être un jour reconnu comme l'un des dirigeants les plus novateurs et les plus efficaces de la Ligue nationale.

Moins d'un an après son arrivée, Ronald embaucha François-Xavier Seigneur, également expert en marketing, et mit sur pied la chaîne de boutiques des Canadiens. Il créa une nouvelle revue attrayante, que les amateurs commencèrent à rechercher, alors qu'ils fuyaient autrefois les vendeurs de programmes. Puis, il y eut *La Mise au Jeu*, ces salles à manger confortables et animées où les gens d'affaires prirent l'habitude de recevoir leurs clients avant et après les parties de hockey. Des comptoirs-lunch où l'on offrait enfin autre chose (pizzas, viande fumée, etc.) que des hot-dogs et des frites apparurent aussi. Suivit une exposition regarnie et modernisée du Temple de la Renommée. Bientôt, l'immeuble fut de nouveau la propriété des partisans des Canadiens.

L'enthousiasme de Ronald facilita grandement mon travail. Avec Claude Mouton, Camil Des Roches et François-Xavier Seigneur, les projets des Canadiens prirent de l'envergure : des matchs hors concours des Anciens, des campagnes de financement pour des organismes de charité et pour la fondation Jean-Béliveau. J'ai passé de longues heures à travailler, mais dans des conditions idéales. Ronald me laissa tout le temps nécessaire pour que je m'occupe adéquatement des causes que j'avais choisi d'appuyer à l'époque. Si je devais tenir une conférence de presse, *La Mise au Jeu* ou la salle de conférence de Molson étaient toujours à ma disposition.

Comme je l'ai mentionné plus haut, l'ancienne LNH de six équipes se lança dans l'aventure de l'expansion dans l'espoir d'obtenir de lucratifs contrats avec un réseau de télévision américain. CBS diffusa les matchs pendant un certain temps, mais ce contrat arriva à échéance, à peu près au moment où je prenais ma retraite et, depuis, la ligue fut incapable d'en obtenir un nouveau. Elle se tourna alors vers la câblovision et les réseaux privés, ce qui, forcément, créa de graves inégalités dans la ligue. En effet, les équipes disposant de vastes marchés pouvaient retirer de la câblo-distribution des revenus beaucoup plus élevés que les équipes de villes moyennes. Pour les mêmes raisons, Montréal et Toronto furent toujours les principaux bénéficiaires de *La Soirée du hockey* et de *Hockey Night in Canada*.

Avec le temps, les associations de joueurs devinrent de plus en plus puissantes et nombreuses. Le baseball et le football donnèrent le ton et connurent les premières grèves. Ces événements forcèrent les équipes de la LNH à augmenter les salaires des joueurs. Mais les équipes de hockey ne recevaient pas (et ne reçoivent toujours pas) les fabuleuses royautés que la télévision verse aux équipes de basketball, de football et de baseball. La pire chose qui se produisit dans le sport professionnel nord-américain fut le contrat ridicule que CBS consentit à la Ligue majeure de baseball. CBS diffusa moins de rencontres qu'à l'époque de *Game of the Week* de NBC. Ce contrat causa presque la ruine du réseau et bouleversa l'échelle des salaires dans tous les sports professionnels.

Entre temps, les agents et les gérants d'athlètes proliféraient. Les premiers gérants spécialisés apparurent au milieu des années 60, lorsque des individus comme Bob Woolf à Boston, Gerry Patterson à Montréal et Alan Eagleson à Toronto commencèrent à faire la promotion des principales vedettes du jeu sur le marché publicitaire. Bobby Orr, par exemple, devint représentant de General Motors, de Coca-Cola, de Standard Brands et de quelques autres marques de commerce.

Aujourd'hui, certaines grandes vedettes font plus d'argent en représentant des marques de commerce qu'en jouant au hockey, au baseball ou au football. En 1994, selon *Sports Marketing Letter*, Michael Jordan était le premier sur la liste avec des revenus, en publicité uniquement, de 31 millions de dollars américains par année. Il était suivi de Shaquille O'Neal (13,5 millions). Wayne Gretzky, qui figurait en neuvième place sur cette liste, était le premier parmi les joueurs de hockey, avec 8,75 millions de dollars en revenus publicitaires qui s'ajoutaient à son salaire annuel de 8 millions de dollars.

Les salaires augmentant sans cesse, les organisations de hockey durent trouver de nouvelles sources de revenus. On commença à parler des gains additionnels qu'on peut tirer de la mise en marché des logos, des concessions des restaurants, des parcs de stationnement, des loges de luxe, des locations d'immeubles et des droits de télévision. Dans des villes de taille moyenne, que ce soit aux États-Unis ou au Canada, les stades, les amphithéâtres et les arénas sont le plus souvent des propriétés publiques. Ils ont été construits à l'origine parce que la communauté avait justement besoin de ces revenus. Or, à partir du moment où les grandes organisations sportives commencèrent à vouloir garder pour elles les revenus qu'elles considéraient avoir générés, des luttes et des discussions à n'en plus finir se sont engagées entre elles et les gouvernements impliqués.

Les organisations sportives incapables de tirer des profits substantiels de droits dérivés du sport (les Colts de Baltimore, les Cardinals de Saint Louis, les Flames d'Atlanta, les North Stars du Minnesota, les Jazz de Nouvelle-Orléans) s'effondrèrent; après des débats orageux qui remuèrent profondément leurs communautés, elles se réorganisèrent et trouvèrent de nouveaux créneaux commerciaux.

On me demanda souvent, en 1992-1993, comment des endroits où le hockey est si important, comme au Minnesota ou à Edmonton, risquaient de perdre leurs équipes. Ces régions et ces villes possèdent un bonne base d'amateurs et une tradition bien établie dans le domaine du sport. Ne serait-ce pas une bonne idée que la LNH intervienne pour protéger leurs intérêts à long terme contre les intérêts à court terme de certains propriétaires d'équipes?

Ma réponse fut toujours la même. «Pendant combien de temps, selon vous, les propriétaires vont-ils accepter de perdre plus de 5 millions de dollars par an?» Une équipe sportive, dans quelque domaine que ce soit, qui doit faire face à l'augmentation constante des coûts et des salaires qu'elle verse à ses joueurs doit, à un moment donné, se contenter des services de deux ou trois de ses meilleurs joueurs. Les autres redeviennent agents libres. C'est ce qui arriva avec les Pirates de Pittsburgh qui furent incapables de garder des stars comme Barry Bonds, Barry Bonilla et Doug Drabek.

Ceci fait craindre qu'on ait, dans une même ligue, deux classes d'équipes et, par conséquent, deux niveaux de hockey. Les équipes appartenant à de puissantes corporations sont les plus susceptibles de réussir, tout simplement parce qu'elles disposent de plus d'argent. Alors pourquoi s'épuiser à construire une équipe quand on peut facilement en acheter une? C'est une question qu'il faut sérieusement se poser avant qu'il ne soit trop tard. Je crois que toutes les ligues de sport professionnel devraient se payer les services d'un commissaire objectif qui aurait le pouvoir de légiférer dans ce domaine, pour le plus grand bien du sport.

Au bout du compte, tout le monde est dans le même bateau. Les organisations sportives et les partisans ressentent durement la perte d'une équipe sportive, quand leur ville ne peut en garder le permis d'exploitation. Au Forum, personne n'avait envie de fêter lorsque les North Stars durent quitter le Minnesota après la saison 1992-1993. Tout le monde avait compris que des raisons financières motivaient ce déménagement. Les joueurs du Canadien et les amateurs sportifs doivent être conscients de tout ce qui est en jeu. Le hockey gagne présentement en popularité aux États-Unis et la balance du pouvoir dans la LNH bascule de ce côté. Un grand chambardement va inévitablement se produire et, alors, plusieurs des équipes canadiennes, mal protégées, pourraient bien se retrouver dans la catégorie des laissés-pour-compte.

Ce qui se produira dans l'immédiat et à court terme dépend surtout de la puissance financière des propriétaires de chaque équipe. Le but de la course aux revenus est de renforcer cette puissance, de consolider les acquis.

La ligue elle-même cherche de nouveaux gains d'argent. Les ventes de produits divers portant la marque LNH sont passées d'environ trente millions de dollars en 1988 à six cents millions en 1993. Plus de mille articles portant les logos des équipes sont distribués par environ deux cent cinquante entreprises possédant un permis. On trouve de tout : des casquettes, des T-shirts, des chandails, des vestes, des pyjamas, de la literie, des tasses à café, des affiches de toutes sortes. À la fin de 1994, ces ventes devraient avoir atteint un milliard de dollars, soit le douzième à peine des revenus tirés de la vente de produits dérivés du sport en Amérique du Nord.

Les Entreprises LNH, l'organisme qui s'occupe de la mise en marché de ces produits, cherchent également à s'associer à de grands commanditaires, comme Coca-Cola et McDonald. La chose est évidente lorsqu'on regarde un match à la télévision. En 1986, le soir où les Canadiens remportèrent la coupe Stanley, le match s'était disputé sur une patinoire bordée de panneaux blancs. En 1993, quand l'équipe répéta son exploit, ces mêmes panneaux, de même que certaines sections de la glace elle-même, étaient couverts de logos publicitaires, précieuses sources de revenus pour les équipes.

Une étude réalisée en 1992 par Ernst & Young sur la publicité dans les stades et les arénas démontra qu'un amphithéâtre moyen de la LNH avait soixante-douze panneaux et affiches. Au basketball, on en compte cinquante-quatre; au football, vingt-cinq; et au baseball, dix-huit. Les arénas canadiens ont une moyenne de quatre-vingt-deux panneaux-réclame, vingt-deux pour cent de plus qu'aux États-Unis. Le Colisée de Québec venait en tête de ce palmarès, avec cent réclames et affiches que se partageaient quarante-six annonceurs.

Combien d'argent tout cela représente-t-il? À Montréal, nous tirons plusieurs millions de dollars annuellement des panneaux-réclame. La Molson Companies' Sports & Entertainment Group, qui se charge de la vente de tous les produits non contrôlés par les Entreprises LNH, déclara des revenus de plus de 50 millions, uniquement en 1992.

Lorsqu'il fut question d'utiliser ces panneaux pour faire de la réclame, je rappelai que les équipes de baseball venaient de se débarrasser de leurs affiches publicitaires sur le terrain, alors que, dans le hockey, nous nous préparions à aller dans l'autre sens. En regardant les rapports mensuels, je me rendis pourtant compte que nous avions besoin de cette source de revenus. Les partisans l'acceptèrent d'ailleurs rapidement. Maintenant, lorsque je regarde une cassette d'un match disputé il y a plus de dix ans, les panneaux tout blancs m'apparaissent étrangement vides. Lorsque les réclames apparurent sur la glace même, cela m'agaça mais je ne n'y fis pas opposition.

Cela fait partie de la nature humaine. Les gens s'adaptent à une situation plus rapidement qu'on ne croit. Chacun a maintenant l'habitude de voir les joueurs porter des casques où la marque de commerce est très visible. Plus personne ne songe à s'en offusquer, pas plus que du nom du fabricant qui couvre presque entièrement le manche des bâtons de hockey.

Quand le Forum installa un nouvel éclairage pour la télévision en couleurs, les gens notèrent une énorme différence. On se demanda même comment on avait fait pour jouer sous l'ancien éclairage qui nous semblait tout à coup si faible et lacunaire. Pendant un certain temps, on garda l'ancien système en place pour les matchs non télévisés, mais les spectateurs s'en plaignirent et les anciens éclairages furent retirés.

Jusque-là, le savoir-faire et une planification judicieuse du marketing, de même qu'une meilleure complicité avec les partisans, avaient généré des revenus impressionnants. Les Canadiens se retrouvaient en bonne forme. Mais Ronald Corey et son équipe savaient lire les chiffres et faire les comptes. Ils regardaient l'avenir avec une certaine inquiétude.

Lorsque les frères Edward et Peter Bronfman vendirent les Canadiens à Molson, ils gardèrent le contrôle de la Canadian Arena Company (plus tard devenue Carena), elle-même propriétaire du Forum de Montréal. Les Canadiens signèrent avec eux un bail de location du Forum s'étalant sur trente ans. Autrement dit, le club de hockey Canadien n'avait pas le contrôle de son propre immeuble.

Mais voilà que le Forum ne convenait plus aux besoins d'une équipe de hockey des années 90. C'était l'un des plus vieux bâtiments de la Ligue nationale, même si on le rénova en 1949 et en 1968. Il était impossible d'y ajouter des loges de luxe sans supprimer de nombreux sièges et créer beaucoup de mécontentement parmi les partisans. Il fallut admettre que le Forum était démodé. Ses corridors et ses halls étaient trop étroits. Aux moments de pause, c'était la cohue; de véritables embouteillages se formaient devant les comptoirs-lunch. La glace elle-même, autrefois réputée la meilleure de la ligue, était devenue l'une des plus moches, parce que la plomberie datait de 1924. Même les enfants qui venaient y patiner le samedi après-midi en faisaient la remarque. De plus, le Forum est confiné à un quartier très dense. Il y a exactement dix places de stationnement à l'intérieur. Les revenus de stationnement, qui sont importants, sont donc récupérés par les parcs privés voisins.

Un jour, lors d'une de nos conversations matinales, Ronald se mit à évoquer les problèmes auxquels nous devions sans cesse faire face. «On se heurte toujours à un mur. On ne peut trouver nulle part de nouvelles sources de revenus qui permettraient aux Canadiens de rester en tête de la Ligue nationale et de maintenir le niveau de performance de l'organisation.»

Puis il laissa tomber cette bombe :

«Que penserais-tu de l'idée de construire un nouvel immeuble moderne, sur notre propre terrain?»

Je n'irais pas jusqu'à dire que des images du Forum actuel défilèrent devant mes yeux, comme la vie d'un homme qui se noie. J'étais profondément attaché à ce bâtiment que je connaissais de fond en comble, mais pas au point d'en ignorer les défauts. Objectivement, je savais que si nous voulions conserver un revenu stable au cours de la prochaine décennie, il fallait nous doter d'un nouvel immeuble. Si nous nous défilions, si nous ne faisions pas notre devoir maintenant, une autre génération de gérants en l'an 2010 regarderait le passé et dirait : «Ces types-là, en 1990, étaient endormis et incompétents. Ils n'ont pas pris les bonnes décisions. Maintenant, c'est nous qui devons payer pour leurs erreurs.»

Je savais aussi que pour les amateurs de hockey, partout dans le monde, le Forum était La Mecque du hockey, le temple le plus sacré de ce sport. L'édifice qui le remplacerait devait être planifié avec le plus grand soin et un respect profond pour l'histoire, pour la légende.

«Qu'est-ce que tu proposes, Ronald?

— D'abord, demandons qu'on fasse une étude pour voir s'il ne serait pas possible d'améliorer le bâtiment actuel. Nous aviserons ensuite.

— Je pense que c'est la meilleure façon de procéder.»

Quelques jours plus tard, Ronald eut une première rencontre avec les représentants de Lavalin, la prestigieuse firme d'ingénieurs-conseil, qui entreprit l'étude et nous en communiqua les résultats un peu plus de six mois après. Selon Lavalin, pour moderniser le Forum et l'adapter aux nouvelles exigences du sport, il fallait un investissement de quelque quarante millions de dollars. Mais, même rénové, il resterait toujours un bâtiment de plus de soixante-dix ans dont certains défauts, notamment sa taille et sa localisation, ne pourraient jamais être corrigés, quel que soit le montant d'argent investi.

Lavalin conclut que pour faire du Forum un lieu de divertissement polyvalent des années 90, il fallait doubler sa superficie actuelle qui est de 27 870 mètres carrés. Il devenait évident qu'une rénovation ne suffirait pas. Pour rester compétitifs, les Canadiens avaient besoin d'un nouveau bâtiment. Nous entrions dans la deuxième phase de notre projet.

Des ingénieurs, des architectes, des dessinateurs, accompagnés par des administrateurs des Canadiens, commencèrent alors à visiter les arénas les plus modernes d'Amérique du Nord. Ils avaient un double mandat : d'abord fournir à l'équipe un édifice qui réponde aux besoins actuels et aussi s'assurer que ce nouveau Forum ait la chaleur et l'ambiance de l'ancien.

L'équipe chargée de cueillir les données avait amplement de quoi s'occuper. Il y a présentement des stades et des patinoires, en chantier ou à l'état de projet, à San José, Chicago, Boston, Saint Louis, San Antonio, Saint Petersburg et Vancouver. Mais c'est le Palace d'Auburn Hills qu'occupent les Pistons de Detroit (de l'Association nationale de basketball) qui impressionna le plus.

Ces visites et la cueillette des données furent menées secrètement. Nous voulions rassembler le plus d'informations et de faits possible pour, le moment venu, présenter au public un projet solide et réalisable.

Après que les propositions de Lavalin eurent été approuvées par la direction des Canadiens, des recherches commencèrent pour trouver un terrain au centre-ville. Des contacts furent établis avec le Marathon Realty, la section immobilière de Canadien Pacifique Limitée, et un projet spectaculaire vit le jour qui prévoit que le nouveau Forum sera au centre d'un vaste complexe de bureaux et de salles de divertissement, le plus important depuis la place Ville-Marie qui propulsa Montréal dans la seconde moitié du vingtième siècle.

Situé au sud de la vénérable gare Windsor, le nouvel amphithéâtre sera flanqué d'un édifice de vingt étages qui s'élèvera à l'angle des rues Saint-Antoine et de la Montagne; d'un édifice de quarante-quatre étages, au coin des rues de la Montagne et de la Gauchetière; et de l'édifice de la tour Windsor, de cinquante et un étages, un peu plus à l'ouest, rue Saint-Antoine. Ainsi, on trouvera côte à côte, dans un ensemble architectural bien équilibré, des éléments des XIXe et XXe siècles. L'aménagement d'un immense square entre l'aréna et la gare Windsor restaurée est prévu, de manière à dégager l'espace et minimiser et harmoniser les ombres créées par ces édifices dans le voisinage du square Dominion, de l'église anglicane Saint George et du nouveau square. Voilà pour l'extérieur.

Le Forum actuel, situé à l'angle des rues Atwater et Sainte-Catherine, reçoit annuellement 1,2 million de spectateurs pour cinquante matchs de hockey et pour une centaine d'autres événements à caractère récréatif. Le nouveau bâtiment devrait substantiellement augmenter cette fréquentation en offrant 21 260 fauteuils (le Forum en a aujourd'hui 16 900), et 134 loges de luxe qui devraient générer environ 12 millions de dollars de revenus par année. Nul besoin de préciser que les comptoirs-lunch et les restaurants seront plus modernes, de même que le tableau d'affichage et l'écran témoin. Il y aura un parc de stationnement de 700 places à l'intérieur; et un autre de 5 000 places dans les environs immédiats du nouveau Forum.

Le projet entier coûtera environ 45 millions de dollars. Voilà ce que j'entends par «question d'argent».

Par ailleurs, les constructeurs de ce complexe sont bien conscients que nous sommes à Montréal, et que la légende des Canadiens, unique dans l'histoire du sport professionnel, constitue une richesse culturelle et commerciale qui devra être préservée.

«C'est l'un des plus intéressants défis que j'ai connus», me dit François-Xavier Seigneur, chargé de déménager les «fantômes» du Forum à l'autre bout du centre-ville. «Nous ne savons pas encore si le musée des Canadiens occupera un espace unique à l'intérieur du nouveau complexe ou si chaque étage sera lui-même une sorte de musée. Mais soyez assurés que les liens avec l'histoire ne seront jamais rompus.»

Quand nos projets furent rendus publics, les responsables de la planification urbaine et de la protection du patrimoine les examinèrent soigneusement. Mais nous étions si bien préparés, nous avions été nous-mêmes si soucieux de protéger l'acquis architectural et de préserver le tissu urbain, que nous n'avons pratiquement pas rencontré d'opposition. Notre projet arrive au bon moment. Montréal veut revitaliser son centre. Nous répondons à un besoin pressant : nous avons une liste d'attente de plus de 2 000 billets de saison. L'annonce d'un nouvel amphithéâtre, en 1995-1996, au cœur d'un vaste complexe récréatif et commercial fut donc bien accueillie par les Montréalais et les édiles municipaux. Et, ô suprise, les médias nous accordèrent aussi leur appui…

Reste à savoir comment nous appellerons le nouveau bâtiment. Un nom peut lui-même constituer une source de revenus, pouvant à long terme se chiffrer en milliers de dollars.

Jusqu'en 1993, les Capitals de Washington de la LNH et les Bullets de la ANB jouèrent leurs matchs au Capital Center de Landover, dans le Maryland. À partir de 1994, sans qu'ils aient eu besoin de déménager, ils ont commencé à jouer au US Air Arena. La compagnie aérienne négocia un contrat de dix millions de dollars et de dix ans pour rebaptiser le Capital Center. Son logo apparaît maintenant au centre de la patinoire, ainsi qu'au centre du terrain de basketball, et sur chaque programme, sur chaque billet.

Ce genre de pratique est aujourd'hui chose courante. Cependant, bien des gens protestèrent quand, au milieu des années 80, le Forum de Los Angeles devint le Great Western Forum. De même, des voix nostalgiques se feront certainement entendre l'année prochaine, quand les Bruins, les Black Hawks et les Canucks déménageront respectivement au Shawmut Center (une banque), au United Center (une compagnie aérienne) et à la General Motors Place.

Le nouvel amphithéâtre où se produiront les Canadiens se nommera-t-il le Forum ou la Place ou le Centre Molson ? Les autres consortiums montréalais, je pense à Air Canada, à Bombardier, à la Banque de Montréal, au Canadien Pacifique, vont-ils accepter de faire de la publicité à l'intérieur et à l'extérieur de ce building ? Qu'est-ce que ce genre de visibilité, dans cet environnement, leur rapportera ?

Je ne sais pas quel nom sera choisi, mais je suis sûr d'une chose : il ne manquera pas de provoquer des remous parmi le public. Selon un sondage réalisé en février 1994 par Impact Recherche et *La Presse* auprès de 300 Montréalais francophones, 78 % des répondants se disaient contre un Forum lié à une grande corporation. *La Presse* a interviewé à ce sujet Ronald Corey qui, ai-je besoin de le dire, avait une tout autre vision des choses.

Mais nous verrons en temps et lieu. Il fallut à Ronald Corey beaucoup de courage pour reconnaître, en 1990, ce qui devait être fait et mettre ce projet en branle, lui insuffler l'énergie nécessaire, écarter les obstacles, convaincre, etc. Une fois que tout sera terminé, que Montréal et les Canadiens auront un nouvel amphithéâtre, tout le monde reconnaîtra qu'il a eu raison. Et, comme je le connais, dès que le nouveau Forum ouvrira ses portes en 1996, il va immédiatement se fixer un nouveau but : garder l'équipe au sommet.

Il est de ces gens qui croient qu'on ne peut jamais s'asseoir sur ses lauriers. «Surtout pas dans notre business, dit-il. Le lendemain d'une victoire de la coupe Stanley, il faut commencer à préparer la prochaine.»

C'est sa nature profonde, et tout le monde a appris à la respecter. À son arrivée, on croyait Ronald Corey à la fois trop confiant et trop naïf pour pouvoir être président des Canadiens. Il a rapidement fait taire les mauvaises langues en prouvant qu'il avait vraiment tout ce qu'il fallait pour relever l'un après l'autre tous les défis qui se posaient à lui.

Je peux en dire autant de Serge Savard, notre directeur-gérant, qui a remplacé Irving Grundman en 1983. Sans lui, nous n'aurions pas gagné la coupe Stanley en 1986 et en 1993. Autrefois, quand il y avait moins de joueurs, le directeur-gérant de l'équipe était beaucoup plus libre, parce que les décisions qu'il devait prendre ne concernaient que le hockey et n'engageaient pas, comme aujourd'hui, l'ensemble de l'entreprise. Les choses ont changé. Un directeur-gérant ne peut plus agir sans tenir compte d'une foule de facteurs et, en premier lieu, cette incontournable «question d'argent». Quand les Canadiens firent signer un contrat de 4 millions de dollars à Patrick Roy, il fallut bien que le directeur-gérant consulte et convainque Ronald Corey et Molson. Serge Savard fut sans doute l'homme le plus heureux de la terre de voir évoluer Patrick au cours de la dernière saison et lors des finales de 1993-1994. La preuve est maintenant faite aux yeux de tous qu'il eut raison d'agir ainsi. Les directeurs des autres équipes n'étaient pas très heureux de voir qu'un contrat si élevé était signé, mais les Canadiens étaient persuadés que Patrick le méritait et qu'il allait faire honneur à ses obligations.

Depuis dix ans, Serge a vraiment fait du bon travail. Sous sa gouverne, les Canadiens ont toujours gagné la première manche des éliminatoires, sauf en 1994. On pourrait croire qu'il s'agit de peu de chose. Mais je tiens à en parler, parce que cela touche justement aux grandes questions d'argent que j'ai abordées plus haut. Quand, en préparant le budget annuel, on prévoit cinq ou six matchs de séries éliminatoires, il est absolument essentiel pour la santé financière de l'équipe et l'équilibre du budget que ces matchs aient effectivement lieu. Chacun d'entre eux représente un revenu de 500 000 à 750 000 $, ce qui peut fort bien être la marge de profit de l'équipe pour l'année.

Le succès entraîne le succès. La grande réussite que nous avons connue depuis tant d'années a permis à l'équipe de rester solide et unie pendant toute la dernière décennie, même si les victoires ont été moins nombreuses et même si nous n'avons pas trempé nos lèvres dans la coupe aussi souvent qu'autrefois. Les vrais gagnants ont toujours une sorte de compte en banque, des placements à long terme qui continuent à enregistrer des profits, même quand les affaires ne vont pas trop bien.

Cela est vrai partout dans le monde du sport. Les Celtics de Boston ne gagnent plus aussi souvent qu'autrefois, mais nous n'allons pas les oublier pour autant. Actuellement, on parle beaucoup plus des Bulls de Chicago, mais ces derniers devront continuer à performer de la sorte pendant encore dix ou quinze ans s'ils veulent créer autour d'eux une légende aussi impressionnante que celle qui entoure les Celtics. De même, il faudrait bien des années de défaites et de léthargie pour que les Canadiens de Montréal perdent leur renommée.

Une mise en marché judicieuse peut, bien sûr, créer une aura de prestige autour d'une équipe sportive, même en période difficile. Mais le marketing n'est pas tout. À mon avis, le meilleur élément de marketing restera toujours la performance. Vous pouvez avoir les meilleures idées du monde, la tâche sera plus facile si l'équipe obtient de bons résultats. Mais la renommée est persistante et les partisans de l'équipe sont fidèles. Les Yankees n'ont pas remporté de grand championnat depuis la fin des années 70, mais qu'on ne s'inquiète pas, ils seront de retour.

Le partisan inconditionnel est déjà profondément attaché à son équipe, le marketing ne fait que resserrer les liens déjà existants. Les Nordiques de Québec nous donnent un excellent exemple de ce phénomène : ils ont été absents des séries éliminatoires pendant cinq saisons consécutives, ils ont été secoués par l'affaire Lindros, mais un bon marketing a créé de l'action et de l'intérêt autour d'eux, tant parmi le grand public que sur la glace. En 1992-1993, les jeunes et vigoureux Nordiques post-Lindros connurent une saison du tonnerre, même s'ils faiblirent dans les séries. Ils répétèrent l'exploit la saison suivante. C'est pourquoi, dans le milieu, on ne s'inquiète pas vraiment de la santé financière des Nordiques.

Par contre, comme j'ai dit, beaucoup de gens ont trouvé excessif le fla-fla qu'on fit autour des Mighty Ducks et des Panthers au moment de leur arrivée dans la Ligue nationale. Bizarrement, leurs partisans ne partageaient pas ces réticences et ont rempli les amphithéâtres.

D'autres encore s'inquiètent de l'influence grandissante du quartier général de la LNH à New York, qui est très éloigné de ces forteresses du hockey traditionnel que sont Montréal et Toronto. Ils craignent que la ligue et le sport lui-même soient progressivement coupés de leurs racines canadiennes. Cela peut se produire. Néanmoins, la ligue aura toujours quelque chose de canadien, ce qui a beaucoup de charme auprès des Américains. Pour ce qui est des équipes américaines de l'expansion, leur succès dépendra de leurs résultats. Cela est vrai partout : les Nordiques devront commencer très bientôt à gagner s'ils veulent se faire un nom. L'histoire donne évidemment beaucoup de poids à une formation sportive ; mais les Canadiens ont beau avoir plus de trois quarts de siècle, ils ne seraient pas aujourd'hui reconnus à travers le monde s'ils avaient été des perdants. Le secret n'est pas uniquement de durer, mais aussi de gagner.

En matière de sport, je crois qu'il faut regarder les faits et ne pas se laisser aveugler par le nationalisme et la sentimentalité. La survie des équipes dans les villes canadiennes dépendra à la fois de leurs résultats et d'une direction solide et responsable. Québec, Edmonton, Winnipeg et Ottawa doivent composer avec leur situation particulière. Les équipes de Toronto et de Montréal, parce qu'elles disposent d'un plus vaste marché et qu'elles ont l'histoire derrière elles, se trouvent dans un tout autre bateau.

Assistera-t-on à la disparition de certaines équipes de la LNH ? Certaines ont de petits marchés et des ressources proportionnelles, d'autres ont eu de plus graves problèmes dont on a abondamment parlé. Mais elles savent ce qu'elles doivent faire ; Vancouver et

Ottawa vont bientôt se doter de nouveaux arénas. C'est ce que Québec souhaite aussi. Depuis trois ans, Marcel Aubut a passé le plus clair de son temps à essayer de convaincre les trois paliers gouvernementaux que les Nordiques avaient besoin, eux aussi, d'un nouvel amphithéâtre, s'ils voulaient survivre et prospérer.

Certains observateurs, à l'esprit critique, craignent que les équipes de hockey canadiennes perdent de leur influence au conseil d'administration de la LNH. L'ascension rapide de Bruce McNall des Kings de Los Angeles leur a semblé inquiétante et dérangeante. Un an après s'être fait connaître comme nouveau propriétaire, McNall remplaçait Bill Wirtz. Je ne vois rien dans ce qu'il fit qui soit anticanadien. D'ailleurs, l'influence de McNall semble avoir décliné depuis quelque temps.

Finalement, tout est question d'argent. On peut se rendre compte de l'évolution du monde des sports au cours de la dernière décennie simplement en considérant la couverture que les médias en font. Dans mon temps, les médias n'étaient pas financièrement intéressés par les Canadiens de Montréal ou les Maple Leafs de Toronto. Aujourd'hui, ils considèrent les équipes et les organisations sportives comme n'importe quelle grande entreprise industrielle. Par leurs activités, les Canadiens font vendre des journaux et des magazines, ils font monter les cotes d'écoute de la radio et de la télévision.

Chaque printemps, le monde sportif attend avec impatience ce numéro du *Financial World* dans lequel sont évaluées et classées les équipes sportives nord-américaines. En 1993, les Cowboys de Dallas, plusieurs fois champions du Super Bowl, étaient en tête de liste. Leur valeur fut estimée à quelque 190 millions de dollars. Comment en arriva-t-on à ce chiffre? En considérant toutes les mesures habituelles, profits et pertes, revenus, salaires des joueurs, coûts d'opération, etc., de même qu'une valeur plus vague, mais très déterminante, que le magazine appelle le *software value*, qui tient compte des revenus générés par la diffusion des matchs disputés par l'équipe, et aussi de l'équipe en tant que véhicule ou support publicitaire.

Au baseball, les Yankees de New York, en sixième place au classement général, étaient les plus haut cotés, avec 166 millions, suivis des Blue Jays de Toronto (150 millions). Les Expos de Montréal étaient la dernière équipe de baseball sur cette liste, évalués à près de 75 millions de dollars.

Les équipes de hockey ne figuraient pas en très bonne place non plus. Les Red Wings de Detroit (104 millions) étaient les premiers de la LNH, devant les Bruins de Boston (88 millions), les Kings de Los Angeles (85 millions) et les Canadiens de Montréal (82 millions). Les autres équipes canadiennes de la LNH furent ainsi cotées : Toronto (77 millions), Vancouver (69 millions), Calgary et Ottawa (50 millions), Edmonton (46 millions), Québec (43 millions) et Winnipeg (35 millions). Les Jets furent l'équipe dont la valeur était considérée la plus faible, dans les quatre sports étudiés. Triste distinction !

Ces chiffres révèlent d'extraordinaires disparités et démontrent clairement quelles équipes risquent de se retrouver en sérieuse difficulté. Quand un écart de 69 millions de dollars sépare les Red Wings des Jets, ceux-là valant trois fois ceux-ci, il est clair qu'un grave déséquilibre existe dans la ligue. Je crois que les équipes des années 90 qui ne reçoivent pas le soutien financier d'une puissante corporation ou qui n'ont pas un arrangement lucratif avec un groupe de médias importants, auront peine à survivre à l'augmentation constante des coûts d'opération. Un plafond salarial serait peut-être la solution. Si les joueurs continuent de demander de plus en plus d'argent chaque fois que les revenus augmentent (ou chaque fois que les salaires dans quelque autre discipline sportive font un bond), les équipes et les organisations les plus faibles seront indéfiniment dans le pétrin.

Il faut absolument faire appel au gros bon sens et être prêt à faire des compromis. Je sais, c'est facile à dire, et plus compliqué à réaliser. Peut-être y a-t-il trop de mains à la barre de la LNH, ce qui rend les décisions de ce genre difficiles à prendre. À l'époque de la ligue des six équipes, les réunions du conseil, dirigées par Clarence Campbell, ne duraient parfois qu'une petite avant-midi. Quelques heures, et tout était réglé. Parfois même, on faisait affaire au téléphone. Aujourd'hui, avec vingt-six équipes (ce qui veut dire vingt-six propriétaires, vingt-six avocats et qui sait combien de conseillers, de fiscalistes, d'experts en marketing, etc.), une conférence générale de la ligue réunit facilement une cinquantaine de personnes. Heureusement, en 1996, les grands bureaux du nouveau Forum seront prêts à être occupés. À ce moment-là, les administrateurs auront peut-être besoin de ce genre d'espace, s'ils veulent s'asseoir tous ensemble et débattre de leurs problèmes.

Le monde du sport est en train de devenir si immense, et il s'oriente d'une manière tellement décisive et rapide vers le statut de grande entreprise, que l'usager se sent peut-être perdu dans ce tourbillon et ces incessantes réorganisations. J'espère que ce n'est pas le cas. Les amateurs furent toujours, et doivent rester, ce qui compte le plus. Mais la boule de cristal est brouillée et je ne peux voir, dans ce grand jeu où l'on brasse tant d'argent, qui seront les gagnants, qui seront les perdants. Je peux seulement dire que je suis très heureux d'avoir pu être aux premières loges, pendant ces années où les sports professionnels subissaient ces profondes métamorphoses. Nous avons tous beaucoup appris. Et ce n'est pas fini...

Des lieux et des gens

Comme le grand Lou Gehrig faisant ses adieux au Yankee Stadium en 1939, je puis dire que «je me considère comme l'homme le plus chanceux du monde». La religion est importante pour moi et, chaque jour, je remercie Dieu de m'avoir doté des qualités naturelles qui m'ont permis de devenir un joueur de hockey professionnel. Je le remercie aussi pour les innombrables occasions qui m'ont été données tout au long de ma carrière avec les Canadiens de Montréal de m'ouvrir au monde.

Le garçon de dix-huit ans qui a quitté Victoriaville en décembre 1949 n'aurait jamais pu imaginer qu'il s'embarquait pour un si long et si merveilleux voyage qui allait lui apporter énormément. Grâce au hockey, j'ai pu m'éduquer, j'ai rencontré mon épouse Élise. J'ai eu aussi la chance de poursuivre une carrière dans les affaires et dans les relations publiques sans jamais vraiment quitter ce milieu que j'aimais passionnément. Le hockey m'a également permis de rencontrer des gens qui sont restés des amis très chers : mes coéquipiers, les Côté et les Byrne, Roland Mercier, Zotique Lespérance, Jack Latter et Charlie Smith, les familles Molson et Bronfman, Raymond Lemay, les Selke, Sam Pollock, Pierre Roux, Paul Brouillard, Yves Robitaille... La liste est longue. J'ai vraiment été gâté et béni, et j'en suis reconnaissant.

Mais le hockey est une entreprise commerciale. Je sais que rien de tout cela n'aurait été possible sans la collaboration constante de ceux qui ont payé et paient encore pour être assis dans les gradins. Au début d'une carrière de hockeyeur professionnel, il y a toujours un choix à faire, une décision fondamentale à prendre. Chacun doit organiser sa vie de manière à pouvoir préserver son intimité, tout en répondant avec générosité aux innombrables exigences de son métier. Sur la glace, un athlète doit donner le meilleur de lui-même, bien sûr; mais il a également le devoir de s'engager dans sa communauté. Et il a tout intérêt à traiter le public avec respect s'il veut être respecté en retour. Ce n'est pas toujours facile. Un joueur qui se contente de toucher son salaire et de se payer du bon temps risque d'être drôlement déçu au bout du compte.

En tant que joueur de hockey (et plus tard en tant que membre de différents conseils d'administration), j'ai eu la chance de voyager énormément dans le monde. D'abord et avant tout, j'ai pu apprendre à apprécier ce magnifique pays dans lequel je vis. Depuis quarante-cinq ans, je l'ai parcouru à plusieurs reprises en long et en large et je commence à bien le connaître.

On me pose souvent les mêmes incontournables questions sur l'avenir politique du Canada. J'aime bien répondre que je suis d'abord et avant tout un Canadien, avec un CH majuscule. Mais je crois avoir clairement démontré au cours des années à quelle enseigne je loge.

Je n'ai jamais été aussi fier qu'en 1969, quand Gordie Howe et moi avons été faits officiers de l'Ordre du Canada par le gouverneur général, Roland Michener. C'était et c'est encore un grand honneur et je porte mon insigne tous les jours.

J'ai toujours considéré qu'être canadien est un grand privilège et je ne me suis jamais gêné pour le dire chaque fois que l'occasion se présentait. Même quand on a beaucoup voyagé, comme moi, on est toujours content de rentrer au pays et de se retrouver chez soi. J'ai vu de grandes choses ailleurs, mais le Canada restera toujours pour moi le meilleur pays où vivre.

Le club de hockey Canadien a toujours été une sorte de métaphore, un symbole de ce qu'est vraiment le Canada, une mosaïque sociale faite de divers groupes ethniques travaillant main dans la main pour atteindre un objectif. La pluralité des langues et des cultures n'a jamais été un problème dans notre équipe. Quand je suis arrivé à Québec, je ne savais pas un mot d'anglais. Je l'ai appris au vestiaire et sur la glace, en côtoyant des joueurs anglophones venus d'autres milieux. Ils m'ont permis de réaliser qu'il y a de bonnes gens partout. Je crois que le mécontentement que ressentent beaucoup de Québécois aujourd'hui est dû au fait qu'ils n'ont jamais eu la chance de visiter le reste du pays, de voir sa beauté et de rencontrer les gens qui y vivent.

Je suis très peiné par ce qui se passe non seulement au Québec mais aussi ailleurs dans le monde. Il y a tant de gens qui souffrent, tant de désordres dans tant de pays. Ne pourrions-nous pas tirer des leçons de toutes ces épreuves? Il semble que chaque jour un nouveau conflit éclate quelque part, en Yougoslavie, en Haïti, au Rwanda, au Yémen. Plus près de nous, je crains que les valeurs fondamentales qui, au cours des générations précédentes, guidaient et formaient la jeunesse, ne soient en train de disparaître tout à fait. Le respect et la discipline ne semblent plus faire partie de l'éducation dispensée à nos jeunes. Or, sans discipline, il n'y a pas de limites. Et, sans limites, on se retrouve dans des situations comme celle que notre société vit présentement.

Au Québec, je pense que les choses ont commencé à se détériorer en 1960, avec la Révolution tranquille de Jean Lesage; ou peut-être un peu plus tôt, en 1955, lors de la fameuse émeute déclenchée par la suspension de Maurice Richard. Une chose est sûre : cette situation a déjà trop duré. Depuis bientôt trente-cinq ans, les Québécois ne savent plus de quoi sera fait leur avenir. Plusieurs d'entre eux ressentent durement cette incertitude.

Ce que je n'arrive pas à comprendre, c'est qu'à une époque où partout dans le monde de grandes corporations et des pays s'associent pour créer des marchés communs, le Québec veut à tout prix faire bande à part. J'ai toujours cru que si on ne grandit pas, on finit par régresser et, avec le temps, on disparaît. Il fut un temps où les Québécois représentaient presque le tiers de la population canadienne. Maintenant, je crois qu'ils n'en forment plus que le cinquième. D'ici la fin du siècle, ils ne seront plus que 18 % de la population du pays. Les immigrants peuvent sans doute faire la différence, mais qui sait ce qui va arriver s'ils cessent de venir et que le taux de natalité reste aussi bas qu'il a été au cours des récentes années?

La situation actuelle au Québec est très triste. Elle est cause de désarroi et engendre dans tous les milieux de nombreuses disputes stériles. Je connais des familles dont les membres sont profondément divisés sur la question des rapports politiques entre le Québec et le Canada.

Personnellement, je n'ai jamais vraiment eu envie d'entrer en politique. Je sais que mon nom a été très souvent mentionné et j'ai été plusieurs fois abordé plus ou moins directement par des groupes qui souhaitaient m'intéresser à leur cause. Mais ne n'ai jamais montré beaucoup d'enthousiasme. À la suite de mes refus réitérés, les propositions se sont faites de plus en plus rares. Le premier ministre Mulroney, que je connaissais assez bien, m'a offert à deux reprises un siège au Sénat. Il m'a appelé une première fois parce qu'il y avait quelques sièges vacants qu'il souhaitait voir occupés par des Conservateurs.

«Pour commencer, je ne me suis jamais mêlé de politique, lui ai-je répondu. Deuxièmement, je ne m'y lancerais certainement pas sans avoir été élu. Troisièmement, je ne vais sûrement pas aller au Sénat uniquement parce que les Conservateurs ont besoin d'une voix de plus.»

Il a compris mon point de vue. Pourtant, un an plus tard, quelque temps avant de donner sa démission, il est revenu à la charge. À ce moment-là, je songeais moi-même à prendre ma retraite. J'ai encore refusé en rappelant au premier ministre que je devais être conséquent dans mes engagements : «Les Canadiens aimeraient que je reste au sein de l'organisation, mais je leur ai signifié que je voulais plus de liberté. Je tiens désormais à mieux contrôler mon agenda. Si j'acceptais votre offre, je ne ferais que transférer mon temps du Forum à Ottawa. Et vous me connaissez : je ne me contenterais pas de faire de la figuration. Je voudrais m'acquitter de mes tâches de mon mieux, comme je l'ai toujours fait avec les Canadiens, sur la glace et au «deuxième étage». Je suis connu, on me demanderait d'aller partout. Quand je quitterais Ottawa après ma semaine de travail, je n'aurais même pas le temps de passer chez moi : on m'enverrait à Halifax ou à Vancouver. J'ai soixante-deux ans, et je veux donner plus de temps à ma famille.» Ma décision était irrévocable et M. Mulroney l'a bien senti. D'ailleurs, j'ai invoqué les mêmes raisons pour refuser le poste de gouverneur général que m'offrait M. Jean Chrétien, en septembre 1994.

De plus, je crois avoir fait ma part dans ce domaine, en mettant sur pied un projet de rencontres et d'échanges sportifs et culturels qui, pendant près de vingt ans, a permis à de jeunes Canadiens de culture et de milieu divers de se rencontrer au Forum, et de se connaître. Je commençai à travailler à ce projet avec Bob Beale et Marcel Bonin en 1972. À l'époque, Peter et Edward Bronfman s'occupaient activement d'un programme d'échange d'étudiants. Un jour, Peter Bronfman vint me voir et me dit : «Notre programme fonctionne bien en été, mais l'hiver, il ne se passe rien.»

L'idée d'une nouvelle formule prit alors naissance. «Si tu me donnes un budget, lui dis-je, nous utiliserons le même principe et nous organiserons des échanges entre les organisations mineures de hockey francophones et anglophones. Le samedi, les jeunes pourront jouer sur la glace du Forum pendant l'après-midi; le soir, ils assisteront au match ensemble.» Au cours des ans, ce programme connut un succès phénoménal, mais il fallut y mettre fin en 1993, quand je pris ma retraite. Mon opinion fut toujours que le responsable d'un projet doit participer activement.

Pendant toutes ces années, je reçus des centaines de lettres de la part de parents qui se disaient heureux et satisfaits des échanges et très contents des valeurs que nous avions pu inculquer à leurs enfants. Quelle belle expérience en effet pour un jeune garçon venu de la Beauce, ne connaissant pas un mot d'anglais, que de se retrouver à Beaconsfield, dans le West Island de Montréal, un vendredi soir et de passer toute la fin de semaine dans un milieu si différent du sien. Quand il rentrait chez lui le dimanche soir, il s'était fait un nouvel ami, ce petit garçon de Beaconsfield qui allait bientôt lui rendre visite en Beauce. Tout cela apprenait aux jeunes qu'il existe d'autres cultures et qu'il faut de tout pour faire un monde.

Au milieu des années 70, j'eus l'occasion de faire un extraordinaire voyage à travers tout le Canada. Un dimanche après-midi, je me rendis en avion jusqu'à St. John's, Terre-Neuve, où je rencontrai la Miss Canada de l'année et Bruno Gerussi, qui avait longtemps été la vedette de la série *The Beachcombers* diffusée par CBC. Nous partîmes d'un endroit appelé The Rock pour effectuer un marathon spécial au profit de l'organisation des Grands Frères. Nous allions tenter de réaliser quelque chose de tout à fait nouveau : une tournée médiatique de vingt-quatre heures, d'un océan à l'autre.

Accompagnés par quelques directeurs de l'organisation des Grands Frères du Canada, nous avions d'abord participé à une conférence de presse très tôt le lundi matin, avant de nous envoler pour Halifax, Montréal, Toronto, Winnipeg, Regina, Edmonton et Vancouver, en une seule journée. Les représentants locaux des Grands Frères organisaient des conférences de presse dans les aéroports de chacune des villes où nous nous posions. À 21 heures, heure du Pacifique, nous arrivions à l'aéroport de Vancouver et nous nous préparions à entrer en studio pour notre dernière rencontre avec les médias. Nous étions complètement épuisés après sept décollages et autant d'atterrissages et nous nous sommes effondrés dans nos lits, comme des zombis.

Ce voyage était bien différent de celui que nous avions entrepris, Élise et moi, en 1960, l'année où Molson avait fait l'acquisition des brasseries de l'Ouest et m'avait envoyé les visiter. Je pouvais choisir le mode de transport que je désirais (avion, train, etc.). Je dis à Élise : «Nous sommes encore jeunes. Pourquoi ne voyagerions-nous pas en auto? Ce serait comme une deuxième lune de miel à travers le pays.»

Élise n'hésita pas une seconde. Elle adore voyager. Après avoir confié notre fille Hélène, qui venait d'avoir trois ans, à Rita, la sœur d'Élise, et à Rose Lafond de Québec, nous sommes partis en voiture visiter le pays.

Nous passions deux ou trois jours dans chaque ville, le temps pour moi de visiter les hôpitaux, les stations de radio et les principaux clubs sociaux. Puis nous nous rendions à l'étape suivante. Notre premier arrêt fut Winnipeg. Au bout d'un mois, nous étions à Vancouver.

Avant notre départ, Molson m'avait dit : «Une fois rendu à Vancouver, prends tout le temps que tu veux pour te reposer et te détendre.» Vous pouvez imaginer qu'un mois de journées bien remplies nous avaient laissés épuisés. Après quelques jours à Vancouver, le temps de reprendre notre souffle, nous avons longé la côte du Pacifique jusqu'à San Diego. Cela nous prit ensuite un bon mois pour rentrer à Montréal.

À notre retour — deux longs mois loin de notre fille — nous croyions avoir eu notre dose de voyages pour un bon bout de temps mais, en fait, c'est ce voyage qui nous a donné la piqûre. Par la suite, dès que j'en avais l'occasion, je partais voir d'autres coins du pays, surtout ces endroits que la plupart des gens considèrent comme des régions éloignées. Tout dépend du point de vue, en fait : les Canadiens qui vivent dans ces régions ne se sentent pas éloignés de quoi que ce soit. Ils n'ont pas la chance cependant de rencontrer et d'accueillir des personnalités du sport aussi souvent que leurs concitoyens des grands centres. C'est pourquoi, chaque fois que cela m'était possible, j'acceptais de rencontrer les groupes qui en faisaient la demande. Je fus souvent invité à travers le pays, parce que les Canadiens furent longtemps les seuls à avoir, dans leur organisation, un responsable des relations publiques.

Un jour de 1976, je reçus au Forum un appel du maire de Dawson City, au Yukon. «Monsieur Béliveau, notre municipalité s'est dotée d'un nouveau complexe sportif, me dit-il. Nous serions vraiment honorés si vous vouliez bien venir à l'inauguration de l'aréna.» Il s'agissait d'un long voyage. J'hésitai d'abord : «Il y a sûrement quelqu'un à Vancouver qui pourrait me remplacer, dis-je. Pour moi, cela représente des heures d'avion. Il faudrait que je me rende à Vancouver, que j'y dorme, que je prenne ensuite un autre vol le lendemain matin pour Whitehorse. Je devrais passer encore une heure et demie dans un petit avion avant d'arriver chez vous… Je ne refuse pas souvent les invitations qui me sont faites mais, cette fois, j'ai bien peur de ne pas pouvoir accepter.»

Je raccrochai et me sentis aussitôt mal à l'aise. Pour ces gens-là, ma présence à l'inauguration d'un complexe sportif représentait quelque chose de vraiment spécial. Si je pouvais aider, je devais le faire, même s'il me fallait traverser le pays.

Je rappelai le maire une heure plus tard.

«Avez-vous trouvé quelqu'un d'autre?

— Non, c'est vous que nous voulons.

— D'accord, je vais venir.»

Avec le temps, les images et les impressions que j'ai retenues des différents endroits que j'ai visités dans ma vie ont parfois tendance à s'estomper ou à se mélanger, mais je n'ai pas oublié le moindre détail de mon voyage à Dawson. Le premier soir, dans ma chambre d'hôtel de Vancouver, j'ai pu assister à la télévision à un événement unique dans l'histoire du hockey. J'ai vu Darryl Sittler, des Maple Leafs de Toronto, battre un record de ligue en marquant six buts et en faisant quatre passes, soit dix points en un seul match.

J'arrivai à Whitehorse le lendemain matin et je pris un vol pour Dawson. C'était un jour glacial de février. Les montagnes, les lacs et les forêts étaient couverts d'un épais manteau de neige.

En été, Dawson City compte jusqu'à quatre mille habitants. Mais quelque huit cents personnes seulement, surtout des Indiens et des Inuit, y passent l'hiver. Tous les gens de la ville et la moitié de la population de la région environnante assistèrent aux cérémonies d'ouverture.

Le maire commença par faire un petit discours. «Dans l'Est, les gens coupent un ruban lorsqu'ils inaugurent un nouveau building. Ici, on fait les choses différemment.» Deux Inuit vinrent alors vers nous. L'un deux portait un chevalet et une scie, l'autre une bûche de bouleau blanc.

Chacun de nous deux prit un bout de la scie et aida à trancher la bûche (ce qui m'a rappelé Victoriaville et les poteaux de cèdre que plantait mon père). Ensuite, le maire me remit la clé de la porte principale et invita la foule à l'intérieur. Il ne nous fallut pas beaucoup de temps pour faire ce que tout bon Canadien fait à l'ouverture d'un aréna : un tour de patinoire.

Avant l'existence du casino de Montréal à l'île Notre-Dame, Dawson était le seul endroit au Canada où l'on pouvait jouer légalement. Le casino n'ouvrait habituellement qu'en été. Mais on fit exception ce soir-là, et la place était bondée. On se serait cru dans un vieux saloon comme on en voit dans les films western, avec des danseuses de french cancan et toute la couleur locale.

Avant les cérémonies d'ouverture, j'avais fait un tour d'hélicoptère au-dessus de la rivière Klondike. Après l'atterrissage, on me montra comment les chercheurs d'or tamisaient le sable. Ce soir-là, un vieux prospecteur vint à notre table pendant le souper et me fit voir une pépite grosse comme mon poing. Elle était vraiment très lourde et devait valoir des milliers de dollars, mais il la gardait dans sa poche et l'exhibait à tout venant. Juste avant la fin de la soirée, on me fit monter sur scène, on me dit d'enlever mon veston et de retrousser mes manches. Un gros seau rempli d'eau sablonneuse fut placé devant moi et je commençai à chercher de l'or. En peu de temps, j'avais amassé près d'une once de pastilles d'or. Je les ai toujours, dans un petit flacon de plastique. C'est l'un des cadeaux les plus originaux que j'ai reçus au cours de mes voyages. Après tout, ce n'est pas tous les jours qu'on peut faire de l'argent pendant le dessert!

Je dormis chez le maire. Le lendemain matin, j'étais debout à sept heures, même si nous nous étions couchés très tard. Il ne me restait plus que trois ou quatre heures avant de reprendre l'avion pour Whitehorse, et je voulais visiter un peu. Je m'habillai chaudement et marchai dans la ville, seul, un long moment. Il devait faire -40 °C. J'entendais le crissement de mes bottes dans le demi-jour d'un lever de soleil boréal. Tout à coup je me rendis compte que j'avais de la compagnie. Je crus d'abord voir des corneilles, mais j'appris plus tard qu'il s'agissait d'énormes corbeaux. Ce furent mes seuls compagnons, à part quelques chiens errants et un pompier qui rentrait chez lui après une nuit de veille à la station.

C'est en voyageant dans le Grand Nord que j'ai découvert la véritable nature de notre grand pays. Quelques années plus tard, le gouvernement fédéral me demanda d'aller passer un week-end à Frobisher Bay, qu'on appelle aujourd'hui Iqaluit. Le samedi soir, je devais regarder à la télé *La Soirée du hockey* en compagnie des habitants de la ville. Entre les périodes, je répondrais à leurs questions.

Iqaluit, située sur la terre de Baffin, est une île de 1 770 kilomètres de longueur sur laquelle existent quelques minuscules communautés. L'avion de brousse, à la base du développement du Grand Nord, est absolument essentiel au bien-être et à la sécurité de la population, surtout en cas d'urgence, quand on doit transporter un blessé ou un malade à l'hôpital d'Iqaluit qui se trouve à huit cents kilomètres. Certains villages ont une infirmière et un enseignant, mais la majorité des services sont centralisés à Iqaluit où se trouve l'unique école secondaire de ce vaste territoire.

Pendant mon séjour dans le Nord, je me suis rendu en avion à Pangnirtung, sur la péninsule de Cumberland. Beaucoup de touristes connaissent Pangnirtung, un important centre d'art inuit. On y trouve de magnifiques tapisseries et des sculptures en stéatite. Le village est situé au pied de hautes montagnes. L'avion descend entre les pics, puis semble tomber comme une pierre pour venir se poser sur une surface glacée au beau milieu du village. En descendant de l'avion, je vis un groupe d'enfants qui jouaient au hockey par un froid de -35 °C! Après m'être amusé avec eux pendant quelques minutes, je rencontrai les dignitaires et nous nous rendîmes au musée local.

Pangnirtung est célèbre pour autre chose encore que l'artisanat. Des Européens sont venus ici en 1585, quatre cents ans avant moi. En 1840, Pangnirtung, le port le plus septentrional du continent américain, était fréquenté par des baleiniers qui commerçaient dans l'Arctique.

Après le décollage, l'avion suivit pendant plusieurs kilomètres le tracé de la rivière glacée, flanquée de chaque côté de hautes montagnes, jusqu'à ce qu'on débouche sur un col où il s'envola. Un guide local m'avait dit que dans la langue des Inuit, Pangnirtung signifie «le lieu du caribou». Je compris vite pourquoi. Une fois dans les airs, nous aperçûmes une harde de caribous. Ils étaient des centaines, des milliers, si nombreux qu'on aurait cru que la terre elle-même bougeait. Plus tard, à la tombée de la nuit, comme nous approchions d'Iqaluit, je pus voir les lumières des motoneiges de chasseurs inuit qui, de toutes parts, rentraient au village.

Au dîner, ce soir-là, le maire me présenta un dentiste originaire de Jonquière qui, à sa retraite, avait décidé d'aller vivre dans le Grand Nord pendant une année. Trois ans avaient passé; il était toujours là. Il me fit penser à mes oncles, partis dans l'Ouest pour le temps des moissons, et jamais revenus.

Pendant le repas, je demandai au maire si je pouvais voir un traîneau à chiens.

«Bien sûr, me répondit-il. Mais je dois vous prévenir qu'il n'y en a qu'un dans toute la ville.»

Cela m'étonna — et plus encore de découvrir que le seul traîneau et le seul équipage de chiens étaient la propriété du dentiste de Jonquière. Tous les autres utilisaient la motoneige.

J'ai également de mémorables souvenirs de voyages hors du pays. Le premier date de 1966, alors que je visitais dans le désert du Sinaï les soldats canadiens des forces de maintien de la paix de l'ONU. Chaque soir, je faisais regarder aux soldats un enregistrement des matchs de la coupe Stanley de l'année que CBC m'avait fourni. Notre délégation était composée d'une vingtaine de personnes, dont la chanteuse Danièle Dorice et Miss Canada, qui s'appelait Diane Landry et qui venait de Saint-Boniface, au Manitoba. Nous avons visité aussi les troupes d'autres pays cantonnées là. On ne trouve pas beaucoup de glace dans ces régions. J'ai donc joué à la balle molle et au golf. Il y avait un petit terrain de neuf trous en marge du désert. Les départs se faisaient sur des tapis. Pour les verts, les hommes avaient répandu de l'huile sur le sable pour le durcir, et avaient ensuite aplani le terrain en y roulant des barils vides. Vous aurez compris qu'ils n'avaient nul besoin de construire des trappes de sable.

Nous séjournions à Rafah, sur la côte, et nous eûmes l'occasion d'explorer des endroits dont on parla beaucoup, dix-huit mois plus tard, pendant la guerre israélo-arabe de 1967. Je pense en particulier à El Arish, situé à une dizaine de kilomètres de Rafah, qui fut le site de cette formidable attaque menée par les chars israéliens dès les premiers jours du conflit.

Je suis retourné au Moyen-Orient en 1985. Gary Ulrich, Eddie Wilzer et Gordie Schwartz m'avaient invité à visiter Israël à titre de capitaine honoraire de l'équipe canadienne participant cette année-là aux Jeux Maccabée (Maccabiah Games), sorte de Jeux Olympiques juifs. Ce fut une merveilleuse expérience pour Élise et moi. Nous avions beaucoup de temps libre, ce qui nous permit de visiter le pays. En juillet, il fait terriblement chaud à Tel Aviv; les compétitions se tenaient donc tôt le matin ou en fin de journée et en soirée, la plupart du temps au stade Ramat Gan. Le terrain de golf était à Netanya, et les compétitions de natation se déroulaient à Jérusalem.

Israël est un petit pays. On en fait facilement le tour. Presque chaque jour, nous allions assister aux compétitions matinales à Jérusalem, puis nous demandions au chauffeur de nous conduire à la mer Morte ou dans les montagnes, ou encore sur le site de la ville historique de Jéricho.

Un après-midi, à Jéricho, je résolus d'acheter une théière bédouine. Je m'informai auprès du chauffeur de l'adresse d'un bon antiquaire.

«Il y a plus de boutiques d'antiquités à Jéricho qu'il y a d'habitants, me répondit-il en riant.

— Alors emmenez-nous chez le meilleur.»

Le hasard voulut que nous arrivions en même temps que l'armée israélienne. Des soldats casqués et armés, portant des gilets pare-balles et des casques protecteurs, se déployaient dans toutes les directions. La bâche d'un camion de deux tonnes fut relevée pour découvrir la plus terrifiante mitrailleuse que j'ai jamais vue. Les soldats délimitèrent rapidement un périmètre de sécurité et prirent position tout autour. La boutique où nous voulions nous rendre se trouvait, bien sûr, à l'intérieur du périmètre surveillé.

Notre chauffeur, qui avait très certainement des relations au gouvernement si ce n'est dans l'armée, appela un officier et lui demanda de nous expliquer ce qui se passait. L'officier nous indiqua un pont de pierre qui se trouvait à moins de deux cents mètres de nous.

«On nous a informés que ce pont est miné. Il y aurait là-dessous plusieurs centaines de kilos d'explosifs.» Il n'y avait rien d'autre à faire que d'attendre, pendant que les sapeurs faisaient leur travail. Nous regardions avec envie et déception la boutique d'antiquités, qui se trouvait à une trentaine de mètres.

«Ces gens viennent de Montréal, dit notre chauffeur à l'officier. M. Béliveau est le capitaine honoraire de l'équipe canadienne aux Jeux Maccabée. Nous voulons nous rendre dans cette boutique, sur la place, juste en face. Il me semble d'ailleurs que, si jamais par malheur le pont explosait, mes amis seraient plus en sécurité dans cette boutique qu'ils ne le sont ici en pleine rue.»

L'officier réfléchit un moment. Il imaginait sans doute les problèmes qu'il aurait si jamais nous étions déchiquetés par l'explosion après qu'il nous eut interdit d'aller nous mettre à l'abri.

— Allez-y, mais soyez prudents, dit-il, en cédant le passage.

En tant que Canadien, je vis dans un pays de millions de lacs, de centaines de rivières, entouré de surcroît par trois océans. Il y a de l'eau partout. En Israël, par contre, on est pratiquement en plein désert. Pourtant, on n'y manque pas d'eau. J'ai été franchement émerveillé par l'ingénieux système d'irrigation mis en place en Israël. J'ai voulu savoir comment ils avaient pu rendre le désert si vert et si fertile. Pour répondre à mes questions, on me fit visiter une immense usine de dessalage d'eau de mer.

Nous avons pu voir le pays moderne, de même que les vestiges de l'époque biblique, l'amphithéâtre romain de Césarée, les villes de Massada, Bethléem et Nazareth, la Galilée et le Jourdain. Je me recueillis et je priai un moment au square Manger et dans l'église de la Nativité à Bethléem. Mais j'eus un choc lorsque, à la neuvième ou dixième station du chemin de la Croix, je vis sur le mur de pierre une réclame de Coca-Cola.

Les moments les plus mémorables de tout ce voyage en Israël furent cependant ces Jeux Maccabée pour lesquels nous étions là. Je n'ai aucun souvenir comparable à cette marche que j'ai faite dans le stade Ramat Gan à la tête de la délégation canadienne, devant 60 000 spectateurs nous acclamant. Le Canada a eu droit à une ovation toute spéciale. Nous ressentions tous beaucoup de fierté en marchant derrière notre drapeau.

Un jour, en 1976, je reçus un appel du maire de Montréal, M. Jean Drapeau. C'était l'instigateur des Jeux de Montréal qui avaient eu lieu l'année précédente, sorte de répétition en bonne et due forme des Olympiques. Il commença par m'expliquer qu'il m'appelait à la dernière minute, parce qu'il travaillait pratiquement jour et nuit, comme tous ceux qui participaient à cette aventure. «Les Jeux Olympiques commencent dans quelques semaines, me rappela-t-il, et le comité organisateur a besoin de quelqu'un pour recevoir le flambeau au nom du Canada. Pourriez-vous faire ça pour nous?» J'avais déjà donné un coup de main aux organisateurs des Jeux de Montréal, en représentant Roger Rousseau, le président du COJO, le Comité organisateur des Jeux Olympiques, aux répétitions des cérémonies d'ouverture, de clôture et de remise des médailles. J'étais heureux de me remettre à la tâche.

C'est ainsi qu'en juillet 1976, j'eus un petit rôle à jouer dans l'histoire des Jeux de la XXIᵉ Olympiade. Je devais d'abord prendre la parole lors d'une conférence générale de l'Académie des sports amateurs, située à Olympie même, juste en face des ruines du premier stade olympique. Des représentants d'environ cent trente pays assistaient à cette cérémonie. J'ai commencé mon discours en avouant qu'en tant qu'athlète professionnel, je ne me sentais pas tout à fait à ma place dans cet endroit, lieu de naissance du sport amateur.

Le flambeau olympique fut allumé à Olympie à 11 heures. La Grande Prêtresse, entourée de douze jeunes filles en longue robe blanche, présida à la cérémonie qui eut lieu entre les colonnes du stade. Le flambeau fut ensuite transporté par des coureurs qui, pendant deux jours, se relayèrent jusqu'à Athènes, à 385 kilomètres environ. Le dernier porteur entra dans le stade moderne, sous les cris de joie de la foule. La flamme fut alors transmise par satellite au Canada. Grâce au moniteur installé dans notre loge, il nous fut possible de la voir réapparaître sur la colline parlementaire, à Ottawa. En tant que récipiendaire de la flamme, je devais escorter la Grande Prêtresse à la cérémonie du stade d'Athènes. Ensuite, elle nous emmena, Élise et moi, faire le tour de la Plaka, près de l'Acropole, et nous invita dans une *psarotaverna* grecque authentique, où les gens cassent des assiettes et chantent et dansent jusqu'aux petites heures du matin.

En décembre 1984, je fus invité par l'Association canadienne de Hong-Kong à participer aux festivités de la Semaine du Canada. Je devais, en tant que président honoraire, participer à un tournoi de golf, donner une conférence de presse, assister à des réceptions et des banquets. Quelques jours avant Noël, la femme du gouverneur vint allumer la myriade de lumières qui décoraient les bâtiments situés juste en face de notre hôtel, dans Kowloon. Une grande clameur s'éleva alors et, dans la nuit comme au cours des jours suivants, des milliers et des milliers de Chinois armés de caméras sur trépied vinrent photographier cette féérie de lumières.

Plus tôt, à mon arrivée à Hong-Kong, un représentant du ministère des Affaires étrangères m'avait transmis une proposition des plus intéressantes émanant de l'ambassade canadienne à Bei-Jing. «Notre ambassadeur, qui vient tout juste d'entrer en fonction, aimerait beaucoup vous recevoir. Il organiserait une réception ou un dîner en votre honneur et y convierait certaines figures du sport chinois. Il établirait ainsi des contacts qui pourraient lui être très précieux.»

Élise et moi nous étions donc rendus en Chine et avions visité la place T'ien an Men, la Muraille de Chine et la «cité interdite». Il aurait fallu que le temps s'arrête pour réussir à tout voir. Bei-Jing est une ville hautement spectaculaire, avec de larges avenues, des parcs immenses et des millions de bicyclettes partout autour de vous.

Je dis à Élise que je voulais voir rouler toutes ces bicyclettes en même temps. Un matin, je me levai à 5 h 30, m'habillai rapidement et, quand je débouchai dans la rue en pleine heure de pointe, j'eus sous les yeux une mer de bicyclettes, chargées de tous les objets imaginables et circulant dans toutes les directions possibles.

Après que je me fus acquitté de ces fonctions officielles, l'ambassade canadienne nous proposa de voyager quelques jours à travers le pays. Alors, nous sommes partis pour Shanghai. C'est la ville de Chine la plus européenne. Après un demi-siècle de communisme, elle garde encore un petit air familier. Ses rues étroites me firent un peu penser à Québec, sauf pour une chose : l'énorme, l'écrasante densité de la population. Bien que la Chine se soit enrichie (au moins d'un point de vue purement capitaliste) ces dernières années, Shanghai ne semble pas avoir été remuée le moindrement par les turbulences économiques qu'engendre la zone franche établie plus au sud, près de Guangzhou (Canton). On y trouve encore très peu d'automobiles et, du moins en apparence, beaucoup moins de richesse. La plupart des gens vont à pied ou à bicyclette, dans une indescriptible cohue.

Notre première impression de la ville fut plutôt décevante. L'hôtel où nous étions descendus était infesté de cafards. Mais nous trouvâmes rapidement mieux, et notre séjour fut, tout compte fait, fort agréable.

Le voyage le plus triste que j'ai fait de toute ma vie avait, lui aussi, un lien avec le sport. C'était en février 1986, le 28, plus exactement. Après un déjeuner d'affaires de la Chambre de commerce de Saint-Jean, je décidai de rentrer directement chez moi, à Longueuil, plutôt que de retourner à mon bureau du Forum. J'eus la surprise d'y trouver la police qui m'attendait.

Élise était alors à La Barbade. Il n'y avait eu personne à la maison de toute la journée. Quelques années auparavant, des voleurs avaient saccagé la maison pendant notre absence. Ils avaient pu faire leur sale besogne en toute sécurité, puisque je jouais ce soir-là au hockey (ils ont d'ailleurs volé le téléviseur). Depuis, je suis toujours un peu inquiet quand nous sommes longtemps absents.

«Encore un cambriolage? demandai-je à l'officier.

— Pas du tout, M. Béliveau. Ce sont les gens du Forum qui vous cherchent; ils ont essayé de vous rejoindre tout l'après-midi. Ils demandent que vous les rappeliez.»

Je remerciai les policiers et j'appelai Louise Richer, qui me passa immédiatement François Seigneur.

«On vient juste d'apprendre que Jacques Plante va être enterré en Suisse, samedi», me dit-il. Nous avions eu la nouvelle de son décès la veille, mais tout le monde croyait que ses restes seraient ramenés au Canada pour l'enterrement. Il était alors 16 heures, heure de Montréal, le jeudi, et 22 heures à Sierre, cette petite ville de Suisse où Jacques Lemaire avait été entraîneur après avoir pris sa retraite en 1979 et où Jacques Plante allait se rendre à son dernier repos dans moins de deux jours. «Il y a un vol d'Air Canada pour Zurich via Paris. Départ de Mirabel à 19 h 50 ce soir. Tu es le seul qui puisse y aller, Jean. Nous aimerions que tu représentes le Canadien et la Ligue nationale là-bas, si c'est possible. Tu connaissais bien Jacques et sa famille.»

Je jetai quelques vêtements dans un sac de voyage avant de plonger dans la circulation de l'heure de pointe pour me rendre à l'aéroport de Mirabel, à quarante kilomètres au nord de la ville et à quelque soixante kilomètres de chez moi. À 11 heures, le vendredi matin, j'étais à Zurich.

Il me fallut encore trois heures de voiture pour arriver à Sierre, qui est dans le Valais, une région de toute beauté. Le printemps était déjà descendu au fond des vallées alors que l'hiver sévissait toujours sur les hauteurs. J'en déduisis que le climat suisse avait quelque parenté avec le nôtre.

Arrivé à mon hôtel à 14 heures, je tentai de dormir un peu, car je n'étais parvenu qu'à somnoler à bord de l'avion. Comme je n'arrivais pas à fermer l'œil, je sortis respirer l'air frais. En rentrant, je téléphonai à Raymonde Plante, la deuxième femme de Jacques. Sa première femme, Jacqueline, vivait à Laval.

Raymonde paraissait très touchée d'entendre ma voix.

«À quelle heure vas-tu commencer à recevoir les gens au salon funéraire ?

— Vers 18 heures, Jean. Merci du fond du cœur d'être venu.»

Ce soir-là, je demeurai au salon funéraire jusqu'à 21 heures. Raymonde me raconta les derniers moments de Jacques. Je l'avais rencontré pour la dernière fois en janvier 1985, quand les Canadiens avaient organisé une grande fête pour célébrer à la fois les soixante-quinze ans de l'équipe et les soixante ans du Forum. À cette occasion, on avait demandé aux amateurs d'élire des joueurs du Canadien de toutes les époques qui formeraient selon eux «l'équipe de rêve». Jacques avait été choisi comme gardien de but, supplantant de peu Ken Dryden. Doug Harvey et Larry Robinson jouaient à la défensive, moi au centre, Maurice Richard à l'aile droite et Dickie Moore à l'aile gauche. Aurèle Joliat représentait les joueurs des années 20 et 30.

Regardez bien cette liste et pensez à tous ceux qui n'y figurent pas. Pouvez-vous vraiment imaginer «l'équipe de rêve» sans Henri Richard, Boom Boom Geoffrion, Guy Lafleur, Howie Morenz, Newsy Lalonde, Tom Johnson, Guy Lapointe, Serge Savard, Butch Bouchard, Toe Blake et Elmer Lach ? Voilà à mon avis la preuve de la puissance permanente de la plus grande équipe de toute l'histoire du hockey.

Élu gardien de «l'équipe de rêve», Jacques était donc venu au Canada prendre part au gala d'honneur, à l'hôtel Reine-Elizabeth. Nous avions alors eu l'occasion de parler ensemble à quelques reprises. Il semblait évident qu'il était on ne peut plus heureux en Suisse, avec Raymonde, et qu'il menait enfin la vie dont il avait toujours rêvé.

Plus tard cet automne-là, il revint de nouveau en Amérique pour travailler avec les gardiens de but des Blues. C'est en se rendant à Saint Louis qu'il avait, pour la première fois, ressenti de terribles douleurs à l'estomac. Il pouvait à peine manger et alla voir le médecin de l'équipe, qui consulta immédiatement un spécialiste. Le verdict était clair : cancer de l'estomac.

«On peut vous opérer ici, lui dirent les médecins, ou vous pouvez rentrer en Suisse, mais il faut faire vite.» Jacques retourna en Suisse et fut hospitalisé à Genève dans l'un des centres médicaux les mieux équipés au monde. Il fut opéré et entreprit une thérapie, mais il était trop tard.

Le soir de sa mort, Raymonde était restée avec lui jusqu'à 22 heures. Ils avaient regardé ensemble les nouvelles télévisées dans sa chambre d'hôpital, puis elle était rentrée chez elle. Quelques heures plus tard, l'aorte de Jacques éclata et il mourut des suites de l'hémorragie.

Les funérailles eurent lieu à 10 heures, le samedi matin, dans une petite église remplie à craquer. Raymonde m'avait invité à dîner la veille et m'avait dit qu'elle et Jacques avaient beaucoup d'amis dans la région. J'en avais maintenant la preuve. Je me dis que Jacques avait dû être plus expansif dans sa nouvelle vie qu'il ne l'avait été au Canada.

À l'église, Raymonde me prit par la main et me conduisit au premier rang, réservé à la famille et aux proches. Je restai à ses côtés durant tout le service. En sortant de l'église, je constatai une fois de plus à quel point le monde est petit. Deux équipes de joueurs pee wee, portant leur chandail par-dessus leur chemise et leur cravate, formaient une haie d'honneur. Il me semblait reconnaître l'un des entraîneurs; je fus stupéfait de constater que ces pee wee venaient de Victoriaville. Ils arrivaient de Chamonix et devaient disputer un match hors concours à Sierre plus tard cette même journée. Ayant appris la mort de Jacques et su que les funérailles avaient lieu ce samedi matin, l'entraîneur avait devancé leur arrivée. Ces petits joueurs avaient pris le premier train et traversé les Alpes à l'aube, pour venir rendre un dernier hommage à un grand joueur et compatriote canadien et québécois. Ce très beau geste fut apprécié de tous.

Après le service, nous accompagnâmes Jacques jusqu'à l'entrée du cimetière où, selon la coutume suisse, le cortège funéraire se dispersa après que le prêtre eut prononcé quelques mots en son honneur. Puis le cercueil fut mis en terre privément.

Une réception eut ensuite lieu en ville. Puis je retournai au cimetière avec Raymonde et sa famille. Il y avait d'immenses gerbes de fleurs à l'endroit où reposait Jacques. À la suite d'un moment de recueillement et aussi de quelques prières, chacun rentra chez soi.

Raymonde avait une manière bien à elle d'honorer son défunt mari. «Il y a un match de la Ligue nationale de hockey, me dit-elle. Sierre rencontre Kolten (une banlieue de Zurich) à 17 h 45. Aimerais-tu venir?» Elle m'apprit que Jacques assistait souvent à ces parties du samedi après-midi. Nous nous rendîmes à l'aréna où la foule observa une minute de silence à la mémoire du défunt. Le lendemain matin, Raymonde m'offrit une bouteille provenant d'un petit vignoble du voisinage, où Jacques avait l'habitude de faire son propre vin. Il enregistrait et numérotait chaque bouteille à la main. Je reçus la bouteille numéro 187, le dernier souvenir autographié de mon ancien coéquipier.

Je repartis à Genève prendre le vol pour Montréal, tôt le matin suivant. Entre le moment où j'avais appris la mort de Jacques, jeudi après-midi, et l'heure où l'avion du retour décollait de l'aéroport de Zurich, à 11 heures le dimanche matin, j'avais eu moins de dix heures de sommeil. J'étais de retour à Mirabel moins de soixante-douze heures après mon départ. Et encore pris dans la circulation, celle du dimanche après-midi, alors que des milliers de skieurs reviennent des Laurentides.

Je n'en avais pas pour autant terminé avec les funérailles de mon ami Jacques Plante. Dès mon arrivée au Forum le lundi matin, je rencontrai Ronald Corey.

«Il y a encore toute sa famille ici qui est en deuil et pour qui il faudrait faire quelque chose», lui dis-je. Je pensais à Jacqueline, sa première femme. Elle et Jacques avaient perdu un fils dans un accident de motocyclette plusieurs années auparavant. Mais il y avait un autre garçon. De plus, Jacques était l'aîné d'une famille de onze enfants. La majorité de ses frères et sœurs habitaient encore à Shawinigan, où il était né.

«Il me semble qu'ils auraient bien besoin, eux aussi, qu'un service religieux leur permette de faire leurs adieux à Jacques.

— Tu as raison, me dit Ronald. Vois ce que tu peux faire.»

Je communiquai avec le père Marcel de la Sablonnière à l'église de l'Immaculée-Conception. Le père Sablon, comme on l'appelle, est l'aumônier officieux des athlètes de Montréal et il servit à quelques reprises de chapelain aux Jeux Olympiques de Montréal. Le lendemain, à 11 heures, un deuxième service eut lieu en l'honneur de Jacques Plante. La famille fut très heureuse de pouvoir lui faire ses adieux de cette manière. Ils se réunirent autour de moi et posèrent des questions sur Sierre. Jacques avait été plutôt solitaire toute sa vie. Maintenant qu'il était mort, il était entouré de centaines d'amis.

Le dernier voyage dont je veux vous parler, c'est avec ma famille que je le fis et pour mon seul plaisir. J'en garde quelques-uns des plus beaux souvenirs de ma vie.

En août 1971, deux mois après que j'eus accroché mes patins, le médecin m'informa que mon père faisait un peu d'artériosclérose et qu'il avait souffert d'une légère attaque cardiaque quelques années auparavant. Arthur Béliveau avait alors soixante-huit ou soixante-neuf ans et n'avait jamais pris l'avion de sa vie. Élise et moi avions projeté un voyage de cinq semaines en Europe, avec notre fille Hélène. Mon père et ma belle-mère nous accompagnèrent. Le plaisir de voir la réaction de mon père au moment du décollage valait déjà le prix des billets. Citroën, pour qui j'avais fait un peu de publicité au Canada, avait gracieusement mis une confortable fourgonnette à notre disposition et nous visitâmes l'Allemagne, la Suisse, l'Italie et la France. En août, il y eut cinq journées de rêve, à Nice, sur la Côte d'Azur. Puis nous avons passé quelque temps à Paris, avant de rentrer chez nous.

On m'avait dit qu'il fallait être fou pour voyager à travers l'Europe sans réservations pendant la haute saison. Mais nous ne voulions pas planifier notre voyage. Je rêvais de prendre cinq semaines de liberté, à errer tout doucement sans itinéraire précis. Nous avions une réservation pour notre première nuit à Francfort. Par la suite, je me débrouillai à partir des hôtels où nous descendions. Avant le dîner, la veille de notre départ, j'allais rencontrer le directeur de l'hôtel, je lui mentionnais notre prochaine destination, et lui décrivais ce que nous cherchions : deux suites confortables dans un hôtel de qualité, près du centre-ville.

Les directeurs d'hôtel en Europe ont un réseau très élaboré. Ils nous renseignèrent toujours parfaitement. Même à Nice, en août, nous habitions un hôtel quatre étoiles, tout près de la Promenade des Anglais.

À Montréal, avant notre départ, j'avais rencontré le père Louis Laurendeau, un jésuite. Je savais que les bureaux du grand général de l'Ordre des Jésuites, dont le père Laurendeau était le premier secrétaire, étaient situés tout près du Vatican.

Je lui avais dit que je voyagerais à travers l'Europe avec ma famille et mon père, et lui avais demandé s'il croyait qu'il nous serait possible d'entrer dans les jardins de Castel Gondolfo et de rencontrer le pape Paul VI. Pendant l'été, le souverain pontife accorde des audiences, le mercredi matin, depuis sa résidence secondaire située dans la campagne environnante.

À notre arrivée à Rome, nous allâmes dîner avec le père Laurendeau, qui se trouvait là en même temps que nous.

«J'ai de bonnes nouvelles pour vous», me dit-il. Je restai bouche bée quand il nous apprit que nous serions reçus en audience privée par Sa Sainteté le pape.

Nous étions plutôt nerveux, tous les cinq, le lendemain matin. Comme nous roulions dans Rome, le chauffeur nous informa que nous avions tout notre temps. «La cérémonie commence dans les jardins vers 10 heures, dit-il, mais les audiences privées ne commencent qu'à 11 heures.» Il nous fit donc visiter les Catacombes avant de nous emmener dans la petite ville de Castel Gondolfo.

Il y avait ce jour-là pas moins de vingt-trois personnes, dont quinze missionnaires, à attendre une audience privée. Nous étions tous assis dans une antichambre dallée de marbre pendant que le pape recevait ses visiteurs dans le jardin intérieur. Nous pouvions entendre les acclamations des gens des diverses délégations à qui il s'adressait dans leur langue. Un peu après 11 heures, il y eut un mouvement à l'autre bout de la pièce, des cardinaux entrèrent et on commença à nous appeler à tour de rôle.

Quand vint notre tour, je pus constater que le pape avait été bien informé. Il savait quel genre de carrière j'avais menée; il était même au courant que les Canadiens m'avaient honoré le 24 mars précédent.

«Je sais que vous n'avez pas voulu accepter de cadeaux et que vous avez créé une fondation pour venir en aide aux enfants démunis», me dit-il. Il se rappela être venu à Montréal quand il était jeune prêtre, et me dit qu'il était très heureux que j'aie amené mes parents. Il nous remit des chapelets et des médailles. Notre rencontre dura deux ou trois minutes, mais l'impression que nous fit Sa Sainteté durera certainement jusqu'à la fin de nos jours.

Je le revois encore, nous souriant avec bienveillance, pendant que nous nous dirigions vers lui. Il était tout en blanc, ce qui faisait ressortir le bleu de ses yeux. Les caméras sont interdites pendant ces audiences, mais le personnel du Vatican avait pris discrètement quelques photos, qui nous furent livrées le soir même. Lorsque le personnel de l'hôtel aperçut l'enveloppe portant le sceau du Vatican, le service fut encore plus attentionné.

Le jour suivant, nous avons visité la cité du Vatican. Une fois de plus, tout avait été organisé par le père Laurendeau. Nous nous étions présentés à la porte à 10 heures; nous fûmes accueillis par un garde suisse. Il était très grand. Il me regarda et me dit : « Vous êtes bâti comme un athlète. D'où venez-vous? »

« De Montréal. Qu'est-ce qui vous fait dire que j'ai l'air d'un ahtlète?

— Je suis certain que vous en êtes un. »

J'ai finalement admis que j'étais un athlète professionnel et que j'avais joué pour les Canadiens de Montréal.

« Le club de hockey! Vous êtes Jean Béliveau des Canadiens! » Et il faillit laisser tomber sa hallebarde pour me serrer la main. Il connaissait tout du hockey. Nous échangeâmes nos adresses. Il me fit parvenir un livre sur la Suisse. Je lui rendis la politesse quelque temps après.

Tout notre voyage fut ainsi, cinq semaines idylliques auxquelles s'ajoutait le plaisir de voir les réactions de mon père devant la « tour penchée » de Pise, dans la grotte d'Azur à Capri, sur le pont d'Avignon ou devant la tour Eiffel, des lieux qu'il avait vus en photos et sur lesquels il avait lu, mais qu'il n'avait jamais pensé visiter un jour.

Je fus très heureux de pouvoir partager tout cela avec lui, parce que je lui dois énormément. Il était à mes côtés, en 1949, quand, à dix-huit ans, je quittai ma ville natale pour entreprendre ce voyage qui allait me mener si loin.

Ce voyage en Europe était, bien imparfaitement, ma façon de lui démontrer à quel point j'appréciais tout ce qu'il avait fait pour moi. En somme, cela voulait dire : « Merci, papa. Tu vois, j'ai fait de mon mieux. J'espère que c'était suffisant. »

TABLE DES MATIÈRES

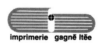

imprimerie gagné ltée

IMPRIMÉ AU CANADA